普通话语音与科学发声训练教程

[第二版]

贾毅 钟妍 叔翼健 ⊙ 编著

PUTONGHUA YUYIN
YU KEXUE FASHENG
XUNLIAN JIAOCHENG

[DI-ER BAN]

普通高等教育"十四五"规划教材

播音与主持艺术专业训练教材

中国传媒大学出版社

·北京

第二版修订说明

  本书自 2015 年 5 月第一版出版以来,反响良好,加印 6 次,被上百所高校选为相关课程的教材。本书作者团队密切关注媒介发展前沿,结合科研与教研的最新成果,并搜集教材使用中教师和学生的反馈,于 2021 年对本书进行了修订。

  第二版做了如下更新:一是注重思政元素与训练内容的融合,在练习中提升学习者的人文素养与职业道德素养。二是进行了训练材料的内容升级。紧贴媒体实践,选取更新、更优质的播出内容作为训练材料,注重训练材料的新鲜感和时效性,激发学习者的学习热情。三是增补了与训练材料配套的视频资源,方便学习者用手机扫码后,边看边练。

  书中若有错误或疏漏之处,请广大读者批评指正,以便我们下次修订时改进。

编著者

2021 年 8 月 20 日

目 录

前　言 / 1

第一章　普通话语音与科学发声概说 / 1

第一节　什么是普通话 / 1
一、普通话概说 / 1
二、语音的相关概念 / 2

第二节　什么是发声 / 3
一、播音主持发声概说 / 3
二、播音发声理论 / 3

第三节　播音员主持人语音发声要求 / 4
一、大众性与示范性 / 4
二、一次性与多样性 / 4
三、审美性与创意性 / 4

第二章　声母——字音准确的关键 / 6

第一节　声母概说 / 6
一、什么是声母 / 6
二、声母的分类 / 7

第二节　声母发音训练 / 8
一、声母发音要领与训练 / 8
二、声母难点音对比训练 / 31

第三章　韵母——字音清亮的保证　/ 37

第一节　韵母概说　/ 37
　　一、什么是韵母　/ 37
　　二、韵母的分类　/ 38

第二节　韵母发音训练　/ 39
　　一、韵母发音要领与训练　/ 39
　　二、韵母难点音对比训练　/ 98

第四章　声调和语流音变——意与美的定夺　/ 102

第一节　声调　/ 102
　　一、什么是声调　/ 102
　　二、声调的调类与调值　/ 102
　　三、声调发音要领　/ 103
　　四、声调训练　/ 105

第二节　语流音变　/ 113
　　一、变调　/ 113
　　二、轻声　/ 116
　　三、儿化　/ 119
　　四、语气词"啊"的音变　/ 122
　　五、词的轻重格式　/ 124

第五章　普通话语音综合训练　/ 128
　　一、小段子　/ 128
　　二、绕口令　/ 132
　　三、诗词　/ 151
　　四、短文　/ 158

第六章　气息——声音的原动力　/ 161

第一节　播音主持发声对气息的要求　/ 161
　　一、稳劲：要保持较为持久的气息压力　/ 161
　　二、持久：要获得较为持久的控制能力　/ 162
　　三、自如：要达到较为自如的气息调整　/ 162

第二节　呼吸器官的认识　/ 162

一、呼吸器官　/ 162

二、呼吸方法　/ 163

第三节　气息控制的要领　/ 165

一、吸气要领　/ 165

二、呼气要领　/ 165

三、换气要领　/ 166

四、气息运用的感觉　/ 167

第四节　气息控制训练　/ 168

一、呼吸肌的锻炼　/ 168

二、吸气与呼气训练　/ 169

三、气息控制综合训练　/ 178

第七章　口腔控制——语音的"制造场"　/ 187

第一节　播音主持发声对吐字的要求　/ 187

一、准确　/ 187

二、清晰　/ 188

三、圆润　/ 188

四、集中　/ 188

五、流畅　/ 188

第二节　咬字器官的认识　/ 189

一、唇　/ 189

二、齿　/ 190

三、舌　/ 190

四、腭　/ 190

第三节　口腔的"静态控制"——提打挺松　/ 190

一、唇舌灵活力集中　/ 191

二、口盖提起如穹窿　/ 191

三、"声挂前腭"字形成　/ 193

第四节　口腔的"动态控制"——吐字归音　/ 193

一、汉语的音节结构　/ 193

二、吐字归音的要领 / 194

第五节 口腔控制训练 / 196
一、唇舌训练 / 196

二、口腔的"静态"训练 / 200

三、口腔的"动态"训练 / 202

第八章 喉部——声音的"发源地" / 212

第一节 喉的结构 / 212
一、喉部软骨 / 213

二、喉部肌肉 / 213

三、声带 / 213

第二节 喉部控制的要领 / 214
一、喉头相对稳定 / 214

二、喉部相对放松 / 214

三、喉部控制与呼吸控制、口腔控制结合 / 214

第三节 嗓音保护 / 215
一、不良发声习惯的克服 / 215

二、喉部的保健 / 215

第四节 喉部控制训练 / 215
一、喉部放松训练：发气泡音 / 216

二、音高变化训练：拓展音域 / 218

三、音强变化训练：调节响度 / 219

四、音色变化训练：虚实结合 / 220

第九章 共鸣——声音的"扩音器" / 222

第一节 播音主持发声对共鸣控制的要求 / 222
一、字音为首，嗓音次之 / 223

二、保证字音清晰条件下的美化 / 223

三、声音朴实、自然、大方 / 223

第二节 共鸣器官的认识 / 223
一、喉腔 / 224

二、咽腔 / 224

　　三、口腔 / 224

　　四、鼻腔 / 225

　　五、胸腔 / 225

第三节　共鸣控制的要领 / 225

　　一、把握发音的整体感觉 / 225

　　二、保持饱满的精神状态 / 225

　　三、协调共鸣动作 / 225

　　四、理顺共鸣与呼吸的关系 / 226

第四节　共鸣控制训练 / 226

　　一、共鸣状态 / 226

　　二、加强胸腔共鸣 / 227

　　三、改善口腔共鸣 / 228

　　四、调节鼻腔共鸣 / 229

　　五、综合共鸣：共鸣与声调 / 230

第十章　声音弹性——声音的"调色板" / 235

第一节　什么是声音弹性 / 235

　　一、声音弹性的重要性 / 235

　　二、声音弹性的训练目的 / 236

　　三、声音弹性的特点 / 236

第二节　声音弹性的获得 / 237

　　一、获得声音弹性的基础：感情 / 237

　　二、获得声音弹性的桥梁：气息 / 237

　　三、获得声音弹性的条件：发声能力 / 237

　　四、获得声音弹性的途径：情、声、气的结合 / 237

第三节　声音弹性训练 / 238

　　一、单一声音要素对比训练 / 238

　　二、多声音要素对比训练 / 240

　　三、声音弹性综合训练 / 244

第十一章 科学练声与发声问题矫治 / 249

第一节 练声的原则与方法 / 249
一、练声的原则 / 249

二、练声的时间与地点 / 250

三、练声注意的问题 / 251

四、练声的步骤 / 252

第二节 发声问题及其矫治 / 253
一、吐字不清 / 253

二、声音不集中 / 254

三、压喉 / 254

四、声音闷暗 / 254

五、声音单薄 / 254

第十二章 综合训练材料 / 256
一、笑话 / 256

二、台词 / 258

三、歌词 / 259

四、诗歌 / 260

五、贯口 / 265

六、解说 / 266

七、短文 / 268

参考书目 / 274

后 记 / 275

数字资源目录

1. **示范朗读**
   - 1-1　声母　/ 8
   - 1-2　韵母　/ 39
   - 1-3　声调和语流音变　/ 103
   - 1-4　小段子　/ 128
   - 1-5　年的来历　/ 158
   - 1-6　希尔发明邮票　/ 159
   - 1-7　在那遥远的地方　/ 259
   - 1-8　在那桃花盛开的地方　/ 259
   - 1-9　为什么偏偏是你得病　/ 270
   - 1-10　给我一个承诺　/ 270

音视频、PPT等数字资源

2. **视频**
   - 2-1　报菜名　/ 176
   - 2-2　中国共产党第十九届中央委员会委员名单(204名)　/ 177
   - 2-3　2003年《感动中国》年度人物杨利伟　/ 183
   - 2-4　2003年《感动中国》年度人物巴金　/ 183
   - 2-5　2015年《感动中国》年度人物屠呦呦　/ 184
   - 2-6　2019年《感动中国》年度人物中国女排　/ 184
   - 2-7　电视剧《大宅门》白景琦台词片段　/ 185
   - 2-8　电影《哈姆雷特》哈姆雷特台词片段　/ 185
   - 2-9　庆祝中华人民共和国成立70周年大会解说词片段　/ 243
   - 2-10　八扇屏之莽撞人　/ 265

3. **补充训练材料**　/ 273

前　言

　　本书为播音与主持艺术专业的学生以及希望提高口语传播能力的学习者编写。本书编写的目的是帮助学习者在科学理论引导的基础上进行大量实践训练，从而学习标准的普通话语音和科学的语言发声方法。因此，本书的理论讲解精练实用，训练材料丰富新颖。其特色主要体现在训练方法与训练内容上，具体说来，有以下几点：

　　一、训练材料类型多样。除两字词、四字词、诗词、绕口令外，还选用了情景语句、经典歌词、台词片段等，共有十多种类型的训练材料。

　　二、训练材料充分考虑"实景性"。尽量使语音发声的训练不是机械的"独立性"训练，而是在训练过程中充分体现语言的真实交流性和节目中主持人的实际话语运用，实现从语音发声到稿件播读、栏目主持的自然过渡。

　　三、训练材料贴近时代。训练材料中，选取了大量当代的素材，比如《致青春》的台词片段、描写主持人孟非的文章，从而贴近时代。

　　四、训练材料趣味性强。由于语音与发声的训练是比较枯燥的，我们希望以材料的趣味性来削弱训练本身的枯燥性。因此，本书选用了大量经典有趣的歌词、台词片段、绕口令等。

　　五、训练材料具有知识性。播音与主持艺术专业的学生是在大一学习语音与发声的，初入此领域，不仅需要懂得基本的播音主持技巧，更需要了解该领域的相关知识。因此，书中设计了中外名主持人介绍、世界著名电视栏目介绍等练声材料，一举两得。对于非专业学生，在学习语音与发声基本理论的同时，也需要了解这个行业的名人、名作，增强对广播电视行业和主持人的了解。

　　千里之行始于足下，标准的语音、优美的声音，与长期不懈的科学练习密不可分。希望此书能够为广大语言传播的后备军成功起航助一臂之力。

第一章 普通话语音与科学发声概说

本章提示

1. 普通话的概念与特点
2. 最基本的语音概念
3. 最基础的发声介绍
4. 播音员主持人语音发声要求

第一节 什么是普通话

一、普通话概说

近些年人们常说:"让世界听到中国的声音。"传播中国声音的官方语言就是汉语普通话。汉语是世界上使用人数最多的语言。我国幅员辽阔、人口众多,形成了七大方言区,分别是"北方方言区""吴方言区""湘方言区""赣方言区""客家方言区""闽方言区""粤方言区"。在部分省份,几种方言并存。例如,广东省就是粤方言、客家方言、闽方言并行。不同方言在词汇、语法和语音上都有区别,词汇和语法在书面语言的学习中可以得到规范,所以,语音方面的差别最为突出。由于语音是语言的物质外壳、形式表现,是有声语言传播中意义符号的载体,所以语音规范是口语传播中信息对称的第一步,是保证人们交流顺畅的必须要素。因此,从 20 世纪 90 年代开始我国大力推广普通话,1998年国务院批准每年 9 月的第三周为普通话推广周。

汉语普通话是以北京语音为标准音,以北方话为基础方言,以典范的现代白话文著作为语法规范的现代汉民族共同语。普通话并不等于北京话,只是借鉴了北京话的语音。普通话是规范的现代汉语,其"规范"指的是现代汉语在语音、词汇、语法各方面的标准。

普通话语音有其鲜明的特点。第一,音节中元音占有一定优势,听上去比较清脆、响亮。第二,阴阳上去四个声调,比较简单,且变化明显,形成一定的乐感。第三,除了四声之外,还有词语轻重格式、轻声、儿化的使用,语言表达丰富。

二、语音的相关概念

(一)音色、音高、音强、音长

通过人体器官发出的声音与自然界中其他声音一样,都有其物理属性,是物体通过震动形成声波。也就是说,我们通过声波来传递和感知语音。每个声音片段包含音色(音质)、音高、音强和音长四个要素,这也是我们赖以识别语音的四个要素。

音色也叫音质,是声音的特色和本质,也是我们识别语音的最重要的元素,音色由音波颤动的形式决定。不同的发声体由于材料、结构不同,发出声音的音色也就不同。不同音位、不同发音方法会产生不同的音色,不同的声带、共鸣腔体也会表现出不同的声音特质。

音高是指声音的高度(高低),由发音体振动频率决定,两者成正比关系。频率越高,音高的高度越高,我们听觉上感受的声音的调子越高。普通话音高变化的不同引起声调不同,四个声调如阴平"妈"(音高不变)、阳平"麻"(音高上升)、上声"马"(音高先下降后上升)、去声"骂"(音高下降),就体现出音高的明显变化。发音振动体长短、粗细、厚薄、松紧不同,音高也会出现相应变化。人体发音器官声带有长短、厚薄、松紧的区别,一般来说,男性声带长、松、厚,女性声带短、紧、薄,女性发出的声音比男性高。

音强是声音的强弱,由发音体振幅大小来决定,两者成正比关系,即振幅越大,音强越强。由于每个人的声音条件和用声方法的不同,音强也会体现出差异。一般经过训练的声音音强强,反之较弱。同样的音高,男性声音往往比女性声音音强强。

音长是发音体声波震动时间的长短。普通话语音中虽然没有规定音素、音节的长短之分,却体现出音长的长短差异。主要元音(韵腹)比韵头和韵尾长;四个声调的音长,上声最长,去声最短。音节长短的处理和变化是影响语速与节奏的重要因素。重音的处理会使用音长的加长、音强的加强。

(二)音节、音素、音位

音节是听觉上能感受到的最自然的语音单位,即听觉上最容易分辨的音段,由一个或几个音素按一定规律组合而成。一般来说,汉语中一个汉字就是一个音节,每个音节由声母、韵母和声调三个部分组成。

音素是构成音节的最小语音单位。普通话中共有32个音素,其中元音音素10个,辅音音素22个。一个音节至少有一个音素,至多有四个音素。

音位是一个语言系统中能够区分词义的最小的语音单位,国际语音协会给出的定义是"音位是某个语言里不加分别的一组相关的声音"。

第二节　什么是发声

一、播音主持发声概说

有声语言是播音员主持人传播信息、进行艺术创作的主要手段。播音员主持人应该通过科学理论的指导,客观认识、评价并驾驭自己的声音,提高发声能力,改善发声质量,使声音成为"得心应口"的创作手段。发声是播音员主持人所应具备的一项重要基本功。错误的用声方法不但会直接影响语言的传播效果和节目质量,还可能影响播音员主持人的职业生命。

语言的形成是人体发音器官对大脑相关指令的执行过程,是发音器官工作的结果。发音器官是指在语言活动中发音的人体器官。语音形成过程中,人体头、颈、胸、腹等部位的一百多块肌肉控制着不同的器官协同发音。发音器官的有序排列构成了能够产生语音的特殊结构——声道。这些器官按照呼出气流运动的方向由下而上分为三部分:动力系统、声源系统和成音系统。

播音发声的特点是:以实声为主的虚实结合,声音清晰圆润;声音变化幅度不大,但层次丰富,表情达意准确;接近口语用声,状态自如,声音流畅。

通过播音发声的训练,我们要获得这样的声音:准确规范,清晰流畅;圆润集中,朴实明朗;刚柔并济,虚实结合;色彩丰富,变化自如。

如何获得这样的发声感觉,正是播音发声所要解决的问题。播音发声的要领可以概括为下面几句话:气息下沉,喉部放松;不僵不挤,声音贯通;字音轻弹,如珠如流;气随情动,声随情走。其中,"气息下沉,喉部放松;不僵不挤,声音贯通"是发声的要领,"字音轻弹,如珠如流"讲吐字,"气随情动,声随情走"讲声音的弹性以及情声气的关系。

二、播音发声理论

学习播音发声,可以从呼吸控制、口腔控制、喉部控制、共鸣控制、声音弹性等方面进行基本理论的学习,并配合系统训练。

播音发声对呼吸控制的要求是:以胸腹联合式呼吸为基本的呼吸方式,吸气时两肋打开、吸到肺底,"腹壁"站定;呼气要稳劲、持久、变化自如。

播音发声对口腔控制的要求是:发声时要保持提颧肌、挺软腭、打牙关、松下巴的口腔状态,唇舌力量集中,明确声音发出的路线和着力位置。

播音发声对共鸣控制的要求是:以口腔共鸣为主,以胸腔共鸣为基础,辅之以少量鼻腔共鸣的混合式共鸣。

播音发声对喉部控制的要求是:喉头相对放松、相对稳定,克服不良的发声动作和习惯,同时结合呼吸控制、口腔控制等综合进行喉部控制。

播音发声的最终目的是获得声音弹性,即声音形式对人们变化着的思想感情的适应能力，使声音表现出恰如其分的弹性和色彩的变化，最终达到"情""声""气"的结合。

第三节　播音员主持人语音发声要求

播音员主持人作为专业的有声语言工作者，作为广播电视的信息传播者，作为广播电视艺术的创作者，对语言表达有极高的要求。

一、大众性与示范性

广播电视的语言传播具有传播范围广、接受人群广的特点，这就决定了播音员主持人的有声语言与日常生活中的有声语言在影响力上有质的区别，他们的语言直接影响整个社会大众的语言使用。长期以来，在人们眼中，播音员主持人就是语言的示范者，很多人都是跟着播音员主持人练习普通话的。因此，国家对播音员主持人的普通话语音有明确的等级要求。

2001年1月1日起施行的《中华人民共和国国家通用语言文字法》第十二条规定，广播电台、电视台以普通话为基本的播音用语。1994年10月30日，国家语言文字工作委员会、国家教育委员会、广播电影电视部联合下发的《关于开展普通话水平测试工作的决定》，县级以上（含县级）广播电台和电视台播音员、节目主持人的普通话应达到一级水平。国家级广播电台和电视台播音员、节目主持人的普通话通常要求达到一级甲等。

二、一次性与多样性

广播电视是即时性的语言传播媒体。也就是说，广播电视通过有声语言向受众传播信息，而这些信息是转瞬即逝的。当然，更无法像日常交流中，不仅可以要求交流对象重复话语，还可以换一种方式解释。因此，广播电视必须保证一次性传播效果，播音员主持人的语言传播更是如此。这就要求播音员主持人传播信息时，不仅发音正确、规范，还要清晰。换句话说，能使受众在有限的时间内听清楚、听准确传播的内容。

另外，主持人在广播电视节目中的传播环境与状态是多样的。不仅有在演播厅的节目主持，还可能是在户外零下20℃的寒风中主持，也可能是在众声喧哗的人群中主持……不仅有常规状态下的主持，也会有突发情况下的主持……但是无论什么样的传播环境，无论什么样的主持状态，都要求主持人能够清晰、准确地传播信息。这就要求播音员主持人要有科学的、专业的发声方法。

三、审美性与创意性

播音员主持人的语言是大众传播的语言，也是具有艺术欣赏性的语言。这种艺术性既是受众审美的需要，也是播音员主持人进行声音创作的需要，更是展示节目内容、风格的需要。张颂教授指出语言传播需要营造美感,并提出美感的四个层面:音声美、意蕴美、分寸美、韵律美。播音员主持人要想传播具有美感的声音,要想在实际创作中对语言、声音的驾驭随心所欲、应用自如,就必须掌握科学的发声方法。

与此同时,播音员主持人还要根据节目风格、内容、环境等因素对有声语言进行艺术创作,经过艺术创作的语言和声音,不仅是优美的,更是独特的。这种艺术创作建立在掌握基本功的基础之上。

思考题

1. 什么是汉语普通话?普通话语音有什么特点?
2. 什么是音质、音高、音强、音长、音节、音素、音位?
3. 发声训练的目的是什么?
4. 播音员主持人的发声要求是什么?

第二章 声母——字音准确的关键

■ **本章提示**

1. 声母的概念和分类
2. 声母的发音方法和要领
3. 声母发音训练：单字词、双字词、四字词、情景语句、绕口令、古诗词

第一节 声母概说

一、什么是声母

根据汉语语音学的传统分析方法,可以把汉语字音分成声母、韵母和声调三部分。声母就是汉语音节开头的辅音部分,普通话共有 21 个辅音声母。辅音的主要特点是发音时气流在口腔中受到阻碍,也可以说,声母发音的过程就是气流受到阻碍和克服阻碍的过程。此外,还有一些音节仅由韵母构成,比如安(ān)、一(yī)等,被称为零声母音节。声母发音到位与否直接影响字音的准确度。声母的发音参见发音器官示意图(图 2-1)和普通话声母表(图 2-2)。

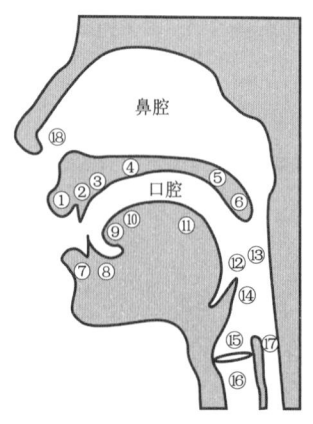

发音器官示意图

1. 上唇　　10. 舌面
2. 上齿　　11. 舌根
3. 齿龈　　12. 咽头
4. 硬腭　　13. 咽壁
5. 软腭　　14. 会厌
6. 小舌　　15. 声带
7. 下唇　　16. 气管
8. 下齿　　17. 食道
9. 舌尖　　18. 鼻孔

图 2-1　发音器官示意图

表 2-1　普通话声母表

b	玻	p	坡	m	摸	f	佛
d	得	t	特	n	讷	l	勒
g	哥	k	科	h	喝		
j	基	q	欺	x	希		
zh	知	ch	蚩	sh	诗	r	日
z	资	c	雌	s	思		
零声母	安						

二、声母的分类

(一)根据发音部位

(1)双唇音：上唇和下唇闭合构成阻碍，有3个，分别是b、p、m。

(2)唇齿音：下唇和上齿靠拢构成阻碍，只有一个f。

(3)舌尖前音：舌尖与上门齿背接触或接近构成阻碍，有3个，分别是z、c、s。

(4)舌尖中音：舌尖与上齿龈(上牙床)接触构成阻碍，有4个，分别是d、t、n、l。

(5)舌尖后音：舌尖与硬腭前端接触或接近构成阻碍，有4个，分别是zh、ch、sh、r。

(6)舌面音：舌面前部与硬腭前部接触或接近构成阻碍，有3个，分别是j、q、x。

(7)舌根音：舌根与硬腭、软腭的交界处接触或接近形成阻碍，有3个，分别是g、k、h。

(二)根据发音方法

(1)塞音：又叫闭塞音，有6个，分别是b、p、d、t、g、k。成阻、持阻时发音部位两部分紧紧靠拢，完全关闭气流通道，除阻时阻碍突然解除，气流透出，产生塞音。

(2)擦音：又叫摩擦音，有6个，分别是f、h、x、sh、s、r。成阻、持阻时发音部位两部分靠近而不能完全闭塞，留出间隙，让气流从间隙摩擦通过成声，产生擦音，除阻时发音结束。

(3)塞擦音：塞擦音有6个，分别是j、q、z、c、zh、ch。成阻、持阻时发音部位两部分先闭塞，然后放松，闭塞部分形成间隙，让气流摩擦通过成声，产生塞擦音，除阻时发音结束。塞擦音的发音方法是塞音与擦音两种方法的结合。

(4)边音：边音只有一个l。成阻、持阻时舌尖上抬和上齿龈后部接触，口腔中部闭塞，气流从舌头两边空隙中流出的同时声带振动，产生边音，除阻时发音结束。

(5)鼻音：鼻音有2个，分别是m、n。成阻时发音部位两部分紧紧靠拢，关闭口腔气流通道；持阻时声带振动，软腭下垂，气流通过鼻腔，气流经口腔和鼻腔形成双重共鸣；除阻时发音结束。

(三) 根据送气与否

根据声母发音时呼出气流的强弱,从理论上,把呼出气流较强的称为送气音,呼出气流较弱的称为不送气音。这里尤其应该注意到具有对应关系的塞音和塞擦音的分辨:送气音有6个,分别是p、t、k、q、ch、c;不送气音有6个,分别是b、d、g、j、zh、z。

(四) 根据声带振动与否

根据发音时声带是否振动,声母分为浊音和清音:浊音有4个,分别是m、n、l、r,发音时声带振动;清音有17个,分别是b、p、f、d、t、g、k、h、j、q、x、zh、ch、sh、z、c、s,发音时声带不振动。

表 2-2 普通话声母发音要领表

发音方法 发音部位	塞音		塞擦音		擦音		鼻音	边音
	清音		清音		清音	浊音	浊音	浊音
	不送气音	送气音	不送气音	送气音				
双唇音	b	p					m	
唇齿音					f			
舌尖中音	d	t					n	l
舌根音	g	k			h			
舌面音			j	q	x			
舌尖前音			z	c	s			
舌尖后音			zh	ch	sh	r		

第二节 声母发音训练

一、声母发音要领与训练

(一) 双唇音 b、p、m

b[p] 双唇不送气清塞音

[发音要领] 发音时,双唇闭拢,软腭挺起,关闭鼻腔通道,声带不振动,让较弱的气流突然冲开双唇的阻碍成声。

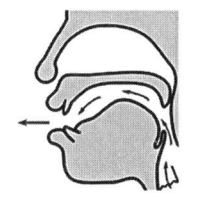

图 2-2　b 发音示意图

[词语练习]

单音节：

爸　播　白　报　版　帮　别　被　蹦　北　本　毕　不
斌　冰　补　表　变　班　崩　拔　鼻　贝　薄　病　包

双音节：

宝贝　斑驳　辨别　把柄　爸爸　卑鄙　本部　表白　步兵
刨冰　褒贬　蚌埠　败笔　版本　冰雹　伯伯　背部　碧波
保镖　臂膀　摆布　病变　遍布　彬彬　播报　八宝　百般

四音节：

八拜之交　百折不挠　半信半疑　饱经风霜　杯水车薪
并行不悖　兵荒马乱　背道而驰　博古通今　不慌不忙
霸王别姬　拔刀相助　白发千丈　百鸟朝凤　保国安民

[情景语句]

做明星其实挺累的，不管走到哪里都要保持风度，不管做任何事情都有可能被报道，本属于个人的"自由"被"明星"二字彻底剥夺。

地下党员刘宝被捕后，被敌人百般折磨，依然笑着对敌人说："你们不要白费力气了，胜利属于新中国，你们注定是要失败的。"

p[p']　双唇送气清塞音

[发音要领]　发音方法与 b 相近，不同的是发 p 时有一股较强的气流冲开双唇。

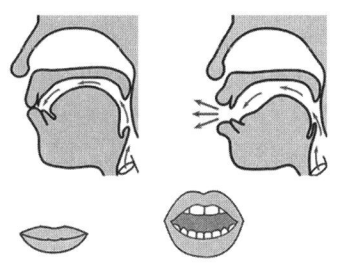

图 2-3　p 发音示意图

[词语练习]

单音节：

爬　皮　婆　拍　陪　跑　片　票　抛　喷　碰　排　凭

胖 盘 怕 剖 撇 盆 裴 蒲 魄 飘 瀑 蓬 品

双音节：

婆婆 拼盘 品评 平抛 偏颇 批判 爬坡 澎湃 拍片
偏僻 乒乓 破皮 攀爬 漂萍 铺平 匹配 铺排 琵琶
怦怦 批评 排炮 品牌 频谱 偏旁 瓢泼 跑偏 噼啪

四音节：

平起平坐 排山倒海 攀龙附凤 盘根错节 喷薄欲出
鹏程万里 披星戴月 破釜沉舟 铺天盖地 刨根问底
拍案而起 迫不及待 漂泊不定 蓬荜生辉 旁门左道

[情景语句]

小宝宝喜欢吹泡泡，排排泡泡绕着小宝宝，小宝宝还跑来跑去到处拍泡泡，可是泡泡太多，宝宝怎么也拍不完。

爬坡总是比下坡要费劲些，但是我们需要爬坡，需要不断努力，有时甚至要"破釜沉舟"，不能总是"四平八稳"。

m[m] 双唇浊鼻音

[发音要领] 发音时，双唇闭拢，软腭下降，打开鼻腔通道，气流从鼻腔出来，同时振动声带。

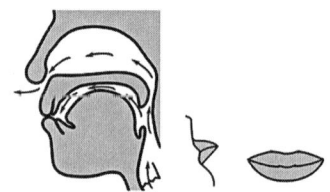

图 2-4 m 发音示意图

[词语练习]

单音节：

妈 麦 毛 谋 忙 蒙 灭 美 茂 米 木 荞 闷
莫 缪 民 鸣 门 梦 瞒 么 苗 棉 闽 弥 煤

双音节：

埋没 美妙 茂密 蒙昧 弥漫 密码 迷茫 美满 卖命
牧马 眉毛 明媚 命名 麻木 盲目 门面 民盟 孟买
麦苗 泯灭 棉麻 美貌 谩骂 眉目 买卖 默默 妹妹

四音节：

面目全非 马革裹尸 美轮美奂 满面春风 茫然若失
秘而不宣 毛骨悚然 眉开眼笑 渺无人烟 明镜高悬
目不斜视 茫无所知 卖友求荣 莫名其妙 妙手回春

[情景语句]

在阳光和水的沐浴下,田里的禾苗茁壮成长,毛老汉看着密密麻麻的禾苗,眉开眼笑,心想:今年一定是个好收成,但愿明年、后年也都好。

小麦家的大花猫一下生了三只小花猫,猫妈妈和猫爸爸带着小宝宝们在明媚的阳光下漫步,好一个和谐美满的家庭啊!

[绕口令练习]

炮兵和步兵(b、p、m)

炮兵攻打八面坡,炮兵排排炮弹齐发射,步兵逼近八面坡,歼敌八千八百八十多。

一平盆面(b、p)

一平盆面,烙一平盆饼,饼碰盆,盆碰饼,烙出一平盆平面饼。

爸爸抱宝宝(b、p)

爸爸抱宝宝,跑到布铺买布做长袍。宝宝穿了长袍不会跑,跑了八步就拉破了布长袍。布长袍破了还要用布补,再跑到布铺买布补长袍。

买和卖(m)

买是买,卖是卖,做买卖是既要买来又要卖,买卖不公没买卖,买卖人做事要实在。

(二)唇齿音 f

f[f] 唇齿清擦音

[发音要领] 发音时,下唇向上齿靠拢,形成间隙,软腭上升,关闭鼻腔通道,声带不振动,气流从唇齿之间的间隙摩擦通过成声。

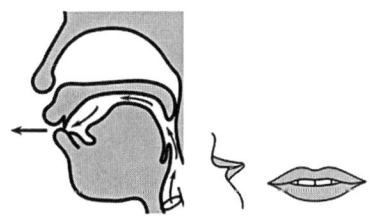

图 2-5 f 发音示意图

[词语练习]

单音节:

发 佛 非 否 风 粉 附 饭 芳 罚 奉 梵 福

双音节:

发放　福分　非凡　肺腑　仿佛　纷飞　犯法　蜂房　丰富

佛法　夫妇　反复　风范　房费　防腐　负分　芬芳　放风

反讽　风帆　吩咐　狒狒　付费　翻番　发疯　奋发　非法

四音节：

翻来覆去　发扬光大　反腐倡廉　飞黄腾达　纷至沓来
非同凡响　愤世嫉俗　风卷残云　福如东海　附庸风雅
反复无常　防微杜渐　峰回路转　浮想联翩　沸沸扬扬

[情景语句]

走进后院,立刻感受到各种花的芳香,走入园中,仿佛置身于花的海洋。蜜蜂则飞来飞去,忙个不停。

中国人是有骨气的,当他们漂泊异国他乡时,基本不领取政府发放的救济金,而是努力工作,奋发图强,往往多年以后还会创造出非凡的业绩。

[绕口令练习]

画凤凰(f)

粉红墙上画凤凰,红凤凰,粉凤凰,粉红凤凰,花凤凰,全都仿佛活凤凰。

大佛山和大夫山(f)

大夫山前有个大佛山,大佛山后有个大夫山。翻过大佛山就是大夫山,绕过大夫山来到大佛山。

缝裤缝(f)

一条裤子七道缝,斜缝竖缝和横缝,缝了斜缝缝竖缝,缝了竖缝缝斜缝。

峰上蜂和风中凤(f)

峰上有蜂,峰上凤飞蜂蜇凤;风中有凤,风中蜂飞凤斗蜂。不知到底是峰上蜂蜇凤,还是风中凤斗蜂?

(三) 舌尖前音(平舌音) z、c、s

z、c、s 发音正例　　　　　z、c、s 发音反例

图 2-6　z、c、s 发音正例与反例

Z[ts]　舌尖前不送气清塞擦音

[发音要领]　发音时,舌尖向上轻轻抵住上齿背,软腭上升,关闭鼻腔通道,声带不振动,让较弱的气流冲开阻碍形成间隙,气流从间隙中摩擦成声。

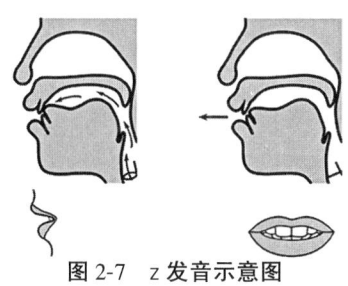

图2-7　z发音示意图

[词语练习]
单音节：

杂　字　再　赞　脏　泽　怎　增　组　尊　走　总　昨
贼　栽　左　综　嘴　钻　足　奏　紫　糟　藏　咱　宰

双音节：

自尊　宗族　组织　在座　总则　藏族　再造　粽子　凿子
咂嘴　簪子　遭罪　栽赃　做贼　崽子　祖宗　罪责　走卒
脏字　做作　啧啧　樽俎　最早　自在　凿凿　杂字　自责

四音节：

载歌载舞　贼眉鼠眼　赞不绝口　自惭形秽　杂乱无章
字斟句酌　走南闯北　足智多谋　作茧自缚　早出晚归
责无旁贷　自给自足　再三再四　造谣中伤　增砖添瓦

[情景语句]

在我人生旅途的每一次坎坷中,都是母亲用爱和鼓励滋润着我。她总说:"没事的,失败是在所难免的,但只要拥有锲而不舍、再接再厉的精神,不断努力,就足够了。"

藏族自称"博巴",意为农业人群,是最早起源于雅鲁藏布江流域的一个农业部落。目前,主要聚居在西藏自治区以及青海、甘肃、四川、云南等省。藏族有自己的语言和文字。藏语属汉藏语系藏缅语族藏语支,分卫藏、康方、安多三种方言。

C[ts']　舌尖前送气清塞擦音

[发音要领]　发音方法与z相近,不同的是用较强的气流冲破阻碍。

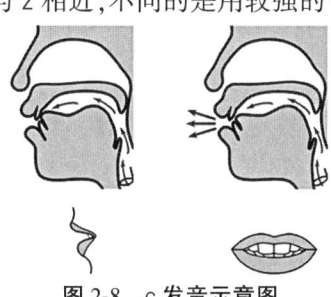

图2-8　c发音示意图

[词语练习]

单音节：

擦 残 苍 促 草 搓 册 采 凑 村 聪 词 醋
此 翠 存 错 窜 藏 粗 岑 层 从 崔 操 次

双音节：

苍翠 匆匆 草丛 璀璨 粗糙 此次 措辞 猜测 曹操
层次 仓促 摧残 从此 残次 残存 催促 参差 寸草

四音节：

财大气粗　采薪之忧　惨无人道　沧海一粟　苍松翠柏
粗茶淡饭　摧眉折腰　寸草春晖　错落有致　参差不齐
草木皆兵　操之过急　仓皇出逃　层出不穷　才貌双全

[情景语句]

来到圆明园遗址，不禁发现就连一些断壁残垣的遗迹也不多了，我们甚至无法借助想象力恢复那曾经郁郁葱葱、灿若繁星的世界级皇家园林。

寒冬时节，从北方来到南方，最大的感觉便是，呵，到处居然还是绿草丛生，花团锦簇，一派春暖花开的灿烂景色。

S[s]　舌尖前清擦音

[发音要领]　发音时，舌尖接近上齿背，形成间隙，软腭上升，关闭鼻腔通道，声带不振动，气流从间隙中摩擦成声。

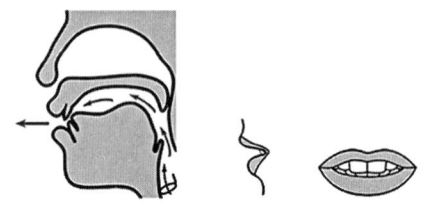

图 2-9　s 发音示意图

[词语练习]

单音节：

四 洒 散 苏 艘 赛 桑 锁 算 笋 僧 色 损
酸 随 卅 孙 伞 送 岁 死 丧 撒 松 塑 塞

双音节：

思索 洒扫 诉讼 琐碎 僧俗 飒飒 嫂嫂 色素 缫丝
速算 三岁 酥松 笋丝 酸涩 嗖嗖 松散 搜索 四散

四音节：

三足鼎立　丧权辱国　扫地出门　死灰复燃　四通八达
搜索引擎　素昧平生　所向披靡　随波逐流　散兵游勇

似曾相识　　颂古非今　　损兵折将　　色如死灰　　骚翁墨客

[情景语句]

昨天晚上,我静静地思索和总结了自己这三十多年,似乎一无所成,人们说"三十而立",可自己又该立于何处呢?

我们的领导干部应该解放思想,大干实干,如果总是缩手缩脚,思前想后,怕担责任,恐怕是不能赢得群众满意的。

[绕口令练习]

老曹和老崔(c)

老曹餐前买雌鸡,老崔餐后买瓷器,买来才知是次品,老曹退雌鸡,老崔退瓷器。

三山屹四水(s)

三山屹四水,四水绕三山,三山四水春常在,四水三山四时春。

桑树和枣树(z、s)

枣厂前有三十三棵桑树,枣厂后有四十四棵枣树。三十三棵桑树下有三十三把紫伞,四十四棵枣树下有四十四头紫蒜。

小四刺字(z、c、s)

小四在刺字,四次刺"四"字,"四"字刺四次,四字都是"四"。

(四)舌尖中音 d、t、n、l

d[t]　舌尖中不送气清塞音

[发音要领]　发音时,舌尖抵住上齿龈,软腭上升,关闭鼻腔通道,声带不振动,较弱的气流冲破舌尖和上齿龈的阻碍成声。

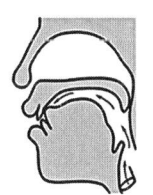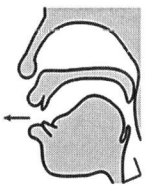

图2-10　d发音示意图

[词语练习]

单音节:

搭　到　德　带　丹　当　得　店　丢　度　都　多　洞

蝶　定　东　吨　夺　刀　敌　胆　等　党　朵　对　端

双音节：

大豆　搭档　当地　等待　导弹　单独　弟弟　道德　斗胆
抵挡　低调　达到　电灯　跌倒　淡定　抖动　动荡　叨叨
典当　歹毒　跌宕　地段　颠倒　电镀　登顶　地点　督导

四音节：

戴罪立功　　大彻大悟　　弹尽粮绝　　刀光剑影　　德高望重
当机立断　　登峰造极　　滴水穿石　　动人心弦　　咄咄逼人
淡泊明志　　德艺双馨　　颠倒是非　　调兵遣将　　斗志昂扬

[情景语句]

多少个日日夜夜的努力，多少次通宵达旦的实验，多少次失败的挫折，神舟九号飞船终于顺利升空了，当这一刻来临时，无数国人欣喜、激动、自豪。

近年来，房地产经济使各地方政府获益颇丰，虽然大家都明白依靠卖地来拉动ＧＤＰ的做法并不是长效的经济良策，但是各地方政府官员似乎还是只看现在不顾未来。

t[t'] 　舌尖中送气清塞音

[发音要领] 　发音方法与d相近，不同的是用较强的气流冲破阻碍。

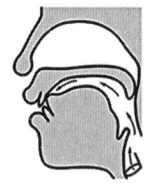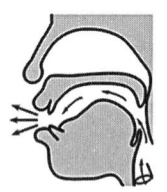

图2-11　t发音示意图

[词语练习]

单音节：

他　特　太　贴　图　腿　头　通　妥　提　停　推　滩
涛　团　土　眺　替　天　谈　唐　疼　湍　泰　铁　拓

双音节：

塌台　逃脱　体贴　天堂　弹跳　探头　听筒　图腾　谈吐
滩涂　忐忑　淘汰　疼痛　梯田　团体　探讨　唐突　挑剔
铁蹄　坍塌　调停　天体　通透　贪图　头条　抬头　塔台

四音节：

昙花一现　　泰山压顶　　天崩地裂　　堂堂正正　　投怀送抱
天伦之乐　　铁面无私　　同仇敌忾　　涂脂抹粉　　脱胎换骨
讨价还价　　提纲挈领　　挺身而出　　同工异曲　　土崩瓦解

[情景语句]

他，高大挺拔，她，亭亭玉立，他们本是天生的一对。但命运弄人，为了替家里还债，她嫁给了一个比自己大20岁的男人，而他却只能仰天长叹。

云南腾冲那一眼望去极有层次感的梯田,真美。那种美是一种天然的美,是一种特别的美,是一种难以复制的美。

n[n]　舌尖中浊鼻音

[发音要领]　发音时,舌尖抵住上齿龈,软腭下降,打开鼻腔通道,气流从鼻腔出来,同时振动声带。

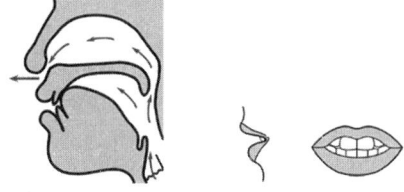

图 2-12　n 发音示意图

[词语练习]

单音节:

拿　你　呢　耐　男　努　内　嫩　能　女　牛　怒
捏　鸟　虐　农　您　宁　乃　呐　脑　妞　囊　暖

双音节:

难耐　男女　袅娜　扭捏　南宁　泥泞　恼怒　牛奶　能耐
内能　拿捏　农奴　呢喃　年年　奶娘　乃能　忸怩　娘娘
女奴　哪能　难弄　娜娜　牛腩　女尼　妞妞　内脑　捏弄

四音节:

拿腔作势　南腔北调　能言善辩　逆水行舟　牛郎织女
脑满肠肥　蹑手蹑脚　怒发冲冠　囊漏储中　浓墨重彩
内忧外患　年轻力壮　弄月吟风　扭转乾坤　袅袅婷婷

[情景语句]

人的大脑分为左脑和右脑,左脑主要功能是进行逻辑推理和语言表达,右脑的主要功能是进行空间和形象的思维,但人是高等动物,很多事都是左右脑相互配合完成的。

"网购"已经成为一种新的生活方式,男女老少都越来越认同和喜欢,甚至已经是生活中难以割舍的一部分,因为它能让人们足不出户,将所有商品尽收囊中。

l[l]　舌尖中浊边音

[发音要领]　发音时,舌尖抵住上齿龈后部,软腭上升,关闭鼻腔通道,声带振动,气流从舌头两边通过。

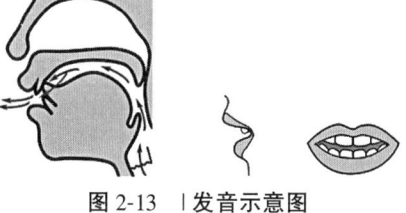

图 2-13　l 发音示意图

[词语练习]

单音节：

拉　力　鲁　来　劳　蓝　浪　恋　蕾　愣　绿　罗　另
论　龙　聊　乐　轮　梨　驴　两　刘　林　玲　列　老

双音节：

伦理　留恋　淋漓　冷落　玲珑　勒令　联络　料理　磊落
拉拢　来临　蓝领　流量　林立　领略　连累　靓丽　罗琳
劳累　拉练　凛冽　琉璃　利率　邻里　罗列　凌厉　兰兰

四音节：

来去分明　狼吞虎咽　老奸巨猾　乐不思蜀　雷厉风行
滥竽充数　愣头愣脑　理直气壮　伶牙俐齿　龙飞凤舞
朗朗上口　烂醉如泥　劳燕分飞　浪子回头　劳师动众

[情景语句]

蓝蓝的天上白云飘，绿绿的草原上马儿跑，蓝天、白云、绿草、骏马，多么诱人的流动美景啊！

一个国家，传统文化没能有效保护、流传，已经是很令人痛心了。更可悲的是有些地方政府竟然打着复古的旗号，劳民伤财地乱拆乱建一通，最后换来的只会是"笑声和骂声"。

[绕口令练习]

炖冻豆腐（d）

会炖我的炖冻豆腐，来炖我的炖冻豆腐，不会炖我的炖冻豆腐，就别炖我的炖冻豆腐。要是混充会炖我的炖冻豆腐，炖坏了我的炖冻豆腐，那就吃不成我的炖冻豆腐。

白石塔（d、t）

白石塔，白石搭，白石搭白塔，白塔白石搭，搭好白石塔，白塔白又大。

新脑筋（n、l）

新脑筋，老脑筋，老脑筋可以改变新脑筋，新脑筋不学习就会变成老脑筋。

篮球运动员（n、l）

南边来了两队篮球运动员，男运动员穿了篮球衣，女运动员穿了绿球衣。不怕累，不怕难，男女运动员努力练投篮。

（五）舌尖后音（翘舌音）zh、ch、sh、r

zh[tʂ]　舌尖后不送气清塞擦音

[发音要领]　发音时，舌尖向上抵住硬腭前端成阻，软腭上升，关闭鼻腔通道，声带

不振动,让较弱的气流冲破阻碍,从间隙中摩擦成声。

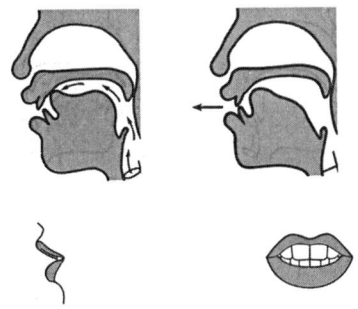

图 2-14　zh 发音示意图

[词语练习]

单音节:

闸　直　站　正　周　中　朱　卓　哲　真　峥　制　枕
抓　拽　装　摘　展　准　找　住　遮　众　沾　主　桌

双音节:

主张　折中　争执　真正　茁壮　战争　斟酌　褶皱　专著
注重　周转　着装　追逐　征兆　辗转　招展　住宅　制作
漳州　涿州　主旨　庄重　这种　政治　寨主　扎针　长者

四音节:

瞻前顾后　朝思暮想　振振有词　张冠李戴　招兵买马
争奇斗艳　指桑骂槐　装模作样　真才实学　正人君子
只字不提　中流砥柱　众口一词　诸子百家　众目睽睽

[情景语句]

"文革"过去这么多年了,但只要一想起那段日子,老周就辗转反侧不能入睡,不仅因为那时经受的折磨刻骨铭心,更因为"文革"彻底改变了他的一生。

历史上很多战争都不是庄重宣战的,而是战争发起者不宣而战,之后再找一个荒谬的理由把自己的行为正当化。

ch[tʂʻ]　舌尖后送气清塞擦音

[发音要领]　发音方法与 zh 相近,不同的是从间隙里呼出的气流较强。

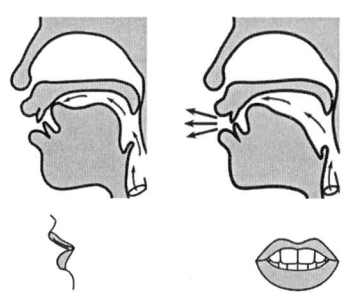

图 2-15　ch 发音示意图

[词语练习]

单音节：

差 车 产 长 踹 传 闯 出 臭 吹 蠢 冲 扯
柴 超 茶 丑 戳 晨 城 储 窗 趁 川 秤 吃

双音节：

常常　踌躇　惩处　惆怅　穿插　驰骋　抽查　赤诚　叉车
充斥　茶厂　戳穿　传承　抽搐　沉船　城池　拆除　春潮
初春　唇齿　长城　潺潺　车程　长春　查抄　橱窗　瞅瞅

四音节：

绰绰有余　长歌当哭　沉鱼落雁　诚惶诚恐　痴人说梦
出神入化　崇山峻岭　川流不息　唇亡齿寒　沉默寡言
车水马龙　乘风破浪　赤手空拳　传世之作　吹毛求疵

[情景语句]

汽车的出现改变了人类的生活，汽车产业也成为很多国家的支柱性产业，美国、日本、德国……都是。我国的汽车业近年来也有较快的发展，产值不断提升。

有些人常常幻想奇迹的出现，其实世间根本就没有什么"奇迹"可以产生，"天道酬勤"却是不变的准则。只有努力付出，才有成果回报。

sh[ʂ]　舌尖后清擦音

[发音要领]　发音时，舌尖向上翘起，舌尖向上接近硬腭前端成阻，留出间隙，软腭上升，关闭鼻腔通道，声带不振动，气流冲破阻碍，从间隙中摩擦成声。

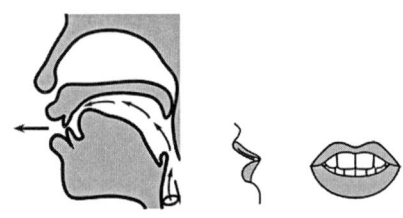

图 2-16　sh 发音示意图

[词语练习]

单音节：

杀 山 晒 商 爽 帅 顺 书 刷 说 实 手 栓
硕 衰 双 耍 神 谁 甩 生 吮 蛇 绳 师 闪

双音节：

闪烁　上身　少数　射手　史诗　神圣　实施　杀伤　商厦
设施　审视　述说　事实　摔伤　霎时　盛世　双双　税收
膳食　生疏　熟睡　尚书　神兽　手术　收视　涮涮　试试

四音节：
杀身成仁　　赏心悦目　　舍生取义　　神出鬼没　　山崩地裂
诗情画意　　手忙脚乱　　水泄不通　　瞬息万变　　善始善终
少见多怪　　生不逢时　　十年寒窗　　疏而不漏　　上善若水

［情景语句］

一日，鲁迅迟到了，老师生气地将他狠狠批评了一顿。鲁迅没有为自己做任何辩解，默默回到座位。第二天，他早早地来到学校，并在书桌的右上角用刀刻了一个"早"字。从此，鲁迅惜时如金，养成了"时时早，事事早"的好习惯。

读史使人明智，读诗使人聪慧，演算使人精密，哲理使人深刻，伦理学使人有修养，逻辑修辞使人善辩。总之，"知识能塑造人的性格"。

「[ʐ]　舌尖后浊擦音

［发音要领］　发音方法与 sh 相近，不同的是声带振动。

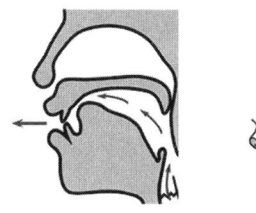

图 2-17　r 发音示意图

［词语练习］
单音节：
日　热　入　肉　然　让　忍　瑞　乳　若　软　容　刃
冉　人　仍　如　饶　壤　芮　润　柔　扔　任　蕊　惹

双音节：
荣辱　如若　扰攘　仍然　软弱　柔韧　闰日　容忍　热熔
荣任　荏苒　濡染　蓉蓉　柔软　嚷嚷　忍让　冉冉　仁人
容人　柔弱　人日　荏弱　人肉　忍辱　惹人　穰穰　融入

四音节：
燃眉之急　　热火朝天　　人声鼎沸　　忍辱负重　　日东月西
戎马生涯　　如泣如诉　　入木三分　　弱不禁风　　锐不可当
仁人义士　　认贼作父　　融会贯通　　茹毛饮血　　若即若离

［情景语句］

光阴荏苒，逝去的将永远逝去，但我仍然常常在想，如果时光可以倒转，如果还有明天，我将一定与日月同行守护在你的身边，然后，我们一同快乐地老去。

将军戎马一生，在战场总是锐不可当，到了和平年代，反而有点不适应，总是觉得生活太无聊，日子过得很慢，缺少点热血沸腾的激情劲儿。

[绕口令练习]

学时事(zh、sh)

史老师,讲时事,常学时事长知识。时事学习看报纸,报纸登的是时事。常看报纸要多思,心里装着天下事。

朱叔除竹笋(zh、ch、sh)

朱家一株竹,竹笋初长出。朱叔处处锄,锄出笋来煮。锄完不再出,朱叔没笋煮,竹株干又枯。

知道不知道(zh、sh)

认识从实践始,实践出真知。知道就是知道,不知道就是不知道。不要知道说不知道,也不要不知道说知道。老老实实,实事求是,一定要做到不折不扣的真知道。

日头、石头、舌头和指头(r、sh、zh)

天上有个日头,地下有块石头,嘴里有个舌头,手上有五个手指头。不管是天上的热日头、地下的硬石头、嘴里的软舌头、手上的手指头,还是热日头、硬石头、软舌头、手指头,反正都是练舌头。

石狮市没石狮(zh、ch、sh、r)

经三省过五市,狮子跑到华清池。栀子花香桂树直,贵妃沐浴石岸湿。历史风云卷书志,中华大地写新诗。池水清清映红日,枝头石榴笑红柿。石狮回头望东南,思乡泪下发毛湿。

(六)舌面音 j、q、x

j[tɕ] 舌面不送气清塞擦音

[发音要领] 发音时,舌面前部抵住硬腭前部成阻,软腭上升,关闭鼻腔通道,声带不振动,然后把舌面放松一点儿,舌面前部离开硬腭前部形成间隙,气流从间隙中摩擦成声。

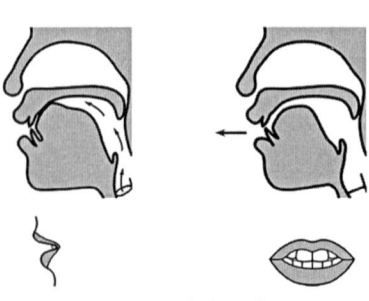

图 2-18　j 发音示意图

[词语练习]

单音节：

即　居　家　鹃　将　姐　坚　绝　金　经　集　剪　杰
奖　窘　俊　局　见　景　角　甲　境　剧　寄　戒　旧

双音节：

焦急　肌腱　几经　境界　寄居　机警　简洁　结晶　基金
嘉奖　倔强　将军　借鉴　涓涓　窘境　交警　纠结　简介
咀嚼　究竟　家具　仅仅　艰巨　家眷　监禁　皎洁　近郊

四音节：

鸡犬升天　疾恶如仇　家常便饭　见异思迁　矫枉过正
锦上添花　精雕细琢　坚贞不屈　居心叵测　举案齐眉
建功立业　将功补过　娇生惯养　洁身自好　酒囊饭袋

[情景语句]

竞技运动指为最大限度地发挥个人和集体在体力、智力和运动能力等方面的潜力，创造优异运动成绩而进行的训练和竞赛。目前全世界通行的竞技运动项目有田径、体操、球类、游泳等数十项。

放假了，回到乡下，又看到了没有因发展经济而满身疮痍的大自然。打开窗户，新鲜的空气扑鼻而来，吸一口气，舒服极了。树梢上传来叽叽喳喳的鸟叫声，远处则是滋润双眼的田园风景。

q[tɕ'] 舌面送气清塞擦音

[发音要领] 发音方法与 j 相近，不同的是通过的气流较强。

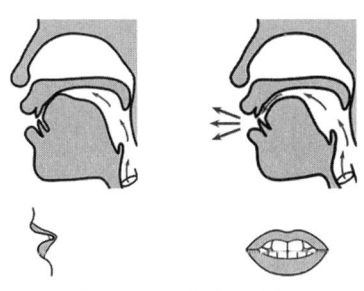

图 2-19　q 发音示意图

[词语练习]

单音节：

其　恰　前　请　强　球　亲　群　穷　掐　雀　全　起
秋　桥　且　去　奇　庆　切　腔　犬　窃　签　秦　欠

双音节：

崎岖　秋千　氢气　强求　亲切　欠缺　情趣　轻巧　齐全
气球　侵权　蹊跷　群起　前期　亲戚　全区　鹊桥　恰恰

轻取　秦腔　请求　牵强　窃取　确切　悄悄　曲奇　抢亲

四音节：

奇光异彩　千疮百孔　前程似锦　巧舌如簧　敲山震虎
枪林弹雨　穷途末路　秋高气爽　曲高和寡　群龙无首
巧夺天工　锲而不舍　青山绿水　全心全意　强食弱肉

[情景语句]

父亲亲吻了一下躺在病床上的女儿，说："我们一起努力，只要有信心，就会有奇迹，病魔一定是被有坚强意志的人打败的。"

爱情是一首甜蜜的歌、一首激情的歌、一首欢乐的歌、一首苦涩的歌……爱情需要精心地去呵护，相爱的人会在感情的曲折线中一起成长。

X[ɕ]　舌面清擦音

[发音要领]　发音时，舌面前部抬起，接近硬腭前部，形成间隙，软腭上升，关闭鼻腔通道，声带不振动，让气流从间隙中摩擦成声。

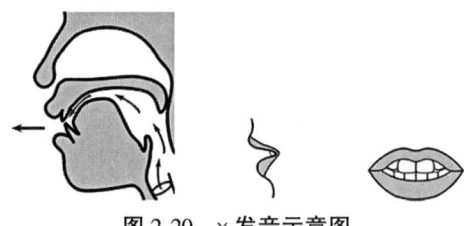

图 2-20　x 发音示意图

[词语练习]

单音节：

下　西　险　新　想　寻　兄　学　宣　修　霞　翔　肖
徐　训　细　型　虚　熊　献　信　乡　星　小　项　选

双音节：

现象　小心　休息　下旬　闲暇　纤细　唏嘘　遐想　修行
嬉戏　鲜血　写信　学校　宣泄　循序　行星　喧嚣　凶险
相信　虚心　吸血　详细　形象　肖像　喜讯　栩栩　血型

四音节：

熙熙攘攘　先睹为快　侠肝义胆　闲云野鹤　相濡以沫
销声匿迹　遐迩闻名　心慌意乱　行尸走肉　胸襟广阔
星罗棋布　雄心壮志　悬而未决　雪中送炭　循序渐进

[情景语句]

从小大人就告诉我们："虚心使人进步，骄傲使人落后。"但我还想加一句："信心使人成功，灰心使人失败。"

"必修课"与"选修课"是大学的两种课程类型。"必修课"是学习基础知识和专业知识,"选修课"是培养学生们的学习兴趣。

[绕口令练习]

比尖(j)

尖塔尖,尖杆尖,杆尖尖似塔尖尖,塔尖尖似杆尖尖。有人说杆尖比塔尖尖,有人说塔尖比杆尖尖。不知到底是杆尖比塔尖尖,还是塔尖比杆尖尖。

漆匠和锡匠(q、x)

七巷一个漆匠,西巷一个锡匠。七巷漆匠用了西巷锡匠的锡,西巷锡匠拿了七巷漆匠的漆,七巷漆匠气西巷锡匠用了漆,西巷锡匠讥七巷漆匠拿了锡。

七加一(j、q)

七加一,再减一,加完减完等于几?七加一,再减一,加完减完还是七。

稀奇(j、q、x)

稀奇稀奇真稀奇,麻雀踩死老母鸡,气球碰坏大机器,蚯蚓身长七丈七,蚂蚁身长三尺六,八十岁的老头躺在摇篮里。

(七)舌根音 g、k、h

g[k]　舌根不送气清塞音

[发音要领]　发音时,舌根隆起抵住硬腭和软腭交界处成阻,软腭上升,关闭鼻腔通道,声带不振动,较弱的气流冲破阻碍成声。

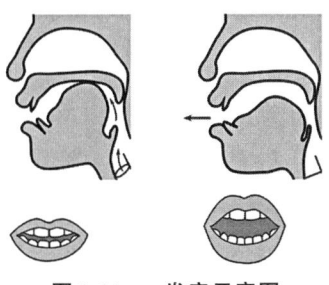

图 2-21　g 发音示意图

[词语练习]
单音节:

各　嘎　盖　高　怪　过　瓜　滚　股　跟　更　广　港
果　贵　光　购　尬　鬼　耿　纲　管　拐　甘　共　歌

双音节:

钢轨　骨骼　梗概　公共　桂冠　瓜葛　光顾　改革　古怪

高干　尴尬　够格　改观　鬼怪　公公　拐棍　国歌　蝈蝈
广告　干戈　果敢　公关　干股　感官　格格　故宫　杠杆

四音节：
改头换面　甘心情愿　肝脑涂地　高瞻远瞩　各抒己见
耿耿于怀　根深蒂固　觥筹交错　冠冕堂皇　鬼斧神工
钩心斗角　古今中外　寡不敌众　广开言路　官逼民反

[情景语句]

晓梅父母走得早，是哥哥一手把她拉扯大的，哥哥十几岁就开始外出打工，直到供晓梅读完大学。晓梅一生都对哥哥心存感激。

成立于 1925 年的故宫博物院是一座特殊的博物馆，它建立在明清两朝皇宫——紫禁城的基础上。历经六百年兴衰荣辱，帝王宫殿的大门终于向公众敞开。故宫是世界上规模最大、保存最完整的木结构宫殿建筑群，是中华民族的艺术瑰宝，也是全人类的珍贵文化遗产。

k[k']　舌根送气清塞音

[发音要领]　发音方法与 g 相近，不同在于用较强的气流冲破阻碍。

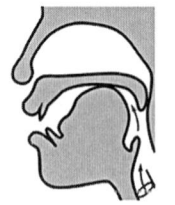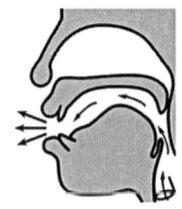

图 2-22　k 发音示意图

[词语练习]

单音节：
咔　可　哭　靠　阔　看　康　款　快　匡　垮　亏　抗
狂　肯　坑　困　空　葵　考　口　宽　控　库　昆　课

双音节：
可靠　宽阔　困苦　可口　慷慨　苛刻　坎坷　空壳　开矿
扣款　科考　旷课　可控　矿坑　空旷　亏空　开垦　苦口
开课　口渴　可看　克扣　刊刻　开阔　跨科　刻苦　空客

四音节：
开天辟地　苛捐杂税　刻不容缓　空穴来风　枯木逢春
口若悬河　哭天抹泪　侃侃而谈　匡正时弊　脍炙人口
阔步高谈　看风使舵　宽宏大量　昆山之玉　旷世奇才

[情景语句]

极度困苦悲伤的时候，人们常常会哭泣，那是"痛哭流涕"；而当人们极度开心高兴的时候,人们也会哭泣,那是"喜极而泣"。

如果说青海湖是青海美貌的女儿,那么昆仑山就是青海强壮的儿子。古人尊称昆仑山为"万山之祖",气魄之大可以想象。昆仑山终年积雪不化,所以也被人们称为"昆仑雪山"。

h[x]　舌根清擦音

[发音要领]　发音时,舌根隆起接近硬腭和软腭交界处成阻,形成间隙,软腭上升关闭鼻腔通道,声带不振动,让气流从间隙摩擦通过成声。

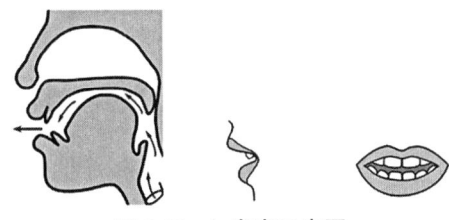

图 2-23　h 发音示意图

[词语练习]
单音节:

哈　火　还　害　黄　胡　何　好　韩　杭　混　虹　华
环　坏　回　海　话　后　很　恒　换　慌　虎　贺　悔

双音节:

黄河　互换　憨厚　辉煌　呼喊　荷花　互惠　混合　红火
后悔　恍惚　祸害　航海　淮河　洪湖　汉化　横祸　画画
坏话　婚后　火候　呵护　行会　划痕　挥毫　含恨　汇合

四音节:

海枯石烂　含沙射影　好事多磨　皓月千里　鹤立鸡群
哄堂大笑　花枝招展　恍如隔世　诲人不倦　黑白分明
恨之入骨　厚此薄彼　呼风唤雨　花残月缺　缓兵之计

[情景语句]

《中国好声音》节目一经推出,就引起很大轰动,红遍全国。好听的声音,好听的故事,好看的竞赛,好看的表演,一切尽在《中国好声音》。

有人说:"婚姻是爱情的坟墓",于是有人说:"如果没有婚姻,连坟墓都没有";有人认为婚后生活便是"和风细雨",有人则认为婚后生活也要保持"激情四射"。但无论怎样,婚姻都是大多数人的港湾。

[绕口令练习]

喂蝈蝈(g)

哥哥喂蝈蝈,蝈蝈要果果,哥哥给果果,蝈蝈叫哥哥。

华华和爸爸(h)

画画的是华华,画的是爸爸,华华爱画爸爸爱花,爸爸爱华华画的画。

小郭与小葛(g、h)

小郭画了朵红花,小葛画了朵黄花,小郭想拿他的红花换小葛的黄花,小葛用他的黄花换了小郭的红花。

哥挎瓜筐过宽沟(g、k)

哥挎瓜筐过宽沟,赶快过沟看怪狗,光看怪狗瓜筐扣,瓜滚筐空哥怪狗。

黄贺与王克(h、k)

一班有个黄贺,二班有个王克,黄贺、王克二人搞创作,黄贺搞木刻,王克写诗歌。黄贺帮助王克写诗歌,王克帮助黄贺搞木刻。由于二人搞协作,黄贺完成了木刻,王克写好了诗歌。

(八) 零声母

有些音节开头部分没有声母,只有一个韵母独立成为音节,如哀(āi)、宜(yí)、五(wǔ)、育(yù),这种情况我们称之为零声母。发音时,音节开头的元音部分轻微地带点摩擦,注意控制好轻重,不要太浊。

1. 开口呼零声母

[词语练习]

单音节:

爱 鹅 尔 鸥 昂 恩 傲 呕 矮 案 儿 袄 阿
唉 安 肮 哦 摁 二 饿 怄 盎 恶 俺 挨 凹

双音节:

恩爱 暗暗 偶尔 爱儿 皑皑 昂昂 挨饿 阿安 嗷嗷
奥运 傲岸 熬夜 安稳 熬药 额外 哀乐 肮脏 扼要

四音节:

傲视万物 恶贯满盈 恩断义绝 爱财如命 安安稳稳
呕心沥血 昂首阔步 藕断丝连 阿谀奉承 耳聪目明
按图索骥 尔虞我诈 傲慢无礼 扼腕叹息 安家立业

[情景语句]

地中海和黑海是欧洲南部的两个陆间海。地中海位于欧亚非三洲之间,黑海位于欧亚两洲之间,两海以达达尼尔海峡、马尔马拉海峡、博斯普鲁斯海峡相通。

艾尔出生于西安,从小由阿姨带大,阿姨家的经济状况并不宽裕,但还是给予了艾尔很好的学习条件。艾尔学习也很努力,考取了西安交通大学,毕业后进入一家欧洲企业工作。

[绕口令练习]

安安和鹌鹑

安安和鹌鹑,从小不能分。安安天天喂鹌鹑,鹌鹑天天唱不停。鹌鹑爱安安,安安爱鹌鹑。

阿姨和安姨

阿姨和安姨,二人去旅游,阿姨说去澳洲,安姨说去欧洲,二人去了澳洲去欧洲。

2. 齐齿呼零声母

[词语练习]

单音节:

译　雅　耶　尧　忧　妍　鹰　邀　丫　谊　映　囿　咽
赢　酉　咬　颖　氩　掩　邮　曜　烨　壹　彦　崖　爷

双音节:

夜游　医药　营业　意义　爷爷　隐隐　衙役　影音　摇曳
业已　牙医　养眼　异样　样衣　咽炎　阴影　谣言　阴阳

四音节:

睚眦必报　耀武扬威　衣冠楚楚　饮水思源　揠苗助长
言行不一　扬长避短　遥遥领先　一板一眼　夜不闭户
杳无音讯　言简意赅　以逸待劳　游手好闲　影影绰绰

[情景语句]

2005年,中国电影迎来一百周年华诞。为庆祝中国电影百年诞辰,弘扬先进文化,表彰对中国电影发展卓有贡献的表演艺术家,中国电影表演艺术学会在年初开展"中国电影百年百位优秀演员"(亦称"中国电影百年百大影星")评选活动。

游泳前需做准备活动,基本要求是应该把身体各部分关节、肌肉活动开。一般可以做广播体操或跑步、摇臂、踢腿、转腰、压腿等练习。

[绕口令练习]

依依、叶叶和爷爷赶鸭

依依、叶叶和爷爷,三人相伴去赶鸭,爷爷却把腰扭伤,赶不了鸭要回家,依依、叶叶只好把鸭赶回家。

丫丫劝爷爷戒烟

爷爷让丫丫买烟,丫丫劝爷爷戒烟,爷爷戒烟难咽,丫丫买鸭解馋。

3. 合口呼零声母

[词语练习]

单音节：

舞　娃　九　歪　维　湾　雯　瓮　网　威　涡　勿　亡
蜗　袜　蓊　婉　芜　倭　巍　外　胃　玮　皖　腕　吻

双音节：

外围　慰问　万物　无误　嗡嗡　危亡　忘我　温婉　文物
王位　威武　武王　无为　文武　娃娃　无谓　委婉　玩味

四音节：

乌烟瘴气　玩物丧志　望穿秋水　委曲求全　乌合之众
亡羊补牢　危在旦夕　温故知新　我行我素　无边无际
瓮中捉鳖　卧薪尝胆　为富不仁　望梅止渴　舞文弄墨

[情景语句]

吴国是公元前12世纪开始存在于长江下游地区的姬姓诸侯国，也叫勾吴、工吴、攻吾、大吴、天吴、皇吴。公元前473年，越王勾践复仇吞并吴国，吴国灭亡。

在近代史上每当民族危亡的时刻，总能看到先烈英雄们表现出大无畏的精神，救中华民族于危难之中。

[绕口令练习]

娃娃文文比跳舞

娃娃和文文，二人比跳舞，娃娃忘我跳舞无误，文文玩味文物误舞。

王伟王威两兄弟

王伟、王威两兄弟，王伟能文，王威能武，能文能武，无畏无敌。

4. 撮口呼零声母

[词语练习]

单音节：

羽　垣　昀　勇　约　愠　远　允　苑　淤　玥　郓　愚
痛　煜　粤　媛　庸　颙　赟　悦　晕　冤　瑜　钰　熨

双音节：

冤狱　孕育　云雨　余韵　玉宇　源于　用语　愉悦　云涌
永远　余裕　鼋鱼　逾越　越狱　寓于　月晕　粤语　运用

四音节：

鱼目混珠　冤家路窄　越俎代庖　云蒸霞蔚　愚公移山
源远流长　郁郁葱葱　约法三章　云消雾散　缘木求鱼

语焉不详　　余音绕梁　　欲扬先抑　　玉石俱焚　　欲壑难填

[情景语句]

"翻云覆雨"源于杜甫的《贫交行》诗,"翻手作云覆手雨,纷纷轻薄何须数。"后来用"翻云覆雨"比喻反复无常或惯于玩弄手段。

余音绕梁,形容歌声或音乐优美、余音回旋不绝,也比喻诗文意味深长、耐人寻味。

[绕口令练习]

园林水池养鱼

园林有水池,水池养群鱼,由小养到大,小鱼变大鱼。

小语与小云

市体育运动委员会的小语与育才体育运动委员会的小云,相约给全校体育委员开体育动员会。

二、声母难点音对比训练

(一) z、c、s 与 zh、ch、sh

1. z、zh

[两字对比]

字—志　杂—闸　则—哲　在—债　昨—卓　怎—枕　综—中
赞—站　罪—坠　脏—张　曾—峥　租—猪　钻—专　走—肘

[两词对比]

资源—支援　栽花—摘花　宝藏—保障　小邹—小周　自愿—志愿
自理—治理　阻力—主力　造就—照旧　早到—找到　综合—中和
自此—至此　自爱—至爱　赞歌—战歌　赠品—正品　自负—致富

[词内对比]

自主　尊重　资质　组织　在职　佐证　遵照　总之　载重
组长　总政　作战　宗旨　诅咒　增值　自传　赞助　杂志
知罪　渣滓　沼泽　准则　装载　侄子　正在　赈灾　指责
招租　种族　制造　重罪　注资　转自　毡子　追踪　知足

2. c、ch

[两字对比]

擦—差　次—赤　才—柴　蚕—蝉　崔—吹　村—春　错—绰
册—彻　岑—陈　曾—城　粗—出　操—超　凑—臭　仓—娼

[两词对比]

粗布—初步　从来—重来　电磁—电池　不曾—不成　新村—新春
测查—彻查　擦手—插手　此轮—齿轮　木材—木柴　姓岑—姓陈
深藏—伸长　惨淡—产蛋　祠堂—池塘　词序—持续　乱猜—乱拆

[词内对比]

操场　彩超　磁场　存车　促成　彩绸　磋商　存储　粗长
辞呈　痤疮　仓储　草场　残喘　操持　餐车　猜出　采茶
串词　初次　除草　春蚕　成才　揣测　纯粹　川菜　唇彩
差错　陈醋　出错　尺寸　炒菜　蠢材　陈词　冲刺　船舱

3. s、sh

[两字对比]

丝—施　洒—傻　赛—晒　散—善　素—树　艘—收　岁—睡
梭—说　森—深　僧—声　桑—伤　扫—少　酸—栓　色—射

[两词对比]

死结—使节　丧生—上升　森森—深深　三色—山色　死命—使命
撒手—杀手　搜集—收集　四季—世纪　私人—诗人　散光—闪光
赛出—晒出　森林—身临　私事—失事　风速—枫树　私房—尸房

[词内对比]

诉状　四时　桑葚　算数　私塾　随手　嵩山　死水　琐事
宿舍　搜身　损失　散射　速胜　素食　岁数　丧失　缩水
申诉　山色　烧死　输送　哨所　深邃　上司　摔碎　受损
食宿　生死　寿司　世俗　失色　深思　叔嫂　声速　石锁

(二) n 与 l

[两字对比]

那—辣　男—蓝　囊—狼　耐—赖　努—鲁　您—林　尼—黎
诺—骆　闹—烙　能—楞　鸟—了　内—累　暖—卵　农—龙

[两词对比]

女客—旅客　难住—拦住　闹灾—涝灾　大娘—大梁　泥巴—篱笆
牛年—榴梿　努力—鲁丽　年夜—连夜　泥浆—漓江　浓重—隆重
男女—褴褛　南宁—兰陵　无奈—无赖　学年—学联　青年—清廉

[词内对比]

纳凉　能量　奶酪　嫩绿　女郎　内陆　耐劳　年轮　凝练
努力　哪里　脑瘤　农历　鸟笼　逆流　暖炉　难料　年龄
辽宁　岭南　冷暖　烂泥　来年　烈女　列宁　凌虐　理念

老娘　雷诺　落难　龙脑　老衲　蓝鸟　两难　留念　鲁能

(三) f 与 h

[两字对比]

发—花　帆—欢　房—黄　福—胡　奋—混　凡—环　非—灰
芳—慌　分—昏　夫—呼　饭—换　放—晃　付—户　访—幌

[两词对比]

开发—开花　俯视—虎视　犯病—患病　西服—西湖　肥鸡—回击
防空—航空　犯戒—换届　废话—会话　会飞—会徽　风箱—烘箱
防线—黄线　分头—昏头　发迹—花季　福利—狐狸　干饭—干旱

[词内对比]

发挥　繁华　防护　分化　负荷　法海　胡话　愤恨　返回
凤凰　焚毁　分红　封号　飞蝗　富豪　复函　反悔　附和
伙房　会费　回访　黄蜂　花费　焕发　海风　合法　豪放
盒饭　恢复　横幅　护肤　汉服　化肥　活佛　合肥　耗费

(四) zh、ch、sh 与 j、q、x

1. zh、j

[两字对比]

织—机　扎—家　沾—间　张—将　哲—杰　真—金　峥—经
专—捐　谆—均　赚—倦　咒—就　朱—居　招—交　肿—窘

[两词对比]

标志—标记　朝气—娇气　瞻顾—兼顾　杂志—杂技　致谢—记协
珍贵—金贵　张弛—僵持　支柱—机杼　招集—交集　直线—极限
战术—剑术　长成—奖惩　职务—急务　战报—见报　值日—吉日

[词内对比]

战舰　章节　转嫁　浙江　铸就　致敬　真迹　撞击　逐渐
专家　准将　折旧　针灸　证据　捉奸　直接　装进　拯救
价值　急诊　加重　兼职　狡诈　菌种　戒指　焦灼　监制
机制　酱汁　九州　教主　决战　居中　结账　紧张　静止

2. ch、q

[两字对比]

吃—期　插—招　蝉—前　长—强　车—切　纯—群　楚—取
穿—圈　陈—琴　程—情　船—全　出—区　产—浅　充—鹊

[两词对比]

传世—诠释　池子—旗子　船身—全身　痴人—奇人　谗言—前言
尺码—起码　尝试—强势　成家—亲家　撤除—切除　禅院—前院
迟滞—旗帜　长工—强攻　潮头—桥头　抄手—巧手　沉浸—秦晋

[词内对比]

插曲	初期	唱腔	垂青	重庆	禅趣	拆迁	喘气	车前
厂区	成全	传奇	春秋	产钳	城墙	抽签	超强	澄清
起程	翘楚	切齿	清澈	沏茶	汽车	青春	牵扯	浅唱
切除	倾城	清纯	球场	启程	欠抽	启齿	秦朝	虔诚

3. sh、x

[两字对比]

时—习　顺—训　稍—消　收—休　扇—线　深—辛　胜—性
栓—宣　上—向　刷—虾　瘦—秀　说—虚　竖—旭　史—洗

[两词对比]

诗人—昔人　湿气—吸气　失望—希望　商业—香液　沙眼—瞎眼
上来—向来　收身—修身　烧化—消化　盛名—姓名　深仇—薪酬

[词内对比]

实现	顺心	升学	山西	瘦削	属性	首席	摄像
首先	生肖	熟悉	顺序	手续	设想	师兄	双休
驯兽	显示	学术	兴盛	先生	消失	欣赏	瞎说
翔实	享受	西施	血栓	下山	小说	喜事	相识

(五) z、c、s 与 j、q、x

1. z、j

[两字对比]

紫—几　咂—加　杂—颊　赞—渐　赃—将　遭—交　泽—节
皂—轿　增—精　资—机　葬—酱　早—缴　赠—静　仄—界

[两词对比]

滋长—机长　遭到—交道　脏水—江水　子母—几亩　脾脏—皮匠
光泽—光洁　走水—浇水　资历—激励　脏土—疆土　自取—记取
簪子—尖子　责成—结成　造诣—教义　择业—结业　赞助—建筑

[词内对比]

自己	最近	租金	杂技	尊敬	总结	踪迹	杂交
宗教	造就	字迹	增加	咱家	总监	嘴角	紫金
记载	节奏	集资	积攒	佳作	尽责	君子	及早

句子　　家族　　尽早　　夹杂　　杰作　　建造　　抉择　　浸渍

2. c、q

[两字对比]

擦—掐　灿—歉　舱—枪　草—巧　册—窃　层—情　参—签
粗—屈　瓷—奇　丛—琼　窜—劝　蹭—庆　存—裙　操—敲

[两词对比]

磁头—齐头　词牌—棋牌　次贷—气袋　苍生—枪声　粗腿—屈腿
残年—前年　观测—关切　村落—群落　小草—小巧　残酷—钱库
惨白—浅白　擦洗—迁徙　藏身—强身　侧翼—惬意　层面—情面

[词内对比]

辞去　残缺　凑巧　瓷器　篡权　粗浅　从前　萃取
存钱　凑齐　此前　餐券　草裙　草签　财权　刺青
憔悴　其次　切磋　钱财　凄惨　起草　芹菜　情操
器材　清脆　群策　潜藏　青葱　请辞　七寸　千层

3. s、x

[两字对比]

仨—虾　伞—显　桑—湘　扫—小　色—谢　僧—星　四—细
怂—雄　叟—朽　素—秀　算—炫　孙—熏　骚—萧　丝—西

[两词对比]

私货—细作　私下—西夏　丧生—相声　桑蚕—相残　散播—限播
一艘—一休　扫地—小弟　三弦—先贤　丝瓜—西瓜　嗓音—响音
散佚—现役　森然—欣然　死讯—喜讯　松口—胸口　速写—续写

[词内对比]

松懈　私心　三峡　思想　送行　索性　所需　搜寻
缩小　伞形　死刑　散心　私下　随心　速写　送信
逊色　硝酸　虚岁　寻思　心死　血色　像素　潇洒
线索　消散　迅速　相思　羞涩　辛酸　习俗　稀松

本章小结

1. 声母发音准确是字音清晰的基础，在训练中要着重区分声母的成阻部位和发音方法。

2. 在成阻部位上，要注意成阻部位的接触面积越小越好，力量集中，善用巧力。可以按照成阻部位由前至后的顺序进行体会。双唇阻 b、p、m，注意双唇中间着力，避免用力抿嘴；唇齿阻 f，注意避免下唇过度紧张产生 u 的音色；舌尖前阻 z、c、s，注意避免舌尖碰触上下牙齿中间；舌尖中阻 d、t、n、l，注意避免舌尖过度贴合齿龈；舌尖后阻 zh、ch、sh、r，注意避免舌尖过度后卷;舌面阻 j、q、x,注意加强舌面中线上挺的力量;舌根阻 g、k、h,注意舌根向前用力,避免舌体回吞。

3.在发音方法上,注重区分同一成阻部位的塞音、塞擦音、擦音在成阻、持阻及除阻阶段的不同,注重区分同阻塞音、塞擦音送气与否的练习。

4.声母训练中尤其注意加强双唇中部的力量,同时注意舌尖的灵活性训练。

思考题

1.什么是声母?声母对发音起到什么作用?

2.声母发音有什么特点?

3.声母可以分为哪几类,分别是什么?

4.j、q、x 发音时出现的"尖音",原因是什么?

5.z、c、s 和 zhi、chi、shi 发音时的舌位区别是什么?

第三章　韵母——字音清亮的保证

本章提示

1. 韵母的概念和分类
2. 韵母的发音方法和要领
3. 韵母发音训练：单字词、双字词、四字词、情景语句、绕口令、古诗词

第一节　韵母概说

一、什么是韵母

韵母是汉字音节中声母后面的部分。韵母主要由元音构成，有些韵母由元音和鼻辅音构成，能够构成韵母的鼻辅音只有 n、ng 两个，并且只作为韵尾出现。

韵母可以分成三个部分，即韵头、韵腹和韵尾，也分别叫作介音（头音）、主要元音和尾音。构成韵母的元音中开口度最大、声音最响亮的那个元音叫韵腹，韵腹前面的元音是韵头，韵腹后面的元音或辅音是韵尾。一个韵母可以没有韵头或韵尾，但是不能没有韵腹。普通话共有 39 个韵母。

表 3-1　普通话韵母表

a	啊	o	喔	e	鹅	ê	欸		
i	衣	u	乌	ü	迂				
-i(前)	资	-i(后)	之	er	儿				
ai	哀	ei	梅	ao	熬	ou	欧		
ia	呀	ie	耶	ua	蛙	uo	窝	üe	约
iao	腰	iou	忧	uai	歪	uei	威		
an	安	en	恩	in	因	ün	晕		
ian	烟	uan	弯	üan	冤	uen	温		
ang	昂	eng	蒙	ing	英	ong	轰		
iang	央	uang	汪	ueng	翁	iong	雍		

二、韵母的分类

(一)根据韵母的结构

(1)单韵母:由一个元音音素构成的韵母,共10个,分别是 a、o、e、ê、i、u、ü、-i(前)、-i(后)、er。

(2)复韵母:由两个或三个元音组成的韵母,共13个,分别是 ai、ei、ao、ou、ia、ie、ua、uo、üe、iao、iou、uai、uei。

(3)鼻韵母:元音因素后面附带一个鼻辅音作为韵尾的韵母,共16个,分别是 an、en、in、ün、ian、uan、üan、uen、ang、eng、ing、ong、iang、uang、ueng、iong。

表 3-2 普通话韵母结构表

例字	韵母			韵母类型
	韵头(介音)	韵腹(主要元音)	韵尾(元音)(辅音)	
鹅 é		e		单韵母
爱 ài		a	i	复韵母
越 yuè	ü	ê		
优 yōu	i	o	u	
腰 yāo	i	a	o(u)	
音 yīn		i	n	鼻韵母
汪 wāng	u	a	ng	

(二)根据韵母开头元音的发音口形

(1)开口呼:韵母不是 i、u、ü,或不以 i、u、ü 开头的韵母,有15个,包括 a、o、e、ai、ei、ao、ou、an、en、ang、eng、ê、-i(前)、-i(后)、er。

(2)齐齿呼:韵母是 i 和以 i 为韵头的韵母,有9个,包括 i、ia、ie、iao、iou、ian、in、iang、ing。

(3)合口呼:韵母是 u 和以 u 为韵头的韵母,有10个,包括 u、ua、uo、uai、uei、uan、uen、uang、ueng、ong(ong 中的 o 在发音时更接近 u,所以将其归入合口呼)。

(4)撮口呼:韵母是 ü 和以 ü 为韵头的韵母,有5个,包括 ü、üe、üan、ün、iong(iong 的发音带有圆唇动作,唇形与 ü 开头的韵母没有太大的差别,所以将其归入撮口呼)。

第二节　韵母发音训练

一、韵母发音要领与训练

（一）单元音韵母

如上所述，单元音韵母包括 a、o、e、ê、i、u、ü、-i(前)、-i(后)、er 等 10 个。舌面元音韵母有 7 个，分别是 a、o、e、ê、i、u、ü；还有 3 个特殊元音韵母，即舌尖元音韵母-i(前)、-i(后)，卷舌元音韵母 er。舌面元音语音音色主要取决于舌位的高低、前后以及唇形的圆展。舌位即舌面隆起的最高点，也是最接近上腭的一点。我们可以通过舌位图（如图3-1）来表示元音的发音特点。四边形的四个端点表示发音在口腔中的四个极端位置。四边形的横向从左往右表示舌位的前后，纵向右侧从上到下表示舌位的高低，左侧表示口腔的开度，舌位越低，口腔开度越大。同时纵向竖线的左侧标记不圆唇音，右侧标记圆唇音。

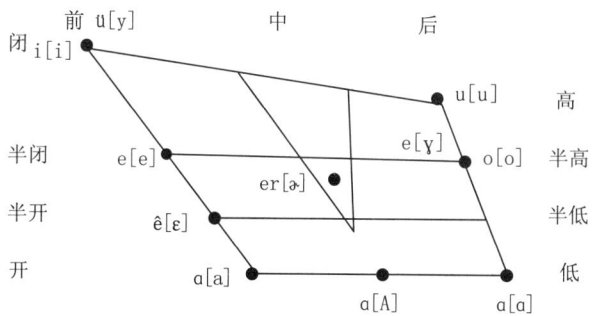

图 3-1　普通话舌面元音舌位图

1.舌面单元音韵母

a[A]　　央低不圆唇元音

［发音要领］　口腔自然打开，舌体自然放平，舌尖接触下齿龈，舌面中部偏后微微隆起，双唇展开。发音时，声带振动，软腭上升，关闭鼻腔通路。

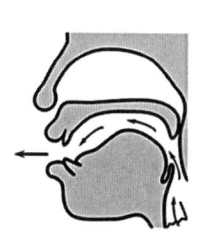

图 3-2　a 发音示意图

[词语练习]

单音节：

巴 趴 妈 发 答 她 拿 辣 嘎 咖 铃 炸 啥
茶 莎 杂 擦 洒 阿 傻 爬 阀 哈 马 眨 挖

双音节：

打靶 发麻 大厦 邋遢 发达 麻辣 喇叭 哪怕 眨巴
奔拉 妈妈 沙发 刹那 哈达 砝码 爸爸 刹闸 咔嚓
打岔 差啥 哗啦 腊八 杀伐 拉萨 沙拉 啪嗒 打发

四音节：

八面春风　跋山涉水　插翅难逃　大发雷霆　拿手好戏
发人深省　拉帮结伙　马到成功　煞费苦心　他山之石
飒爽英姿　鸦雀无声　杂乱无章　扎扎实实　差强人意

[情景语句]

《巴巴爸爸》是法国的一部系列连环画，首次发表于1970年。联邦德国将它改编成动画片后，我们中国也曾经引进并播放，是20世纪80年代最著名的动画片之一。片头饶舌的介绍令当时的孩子争相模仿："这就是巴巴爸爸、巴巴妈妈、巴巴祖、巴巴拉拉、巴巴利波、巴巴波、巴巴贝尔、巴巴布莱特、巴巴布拉伯！记住了吗？"

《邋遢大王奇遇记》是由上海美术电影制片厂1987年摄制的一部彩色动画片。讲述的是：一个小男孩外号叫邋遢大王。他不讲卫生，乱扔废物，乱吃脏东西。那首耳熟能详、朗朗上口的"小邋遢，真呀真邋遢"不知曾经被多少小朋友传唱。

[绕口令练习]

胖娃捉蛤蟆

一个胖娃娃，捉了三个大花活蛤蟆，三个胖娃娃，捉了一个大花活蛤蟆，捉了一个大花活蛤蟆的三个胖娃娃，真不如捉了三个大花活蛤蟆的一个胖娃娃。

喇嘛与哑巴

打南边来了个喇嘛，手里提了个鳎目。打北边来了个哑巴，腰里别了个喇叭。提着鳎目的喇嘛要拿鳎目换别着喇叭的哑巴的喇叭，别着喇叭的哑巴不愿拿喇叭换提着鳎目的喇嘛的鳎目。不知是别着喇叭的哑巴打了提着鳎目的喇嘛一喇叭，还是提着鳎目的喇嘛打了别着喇叭的哑巴一鳎目。喇嘛回家炖鳎目，哑巴嘀嘀嗒嗒吹喇叭。

[诗词练习]

泊秦淮

〔唐〕杜　牧

烟笼寒水月笼沙，夜泊秦淮近酒家。
商女不知亡国恨，隔江犹唱后庭花。

过故人庄

〔唐〕孟浩然

故人具鸡黍,邀我至田家。
绿树村边合,青山郭外斜。
开轩面场圃,把酒话桑麻。
待到重阳日,还来就菊花。

o[o]　后半高圆唇元音

[发音要领]　口腔半闭,唇自然拢圆,舌体后缩,舌面后部略隆起与软腭相对,舌面两边微卷,舌面中部稍凹,舌位后半高。发音时,声带振动,软腭上升,关闭鼻腔通路。

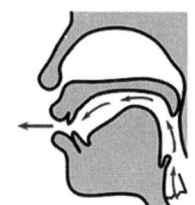

图 3-3　o 发音示意图

[词语练习]
单音节:

播　婆　墨　佛　窝　博　破　莫　剥　帛　粕　磨　钵
簸　坡　抹　叵　泼　跛　笸　摸　脖　默　拨　膜　迫

双音节:

伯伯　饽饽　婆婆　默默　泼墨　嬷嬷　窝窝　馍馍　卧佛　磨破

四音节:

拨乱反正　　波澜壮阔　　博闻强识　　佛口蛇心　　勃然大怒
云谲波诡　　莫测高深　　破罐破摔　　迫在眉睫　　摩拳擦掌
默默无闻　　破门而出　　磨砖成镜　　脉脉含情　　薄利多销

[情景语句]

西汉末,佛教传入我国,到南北朝时期,佛教艺术发展达到第一个高峰期。从文献可知,南朝当时属于佛教文化中心。但与北朝丰富的造像遗存相比,南朝佛像存世稀少,目前已知的多集中在四川地区,又以成都规模最大。此次在宽窄巷子附近出土的 80 余件石刻佛像及残件就默默"藏身"于一段唐代古城墙边。

大公鸡喔喔叫,叫醒婆婆和伯伯,他们开始了一天忙碌的田地耕种,婆婆播种、伯伯施肥,他们配合默契,既忙碌又开心。

[绕口令练习]

老婆婆(o)

马大伯家老婆婆,
今年年末八十多,
背不驼,腿不跛,
为晒太阳爬坡坡,
爱吃菠萝、菠菜、胡萝卜。

婆婆和嬷嬷

婆婆和嬷嬷来到山坡坡,婆婆默默采蘑菇,嬷嬷默默拔萝卜。婆婆拿了一个破簸箕,嬷嬷带了一个薄笸箩,婆婆采了半簸箕小蘑菇,嬷嬷拔了一笸箩大萝卜。婆婆采了蘑菇换饽饽,嬷嬷卖了萝卜买馍馍。

[诗词练习]

回乡偶书(其二)
〔唐〕贺知章

离别家乡岁月多,近来人事半消磨。
唯有门前镜湖水,春风不改旧时波。

野田黄雀行
〔三国〕曹　植

高树多悲风,海水扬其波。
利剑不在掌,结友何须多?
不见篱间雀,见鹞自投罗?
罗家得雀喜,少年见雀悲。
拔剑捎罗网,黄雀得飞飞。
飞飞摩苍天,来下谢少年。

e[ɤ]　后半高不圆唇元音

[发音要领]　口腔半闭,展唇,舌头后缩,舌面后部隆起与软腭相对,舌面两边微卷,舌面中部稍凹,舌位后半高。发音时,声带振动,软腭上升,关闭鼻腔通路。

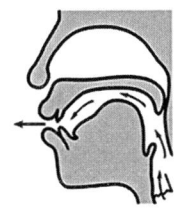

图 3-4　e 发音示意图

[词语练习]

单音节：

么　德　特　讷　乐　歌　科　合　哲　车　设　惹　个
则　测　涩　饿　麽　戈　辙　扯　佘　仄　瑟　啧　舍

双音节：

隔阂　合辙　赫哲　合格　社科　客车　特色　可乐　哥哥
折射　这个　舍得　苛刻　割舍　折合　隔热　色泽　特赦
格格　各色　车辙　乐和　苛责　可可　瑟瑟　咋舌　啧啧

四音节：

车水马龙　　得意忘形　　歌舞升平　　鹤发童颜　　遮人耳目
阿谀奉承　　乐极生悲　　惹是生非　　舍生忘死　　扼腕叹息
河东狮吼　　特立独行　　刻骨铭心　　各尽所能　　责无旁贷

[情景语句]

《中国合伙人》是 2013 年由陈可辛执导的一部剧情片。这部影片主要讲述了由 20 世纪 80 年代至今，30 多年间大变革背景下，三个小人物为改变自身命运，最终实现"中国式梦想"的故事。影片中有成功的欢乐，也有失败的苦涩，更有绝地反击的不折不挠，惹来 70 后强烈的情感共鸣。

在战争年代，我们有黄继光、邱少云等众多可歌可泣的英雄，在和平年代也同样有很多值得我们永远歌颂和铭记的感动整个中国的英雄人物，比如把一生奉献给核事业的科学家林俊德、最美女教师张丽莉等。

[绕口令练习]

鹅和河

坡上立着一只鹅，坡下就是一条河。宽宽的河，肥肥的鹅，鹅要过河，河要渡鹅，不知是鹅过河，还是河渡鹅。

白鸽和白鹅

伯伯养了一群大白鹅,哥哥喂了三只小白鸽,伯伯教哥哥训鸽,哥哥帮伯伯放鹅。白鹅白鸽长得好,乐坏了伯伯和哥哥。

[诗词练习]

送魏万之京

〔唐〕李　颀

朝闻游子唱离歌,昨夜微霜初度河。
鸿雁不堪愁里听,云山况是客中过。
关城曙色催寒近,御苑砧声向晚多。
莫是长安行乐处,空令岁月易蹉跎。

钗头凤

〔南宋〕陆　游

红酥手,黄縢酒,满城春色宫墙柳。东风恶,欢情薄。一怀愁绪,几年离索。错、错、错。

春如旧,人空瘦,泪痕红浥鲛绡透。桃花落,闲池阁。山盟虽在,锦书难托。莫、莫、莫。

ê[ɛ]　前半低不圆唇元音

[发音要领]　口腔半开,展唇,舌尖微触下齿背,舌面前部隆起和硬腭相对。发音时,声带振动,软腭上升,关闭鼻腔通路。

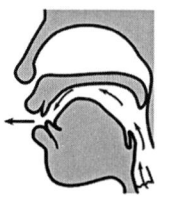 

图 3-5　ê 发音示意图

在普通话中,ê 除了用于语气词"欸"外,一般不单用。ê 不与任何辅音声母相拼,只出现在复韵母 ie、üe 中,并在书写时省去上面的附加符号"^"。

i[i]　前高不圆唇元音

[发音要领]　口腔微开,唇扁平,嘴角向两边展,上下齿相对,舌尖接触下齿背,舌面前部隆起和硬腭前部相对。发音时,声带振动,软腭上升,关闭鼻腔通路。

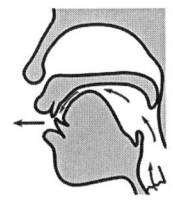

图 3-6　i 发音示意图

[词语练习]

单音节：

比　皮　觅　滴　题　腻　例　及　骑　洗　疑　币　礼
惜　蒂　弥　别　栗　妮　痞　毅　基　咸　拟　俪　蜜

双音节：

笔记　积极　地契　记忆　霹雳　洗涤　鄙弃　细腻　米奇
习题　厘米　汽笛　集体　奇迹　提议　遗弃　皮衣　披靡
离奇　气息　立体　离席　密闭　比拟　地理　机器　毅力

四音节：

比翼齐飞　闭关锁国　披坚执锐　思前想后　啼笑皆非
杞人忧天　提心吊胆　喜出望外　抑扬顿挫　逆水行舟
弥天大罪　历历在目　洗心革面　低声下气　机关算尽

[情景语句]

十一长假期间，奋战在横店的剧组不少，最引人关注的莫过于正版的《神雕侠侣》剧组了。"小龙女"陈妍希一再信誓旦旦地表示，自己已减下10斤肉，拍摄间隙记者也发现，她确实瘦了不少。记者希望敬业赶戏的"陈龙女"能用演技刷新负面评价。

在每个人的记忆深处都会有属于自己的记忆。而我记忆最深刻的是我的小学时代。因为那时无忧无虑的我结识了我这一生中最好的几个朋友……

[绕口令练习]

老黎和老李

老黎拉了一车梨，老李拉了一车栗。老黎人称大力黎，老李人称李大力。老黎拉梨做梨酒，老李拉栗去换梨。

莉莉拿个梨去找小弟弟

莉莉拿个梨,去找小弟弟。弟弟看见梨,扔掉手中泥。莉莉教弟弟,洗掉手中泥。弟弟拿起梨,谢谢小莉莉。

[诗词练习]

饮湖上初晴后雨
〔北宋〕苏　轼

水光潋滟晴方好,山色空蒙雨亦奇。
欲把西湖比西子,淡妆浓抹总相宜。

渔家傲·秋思
〔北宋〕范仲淹

塞下秋来风景异,衡阳雁去无留意。四面边声连角起。千嶂里,长烟落日孤城闭。浊酒一杯家万里,燕然未勒归无计。羌管悠悠霜满地。人不寐,将军白发征夫泪。

U[u]　后高圆唇元音

[发音要领]　口腔微开,双唇收拢成圆唇,稍向前突,舌头后缩,舌面后部高度隆起和软腭相对。发音时,声带振动,软腭上升,关闭鼻腔通路。

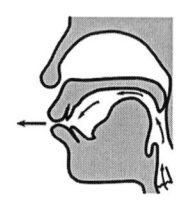   

图 3-7　u发音示意图

[词语练习]

单音节:

补　铺　出　福　堵　兔　努　录　鼓　酷　糊　煮　朱
储　竖　如　祖　促　速　舞　鲁　奴　竹　乳　鼠　木

双音节:

补助　督促　辜负　瀑布　露珠　疏忽　侮辱　枯树　复苏
儒术　图谱　祝福　图书　初步　出租　数目　鼓舞　呼噜

素服　出乎　入目　武夫　堵住　匍匐　逐步　互助　突兀

四音节：

初露锋芒　独断专行　俯首帖耳　顾影自怜　足不出户
胡搅蛮缠　苦口婆心　暮鼓晨钟　如雷贯耳　物竞天择
鹿死谁手　怒火冲天　铺张浪费　素不相识　除暴安良

[情景语句]

在党百年华诞之际,回望过往的奋斗路、眺望前方的奋进路,我们党从成立之日起,就义无反顾地肩负起为中国人民求解放、谋幸福的历史重任,维护广大人民群众的利益。中国共产党和中国人民将在自己选择的道路上昂首阔步地走下去。

长白山谷底森林,俗称地下森林,位于长白山冰场东5公里,洞天瀑布北侧。谷壁高五六十米,谷底南北长 2500~3000 米,多针叶林。谷底谷松参天,苍翠诱人,巨石错落,千姿百态,人称谷底人家。

[绕口令练习]

胡苏夫和吴夫苏

胡庄有个胡苏夫,吴庄有个吴夫苏。胡庄的胡苏夫爱读诗书,吴庄的吴夫苏爱读古书。胡苏夫的书屋里摆满了诗书,吴夫苏的书屋里放满了古书。

虎鹿猪兔鼠

山上一只虎,林中一只鹿,路边一只猪,草里一只兔,还有一只鼠。数一数,一、二、三、四、五,虎、鹿、猪、兔、鼠。

[诗词练习]

己亥岁(其一)

〔唐〕曹　松

泽国江山入战图,生民何计乐樵苏?
凭君莫话封侯事,一将功成万骨枯。

元　日

〔北宋〕王安石

爆竹声中一岁除,春风送暖入屠苏。
千门万户曈曈日,总把新桃换旧符。

Ü[y]　前高圆唇元音

[发音要领]　口腔微开,双唇撮成扁圆,略微向前突,舌尖抵下齿背,舌面前部隆起与硬腭前部相对。发音时,声带振动,软腭上升,关闭鼻腔通路。

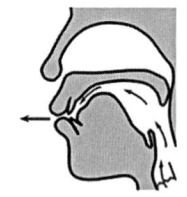

图 3-8　ü 发音示意图

［词语练习］

单音节：

女　绿　居　趣　需　瑜　旅　钰　瞿　胥　偻　旭　于
菊　宇　举　律　欲　与　驴　飓　去　曲　拘　许　拒

双音节：

聚居　玉宇　序曲　区域　须臾　女婿　曲率　栩栩　寓居
屈居　絮语　渔具　旅居　徐徐　语序　蛐蛐　豫剧　语句
玉女　吕剧　区区　曲剧　屡屡　雨区　寓于　渔区　迂曲

四音节：

鞠躬尽瘁　举步维艰　履险如夷　趋之若鹜　屡战屡败
取而代之　虚张声势　鱼死网破　与时俱进　栩栩如生
女中豪杰　驴年马月　愚公移山　绿草如茵　语重心长

［情景语句］

海驴岛风景优美，远离陆地，成为海鸟无拘无束的天堂。当地人称海鸥为"海猫子"，海驴岛上就聚集了很多"海猫子"。这些海鸥成群结队地待在某一块礁石上，悠闲自在地在那里"咕咕"地叫着，像爱聊天的女孩子。远远望去整块岩石也变成了白色，与蓝天碧海相映成趣。

2021 年 6 月 17 日是第二十七个世界防治荒漠化和干旱日。中国在荒漠化治理的道路上积极有序行动，让荒漠化严重区域的植被覆盖率不断提升。在国土绿化行动中，我国实现了从注重扩大面积、增加绿量，到现在把精准提升造林质量放到更高位置的治理转变。

［绕口令练习］

老徐俩女婿

老徐俩女婿，于女婿喜欢看吕剧，吕女婿喜欢看豫剧，三人一起去看剧，看完吕剧看豫剧。

养 鱼

大渠养大鱼不养小鱼,小渠养小鱼不养大鱼。一天天下雨,大渠水流进小渠,小渠水流进大渠。大渠里有了小鱼不见大鱼,小渠里有了大鱼不见小鱼。

[诗词练习]

之宣城郡出新林浦向板桥
〔南朝齐〕谢　朓

江路西南永,归流东北骛。
天际识归舟,云中辨江树。
旅思倦摇摇,孤游昔已屡。
既欢怀禄情,复协沧洲趣。
嚣尘自兹隔,赏心于此遇。
虽无玄豹姿,终隐南山雾。

永遇乐·落日熔金
〔宋〕李清照

落日熔金,暮云合璧,人在何处?染柳烟浓,吹梅笛怨,春意知几许!元宵佳节,融和天气,次第岂无风雨?来相召、香车宝马,谢他酒朋诗侣。

中州盛日,闺门多暇,记得偏重三五。铺翠冠儿,捻金雪柳,簇带争济楚。如今憔悴,风鬟霜鬓,怕见夜间出去。不如向、帘儿底下,听人笑语。

2.舌尖单元音韵母

-i(前) [ɿ]　舌尖前不圆唇元音

[发音要领]　口腔微开,嘴角向两边展开,舌尖和上齿背相对,保持适当距离。发音时,声带振动,软腭上升,关闭鼻腔通路。此韵母只出现在 z、c、s 声母的后面。

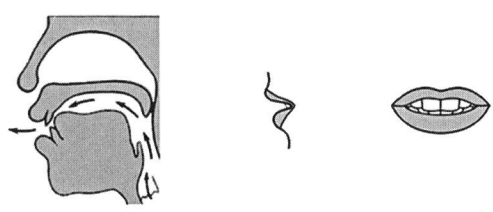

图 3-9　-i(前)发音示意图

[词语练习]
单音节:
字　词　斯　肆　紫　次　此　资　死　刺　渍　疵　梓

四　锱　雌　丝　子　瓷　寺　赐　姊　伺　啙　慈　呲

双音节：

私自　字词　此次　四次　孜孜　次子
赐死　刺字　四字　恣肆　自此　子嗣

四音节：

此起彼伏　司空见惯　死不瞑目　四面楚歌　词不达意
肆无忌惮　孜孜不倦　自强不息　字正腔圆　丝丝入扣
似曾相识　死有余辜　刺股悬梁　赐墙及肩　似是而非

[情景语句]

甘孜藏族自治州地处青藏高原和四川盆地的过渡地带,境内寺庙林立,风景壮美。有参差入云的雪山,有五光十色的海子,有四季肥美的草场,也有终年积雪的冰川,来到此地,一切原生态美景尽收眼底。

自私的人往往只顾自己的利益,不顾他人、集体、国家和社会的利益。但是,如果没有国家、集体,个人又何在呢? 因此,自私的人最终失去的更多。

[绕口令练习]

次子与四子

老四生四子,次子自私,四子恣肆,生此子嗣,愁死老四。

四十四个字和词

四十四个字和词,组成了一首子词丝的绕口词。桃子李子梨子栗子橘子柿子槟子榛子,栽满院子、村子和寨子。刀子斧子锯子凿子锤子刨子尺子做出桌子、椅子和箱子。名词动词数词量词代词副词助词连词造成语词诗词和唱词。蚕丝生丝热丝缫丝染丝晒丝纺丝织丝自制粗细丝人造丝。

[诗词练习]

望月怀远

〔唐〕张九龄

海上生明月,天涯共此时。
情人怨遥夜,竟夕起相思。
灭烛怜光满,披衣觉露滋。
不堪盈手赠,还寝梦佳期。

秋风词

〔唐〕李　白

秋风清,秋月明,落叶聚还散,寒鸦栖复惊。相思相见知何日？此时此夜难为情！

入我相思门,知我相思苦,长相思兮长相忆,短相思兮无穷极,早知如此绊人心,还如当初莫相识。

-i(后) [ʅ]　舌尖后不圆唇元音

[发音要领]　口腔微开,嘴角向两边展开,舌前端抬起和硬腭前部相对,保持适当距离。发音时,声带振动,软腭上升,关闭鼻腔通路。此韵母只出现在 zh、ch、sh、r 声母的后面。

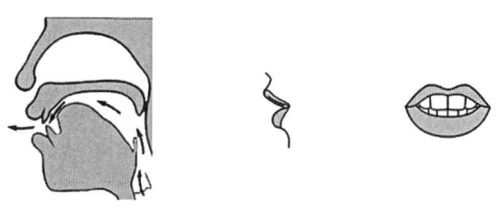

图 3-10　-i(后)发音示意图

[词语练习]

单音节:

值　吃　式　诗　芝　翅　日　指　赤　屎　弑　尺　治
十　脂　志　迟　齿　使　知　炽　汁　虱　池　蚀　痣

双音节:

实施　咫尺　知识　食指　逝世　值日　制止　石狮　事实
直至　试吃　支持　日食　实质　誓师　迟滞　适时　市值
智齿　只是　失职　致使　日志　迟迟　指示　史诗　试制

四音节:

吃里爬外　尺短寸长　赤手空拳　十万火急　石破天惊
势不可挡　知书达理　纸上谈兵　置若罔闻　时不我待
直截了当　趾高气扬　事必躬亲　日理万机　驰名中外

[情景语句]

5 月 18 日是国际博物馆日,我国各地开展了形式多样的活动。一大批新展览、文化讲座、互动体验等线下活动与在线展览、网络直播等线上活动交相辉映,不仅展示了文物,更诠释文物价值、提供文物知识,为人们带来多彩的文化体验。

来到杭州,西湖就近在咫尺了。来到西湖,只觉得其美艳令人陶醉。特别是太阳快要落山的时候,红色的日光照在湖面上,十分耀眼,真像是一幅美丽动人的水彩画。

[绕口令练习]

老施、老史和小石

老施支使小石读史诗,老史指示小石写日志,小石不听支使、指示咬食指。

说 日

夏日无日日亦热,冬日有日日亦寒,春日日出天渐暖,晒衣晒被晒褥单,秋日天高复云淡,遥看红日迫西山。

[诗词练习]

夜雨寄北
〔唐〕李商隐

君问归期未有期,巴山夜雨涨秋池。
何当共剪西窗烛,却话巴山夜雨时。

秋兴八首(其四)
〔唐〕杜 甫

闻道长安似弈棋,百年世事不胜悲。
王侯第宅皆新主,文武衣冠异昔时。
直北关山金鼓振,征西车马羽书驰。
鱼龙寂寞秋江冷,故国平居有所思。

3. 卷舌单元音韵母

er[ər]　卷舌元音

[发音要领]　口腔自然打开,舌位居中,舌前部上抬,舌尖向后卷向硬腭,但不接触。发音时,声带振动,软腭上升,关闭鼻腔通路。

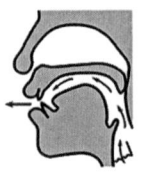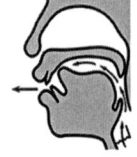

图 3-11　er 发音示意图

[词语练习]

单音节：

而　二　儿　耳　贰　迩　鸸　珥　咡　饵　尔　洱　浉

双音节：

而且　洱海　儿戏　鸸鹋　儿歌　耳朵　二胡　耳语　而已
二十　耳目　而今　儿时　耳机　尔雅　儿男　耳垢　二审
耳背　儿郎　而立　尔后　耳郭　二流　耳垂　而况　耳福

四音节：

儿女情长　儿孙满堂　而立之年　尔虞我诈　耳提面命
耳聪目明　耳目一新　耳濡目染　耳熟能详　二龙戏珠
二氧化碳　耳鬓厮磨　耳软心活　儿童文学　二人世界

[情景语句]

《蓝精灵2》是一部真人动画喜剧电影，由导演拉加·高斯内尔执导。当那首耳熟能详的主题歌响起时，儿时的回忆也奔涌而来。

洱海是一个风光明媚的高原淡水湖泊，在古代文献中曾被称为"叶榆泽""昆弥川""西洱河""西二河"等。而且，"洱海夜月"，还是大理"下关风、上关花、苍山雪、洱海月"四大奇景之一。

[绕口令练习]

二胡与儿歌

二叔儿子拉二胡，二姨女儿练儿歌，儿歌练了十二天，二胡拉了二十年，二舅听了二胡拍拍手，二姑听了儿歌点点头，也不知道是儿歌练了十二天好听还是二胡拉了二十年悦耳？

说"尔"

要说"尔"专说"尔"，马尔代夫，喀布尔，阿尔巴尼亚，扎伊尔，卡塔尔，尼泊尔，贝尔格莱德，安道尔，萨尔瓦多，伯尔尼，利伯维尔，班珠尔，厄瓜多尔，塞舌尔，哈密尔顿，尼日尔，圣皮埃尔，巴斯特尔，塞内加尔的达喀尔，阿尔及利亚的阿尔及尔。

[诗词练习]

回乡偶书（其一）

〔唐〕贺知章

少小离家老大回，乡音无改鬓毛衰。
儿童相见不相识，笑问客从何处来。

冬日有怀李白

〔唐〕杜　甫

寂寞书斋里,终朝独尔思。
更寻嘉树传,不忘角弓诗。
短褐风霜入,还丹日月迟。
未因乘兴去,空有鹿门期。

(二) 复合元音韵母

复合元音韵母,简称复韵母。复韵母由两个或三个元音组成,其中由两个元音组成的叫作二合复韵母,三个元音组成的叫作三合复韵母。复韵母中主要元音(韵腹)的发音口腔开度最大,声音最响亮,持续时间最长。二合复韵母中响度大的主要元音在前面的叫作前响复韵母,响度大的主要元音在后面的叫作后响复韵母。三合复韵母中,响度大的元音一定是在中间,叫作中响三合复韵母。

复合元音韵母的发音特点与单元音韵母不同,单元音发音舌位的前后、高低以及唇形的圆展没有明显的变化移动,但是复合元音发音是从一个元音滑向另一个元音,元音之间没有明显的界线,每个元音没有独立存在、展现的时间,舌位的前后、高低以及唇形的圆展要进行连续的变化移动。

1.前响复韵母

前响复韵母有四个,分别是 ai、ei、ao、ou。前响复韵母的发音特点是元音舌位都是由低向高滑动,开头的元音音素响亮清晰,收尾的元音音素轻短模糊。

ai[ai]

[发音要领]　起点元音是前 a,即前低不圆唇元音 a[a],比单元音 a[A]舌位靠前。发音时,口腔打开,舌尖抵住下齿背,舌面前部隆起,从前 a 开始,舌位向 i 方向滑动,唇形转扁,终点元音舌位比单元音 i 略低。

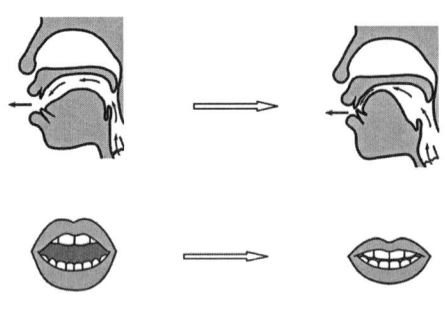

图 3-12　ai 发音示意图

[词语练习]

单音节：

摆　排　麦　戴　泰　奶　赖　钙　恺　亥　斋　才　派

筛　崽　栽　赛　艾　猜　拆　该　奈　来　霾　哀　败

双音节：

爱戴　晒台　采摘　海带　买卖　百态　海苔　拆开　代卖

菜牌　灾害　太太　带来　改派　彩带　抬爱　海菜　皑皑

摆拍　债台　拜拜　拆台　开赛　白菜　拍卖　买菜　开斋

四音节：

百发百中　　财迷心窍　　盖棺论定　　海阔天空　　载歌载舞

耐人寻味　　泰然自若　　债台高筑　　排山倒海　　爱莫能助

来者不善　　卖国求荣　　塞翁失马　　外强中干　　在所不辞

[情景语句]

每个民族的先民都有他们自古代流传下来的歌曲。民歌的魅力之所以长久不衰，因为它本来就是采集自民间，经过代代锤炼、淘汰的结果。这些歌绝大部分都不知道谁是作者，而以口头传播，一传十十传百，一代一代的传下去。民歌唱的是平常人的平常心，它的意蕴是生命的全息，要在天长地久中去体味。

随着回国留学生不断增加，人们惊奇地发现"海归"变"海待"，"海待"没人买。于是，很多人开始改变对"留学镀金"的看法，开始意识到"真本领"才是最实在的。

[绕口令练习]

老蔡和老赖

老蔡受爱戴，老赖爱拆台。老蔡不让老赖拆台，老赖诬赖老蔡无赖。老蔡找老赖摊牌，到底谁爱拆台，谁是无赖。

白白和拜拜读买卖

白白和拜拜读买卖，白白把卖说成买，拜拜把买说成卖。是卖还是买，是买还是卖？卖卖买买，买买卖卖。来了柴伯伯，柴伯伯说服白白与拜拜，东西少了就买，东西多了就卖。

[诗词练习]

燕昭王

〔唐〕陈子昂

南登碣石馆，遥望黄金台。

丘陵尽乔木，昭王安在哉？

霸图今已矣，驱马复归来。

青玉案·元夕
〔南宋〕辛弃疾

东风夜放花千树,更吹落、星如雨。宝马雕车香满路。凤箫声动,玉壶光转,一夜鱼龙舞。

蛾儿雪柳黄金缕,笑语盈盈暗香去。众里寻他千百度。蓦然回首,那人却在,灯火阑珊处。

ei[əi]

[发音要领]　起点元音不是后半高单元音 e,而是前半高不圆唇元音 e[e],发音时,舌尖抵住下齿背,舌位从 e[e]开始升高,向 i 的方向滑动,终点元音位置比单元音 i 略低。

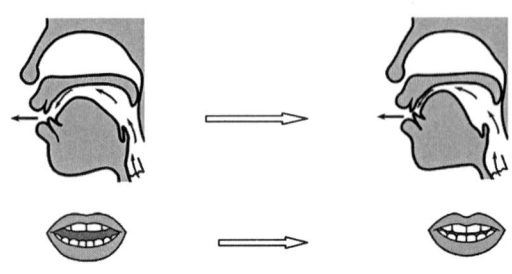

图 3-13　ei 发音示意图

[词语练习]

单音节:

碑　赔　匪　枚　北　馁　垒　给　黑　贼　倍　费
配　美　飞　内　擂　嘿　背　胚　昧　肥　蕾　剋

双音节:

肥美　狒狒　蓓蕾　飞贼　妹妹　配备　黑煤　北美　贝贝
黑贝　贝类　非得　呸呸　美妹　内培　北非　黑妹　累累

四音节:

杯弓蛇影　背道而驰　飞蛾扑火　匪夷所思　眉飞色舞
废寝忘食　雷霆万钧　美梦成真　贼喊捉贼　卑躬屈膝
北风之恋　没头没脑　非同小可　内外交困　黑灯瞎火

[情景语句]

那些来不及逃生的人们在废墟的黑暗中压了很久,没有水、没有食物,只有随着时间推移不断倍增的恐惧和对曙光的渺茫期望。

父母离婚那年,我十岁,妹妹六岁。离婚后母亲常常坐在家里,精神恍惚,身体每况愈下,那个时候,我实在不明白,父母为什么非得离婚,为什么要打破我眼中那个美好的家庭。

[绕口令练习]

菲菲和佩佩

菲菲和佩佩,一个像黑煤,一个似蓓蕾,每每二人比对,都说差距百倍。不过自从佩佩去北非,再也不似蓓蕾倒像黑煤,活脱俩姐妹。

小佩和小贝

小佩非撑伞,小贝非摇扇,撑伞的小佩帮小贝打伞,摇扇的小贝帮小佩扇扇,小佩小贝撑伞又扇扇。

[诗词练习]

山　中

〔唐〕王　勃

长江悲已滞,万里念将归。
况属高风晚,山山黄叶飞。

金陵驿(其一)

〔南宋〕文天祥

草合离宫转夕晖,孤云飘泊复何依!
山河风景元无异,城郭人民半已非。
满地芦花和我老,旧家燕子傍谁飞?
从今别却江南路,化作啼鹃带血归。

ao[ɑu]

[发音要领]　起点元音是后 a,即后低不圆唇元音 a[ɑ],比单元音 a[A]舌位靠后。发音时,口腔打开,舌体后缩,舌面后部隆起,从后 a 开始,舌位向 u 方向滑动,唇形逐渐拢圆,终点元音舌位比单元音 u 略低。

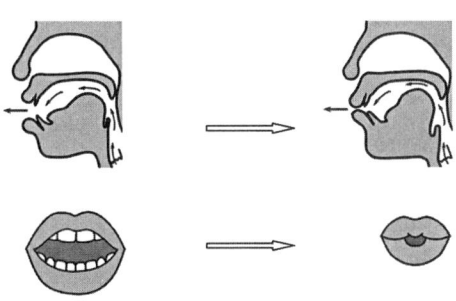

图 3-14　ao 发音示意图

[词语练习]

单音节：

报 抛 矛 捣 淘 挠 捞 号 靠 劳 沼 草 超

少 饶 藻 嘈 熬 宝 好 照 老 考 跑 刀 闹

双音节：

报道　祷告　敖包　绕道　糟糕　犒劳　早操　懊恼　稻草

号啕　抛锚　牢骚　牢靠　操劳　高潮　讨好　毫毛　照抄

冒号　招考　吵扰　搞好　老套　绕道　号召　报告　毛毛

四音节：

宝刀不老　超然物外　倒行逆施　高谈阔论　嗷嗷待哺

浩如烟海　老骥伏枥　稍纵即逝　早出晚归　恼羞成怒

超群绝伦　搔首弄姿　朝三暮四　少年老成　造谣惑众

[情景语句]

据新华社报道：北京时间8月1日晚，在东京奥运会男子百米决赛中，六号跑道的中国选手苏炳添以9.98秒的好成绩获得第六，作为首位闯进奥运男子百米决赛的中国人，他再一次创造了历史。

说牢骚，道牢骚，如今处处有牢骚；你牢骚，我牢骚，天下谁人没牢骚。于是，有人创建了牢骚网。牢骚是麻醉药，可以减少烦恼，释放压力，让情感得到宣泄和表达，维系心理平衡。

[绕口令练习]

毛毛和涛涛书包调了包

毛毛和涛涛，背着同样的书包，他俩放下书包玩拽包，玩完拽包背书包，稀里糊涂调了包。毛毛打开包，找不到他的书。涛涛打开包，找不到他的报。毛毛涛涛怪书包，你说好笑不好笑。

姥姥有个宝宝

姥姥有个宝宝，宝宝有位姥姥，姥姥疼爱宝宝，宝宝喜爱姥姥。姥姥天天抱宝宝，宝宝天天亲姥姥，姥姥老，走不好，抱着宝宝摔一跤，跌了姥姥，摔了宝宝，宝宝连忙扶姥姥，姥姥赶快抱宝宝。

[诗词练习]

春　晓

〔唐〕孟浩然

春眠不觉晓，处处闻啼鸟。

夜来风雨声，花落知多少？

咏 柳
〔唐〕贺知章

碧玉妆成一树高,万条垂下绿丝绦。
不知细叶谁裁出,二月春风似剪刀。

ou[əu]

[发音要领]　起点元音比单元音 o 的舌位略高、略前,接近央元音[ə],唇形略圆。发音时,由起点元音开始,舌位向 u 的方向滑动,终点元音位置比单元音 u 略低。

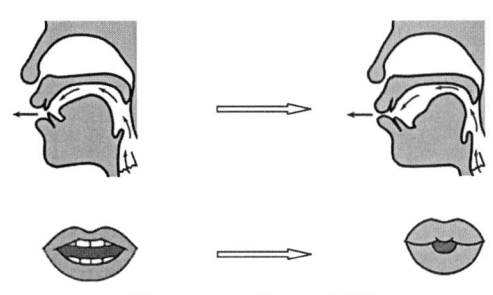

图 3-15　ou 发音示意图

[词语练习]

单音节:

| 剖 | 眸 | 肉 | 兜 | 偷 | 漏 | 抠 | 侯 | 肘 | 瞅 | 吼 | 寇 |
| 授 | 柔 | 邹 | 凑 | 艘 | 藕 | 售 | 谋 | 愁 | 狗 | 首 | 粥 |

双音节:

叩首　后头　筹谋　豆蔻　丑陋　喉头　兜售　佝偻　凑手　收走
收购　漏斗　守候　走漏　抖擞　欧洲　透漏　口臭　兽首　绸缪
飕飕　凑够　周某　后走　臭手　头筹　周口　后轴　口授　收受

四音节:

愁眉苦脸　　豆蔻年华　　狗血喷头　　后生可畏　　踌躇满志
口蜜腹剑　　偷天换日　　手舞足蹈　　走马观花　　呕心沥血
钩心斗角　　搜肠刮肚　　谋臣武将　　剖肝沥胆　　漏洞百出

[情景语句]

一心装满国,一手撑起家,面对疫情,正是因为这样深厚的家国情怀,无数普通人挺身而出、义无反顾,或向险而行,或默默守候,亿万中华儿女风雨同舟,构筑起疫情防控的坚固防线。

有报道说,白宫主人高达 40 万美元的收入标准没有一个欧洲国家领导人能够突破。那么,欧洲国家元首的收入到底是多少呢?最高的是奥地利总统,他每年可以得到 14 份 21 316 欧元的工资,总理紧随其后,一年收入 26.6 万欧元。同一等级的还有英国和德国首脑。梵蒂冈教皇每月的收入仅2 300欧元,是最少的。

[绕口令练习]

小偷和小丑

小偷年方豆蔻,精神抖擞,小丑背部佝偻,面貌奇丑,小偷偷了小丑来练手,小丑劝说小偷要收手,你说是到底小偷小丑谁丑陋?

兜装豆

兜里装豆,豆装满兜,兜破漏豆。倒出豆,补破兜,补好兜,又装豆,装满兜,不漏豆。

[诗词练习]

登鹳雀楼

〔唐〕王之涣

白日依山尽,黄河入海流。
欲穷千里目,更上一层楼。

从军行(其一)

〔唐〕王昌龄

烽火城西百尺楼,黄昏独坐海风秋。
更吹羌笛关山月,无那金闺万里愁。

2.后响复韵母

后响复韵母有5个,分别是 ia、ie、ua、uo、üe。后响复韵母开头的元音都是高元音 i-、u-、ü-,舌位由高向低滑动,收尾的元音要较为响亮清晰。作为韵头的音 i-、u-、ü-,发音轻短,而这些韵头在音节中,特别是零声母的音节中常常会带有轻微摩擦。

ia[iA]

[发音要领] 起点元音是前高元音 i[i],舌位滑向央低元音 a[A]结束。发音时 i 的发音较短,a 的发音响亮较长。

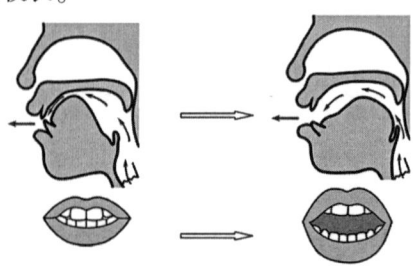

图3-16 ia 发音示意图

[词语练习]

单音节：

俩 掐 霞 加 压 洽 钾 下 颊 驾 卡

双音节：

家鸭　恰恰　押下　假牙　压价　家家　下架

加价　下牙　丫丫　掐下　崖下　掐架　加压

四音节：

家喻户晓　戛然而止　假戏真做　驾轻就熟　鸦雀无声

恰如其分　虾兵蟹将　狭路相逢　下笔成章　雅俗共赏

佳人才子　鸦片战争　掐头去尾　瑕瑜互见　下不为例

[情景语句]

佟丽娅，中国当红女演员。早在18岁时，佟丽娅就获得了新疆小姐亚军头衔。她那娇俏的脸颊、优雅的身形，是《母仪天下》中的赵飞燕，也恰是《北京爱情故事》里的冬美人沈冰。

家是我们每一个人的归宿，有家便是一种幸福。"快乐"回家分享，"压力"回家缓解，"忧愁"回家诉说。在家庭里，我们可以永远享受无私的温暖的爱。

[绕口令练习]

贾庄和夏庄

贾庄每家养小鸭，夏庄家家养对虾。小鸭长成想涨价，对虾养成想加价，涨价不成反跌价，加价不成又减价。贾庄后悔都养鸭，夏庄后悔全养虾。

鸭和霞

天上飘着一片霞，水上游来一群鸭。霞是五彩霞，鸭是麻花鸭。麻花鸭游进五彩霞，五彩霞网住麻花鸭。乐坏了鸭，拍碎了霞，分不清是鸭还是霞。

[诗词练习]

隋　宫

〔唐〕李商隐

紫泉宫殿锁烟霞，欲取芜城作帝家。

玉玺不缘归日角，锦帆应是到天涯。

于今腐草无萤火，终古垂杨有暮鸦。

地下若逢陈后主，岂宜重问后庭花。

天净沙·秋思
〔元〕马致远

枯藤老树昏鸦,小桥流水人家,古道西风瘦马。夕阳西下,断肠人在天涯。

ie[iɛ]

[发音要领] 起点元音是前高元音i[i],舌位滑向前半低元音ê[ɛ],实际终点元音位置比ê[ɛ]略高。i发音较短,ê发音响亮较长。

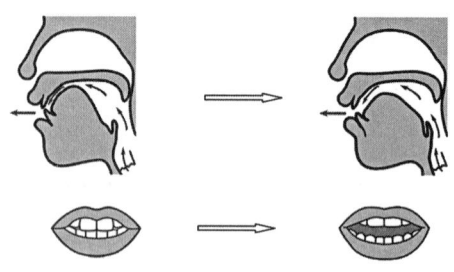

图3-17 ie发音示意图

[词语练习]
单音节:

别 撇 灭 爹 铁 捏 列 街 切 些 也 窃 姐
裂 孽 接 怯 谢 烨 叠 界 猎 帖 噎 瘪 节

双音节:

节烈 趔趄 铁鞋 窃窃 结业 贴切 斜切 爹爹 业界
谢谢 裂解 接界 姐姐 斜街 冶铁 歇业 爷爷 借碟

四音节:

别有洞天　跌宕起伏　喋喋不休　节外生枝　夜郎自大
借题发挥　切肤之痛　铁案如山　叶落归根　灭顶之灾
蹑手蹑脚　卸磨杀驴　裂石穿云　锲而不舍　谢天谢地

[情景语句]

说到广州,便不得不提早茶、糖水和夜宵。广州人爱吃,也特别会吃,每一个到访广州的游客都会在街头巷尾切身感受到这些,即使是大年初一,早茶也不会歇业。接下来,就让我们开始今天的广州饕餮之旅吧!

在英语表达和英国文化中,"谢谢"一词有极高的地位,但最近一项调查结果显示,现如今英国绝大多数人已经不再用"谢谢"这个词语,而是选择用其他词或者一个微笑来代替。77%的受访者认为,说"谢谢"没有什么实际用处,还不如挥手致意来得亲切;40%的受访者认为,说"谢谢"太过正式,完全没有必要。

[绕口令练习]

老谢和小杰

老谢是爹爹,儿子是小杰,二人去逛斜街,鞋上沾满铁屑,老谢打了趔趄,小杰直喊爹爹。

做茄子

姐姐借刀切茄子,去把儿去叶儿斜切丝,切好茄子拌茄子、烧茄子、炒茄子、蒸茄子,还有一碗焖茄子。

[诗词练习]

好事近·渔父词(其一)
〔宋〕朱敦儒

摇首出红尘,醒醉更无时节。活计绿蓑青笠,惯披霜冲雪。
晚来风定钓丝闲,上下是新月。千里水天一色,看孤鸿明灭。

寄 人
〔唐〕张　泌

别梦依依到谢家,小廊回合曲阑斜。
多情只有春庭月,犹为离人照落花。

ua[uA]

[发音要领]　起点元音是后高圆唇元音 u[u],舌位滑向央低元音 a[A]结束,唇形由圆变展。u 发音较短,a 的发音响亮较长。

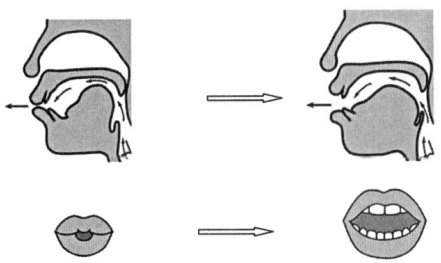

图 3-18　ua 发音示意图

[词语练习]
单音节:

刮　跨　花　抓　刷　哇　瓦　卦　话　娃　划　娲　挎
滑　爪　寡　耍　华　夸　袜　垮　胯　画　挂　剐　瓜

双音节：

娃娃　画画　花袜　呱呱　耍滑　挂花

挂画　唰唰　夸夸　画花　哗哗　花褂

四音节：

瓜熟蒂落　寡不敌众　花天酒地　滑头滑脑　夸夸其谈

化险为夷　画龙点睛　挖肉补疮　抓耳挠腮　哗众取宠

蛙鸣蝉噪　刮目相看　夸父追日　瓦解冰消　花容月貌

[情景语句]

"嘻唰唰"本是KTV中划拳的一种形式,猜拳结果的不确定让原花儿乐队主唱大张伟联想到身边很多朋友所遭遇过的爱情,因此他根据日本组合Puffy的《K2G奔向你》,改编了《嘻唰唰》这首歌。

从五岁起,妈妈就送我去学画画,开始我并没有太大的兴趣,可渐渐的有人夸我画得好,儿时的我就因为这样的夸奖而越画越起劲,直到有了今天的成就。

[绕口令练习]

花、袜、褂

妈妈挎着花篮去卖花,娃娃穿着花袜去买褂。不料街上流水哗哗直打滑,妈妈扔了花篮,娃娃湿了花袜,妈妈卖不了花,娃娃买不成褂。

小华和胖娃

小华和胖娃,种花又种瓜,小华会种花不会种瓜,胖娃会种瓜不会种花,小华教胖娃种花,胖娃教小华种瓜。

[诗词练习]

乌衣巷

〔唐〕刘禹锡

朱雀桥边野草花,乌衣巷口夕阳斜。

旧时王谢堂前燕,飞入寻常百姓家。

浣溪沙

〔北宋〕苏　轼

簌簌衣巾落枣花,村南村北响缫车,牛衣古柳卖黄瓜。

酒困路长惟欲睡,日高人渴漫思茶,敲门试问野人家。

uo[uo]

[发音要领]　起点元音是后高元音u[u],舌位向下滑到后半高元音o[o]结束。发

音过程中,唇形始终保持圆唇,开头收缩较紧,结尾开度稍加大。u 发音较短,o 发音响亮较长。

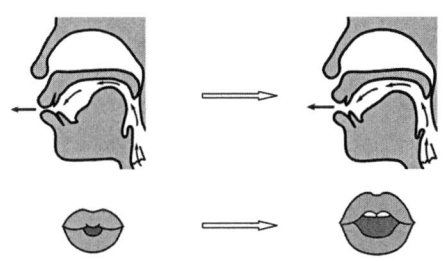

图 3-19　uo 发音示意图

[词语练习]

单音节:

多　拖　诺　螺　裹　扩　获　桌　戳　硕　若　做　裸
措　缩　握　拓　廓　绰　说　琢　索　喔　弱　堕　落

双音节:

懦弱　哆嗦　硕果　骆驼　火锅　陀螺　堕落　做作　坐落
蹉跎　阔绰　罗锅　窝火　脱落　国货　挪窝　过错　躲过

四音节:

绰绰有余　多愁善感　国泰民安　豁然开朗　火光四射
锣鼓喧天　若隐若现　缩衣节食　卓尔不群　措手不及
托物感怀　唾手可得　说三道四　弱不禁风　左邻右舍

[情景语句]

海子曾说:天空一无所有,为何给我安慰。看似简单的一句,令人能想到的很多很多,天空那么广阔,那么纯净,因为"空"所以才能承托内心,包容一切。不管结果如何,抬头望望那广阔的天空,一切都会豁然开朗的。

中国远征军阔别祖国,不远万里去到异国他乡,他们不知道能不能活着走出去,他们不知道那里的战火要持续多久,但他们知道,只有这样才能保证祖国的生死补给线,只有这样才能结束那场赤裸裸的侵略战争。

[绕口令练习]

小罗和小多

骆驼驮着菠萝,笸箩装着萝卜,小罗骑着骆驼数菠萝,小多拿着笸箩数萝卜,也不知道是小罗骑的骆驼驮着的菠萝多,还是小多拿的笸箩装着的萝卜多?

罗锅和铁锅

罗锅背铁锅,铁锅压罗锅。罗锅不背铁锅,铁锅不压罗锅。

[诗词练习]

拟咏怀(其七)
〔南北朝〕庾　信

榆关断音信,汉使绝经过。
胡笳落泪曲,羌笛断肠歌。
纤腰减束素,别泪损横波。
恨心终不歇,红颜无复多。
枯木期填海,青山望断河。

北来人
〔南宋〕刘克庄

试说东都事,添人白发多。
寝园残石马,废殿泣铜驼。
胡运占难久,边情听易讹。
凄凉旧京女,妆髻尚宣和。

üe[yɛ]

[发音要领]　起点元音是前高元音 ü[y],舌位滑向前半低元音 ê[ɛ],实际终点元音位置比 ê[ɛ]略高,唇形由圆到不圆。ü 发音较短,ê 发音响亮较长。

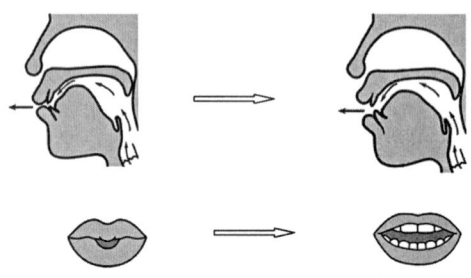

图 3-20　üe 发音示意图

[词语练习]
单音节:

虐　略　觉　却　薛　越　雪　缺　学　约　疟　削
瘸　雀　靴　炔　血　确　穴　撅　嚄　倔　阅　谑

双音节:

雪月　决绝　雀跃　绝学　约略　月缺　跃跃　缺略

四音节:

绝处逢生　略识之无　月明星稀　鹊巢鸠占　缺一不可

学富五车　血海深仇　约定俗成　跃跃欲试　雪中送炭
虐老兽心　约法三章　确乎不拔　决一死战　越俎代庖

[情景语句]

图书馆里的冬奥主题书籍陪伴着读者驻足阅读的身影，线上发布的冬奥会音乐作品吸引着网友聆听，越来越多街角的冰雪体验区、商场里的滑冰场将冰雪运动带到市民身边。

从哲学的角度看，任何事物只能是相对的，没有绝对的。因此，老师在评价学生时，应该是客观和全面的描述，而不是给一个绝对的等级评定。

[绕口令练习]

瘸子和矬子

南面来了个瘸子，腰里别着个橛子，北边来了个矬子，肩上挑着担茄子。别橛子的瘸子要用橛子换挑茄子的矬子的茄子，挑茄子的矬子不给别橛子的瘸子茄子。别橛子的瘸子抽出腰里的橛子打了挑茄子的矬子一橛子，挑茄子的矬子拿起茄子打了别橛子的瘸子一茄子。

雪

天上下雪，空中飘雪，地上积雪，小孩滑雪，大人扫雪。屋上是雪，树上是雪，车上是雪，到处都是雪。

[诗词练习]

江　雪
〔唐〕柳宗元

千山鸟飞绝，万径人踪灭。
孤舟蓑笠翁，独钓寒江雪。

村　夜
〔唐〕白居易

霜草苍苍虫切切，村南村北行人绝。
独出门前望野田，月明荞麦花如雪。

3.中响复韵母

中响复韵母有4个：iao、iou、uai、uei。三合复韵母都是中响复韵母，主要元音处在中间。这一组韵母发音的特点是舌位由高向低滑动，再从低向高滑动。发音时，开头的元音较短促、不响亮，中间的元音清晰响亮，收尾的元音也较为轻短，不是很清晰。

在拼写时，三合复韵母 iou 和 uei 简化为 iu 和 ui。拼写时省略掉的韵腹 o 和 e，发音时不能省略。

iao[iɑu]

[发音要领] 起点元音为前高不圆唇元音i[i],然后舌位向下向后降至后低元音ɑ[ɑ](后ɑ),再向后高圆唇元音u[u]滑动,终止元音比u[u]略低。唇形开始为不圆唇,从中间的元音ɑ开始逐渐变为圆唇。

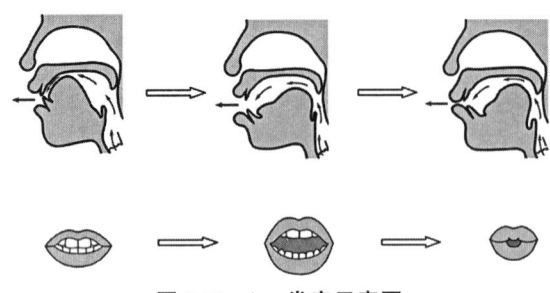

图3-21 iao发音示意图

[词语练习]

单音节:

标 票 庙 调 挑 袅 聊 娇 敲 萧 耀 瑶 料
姚 笑 侨 嚼 苗 鸟 窕 貂 脚 朴 彪 廖 了

双音节:

缥缈 吊销 脚镣 苗条 逍遥 叫嚣 巧妙 疗效 小巧
窈窕 袅袅 教条 渺小 妙药 迢迢 吊桥 娇俏 调教

四音节:

表里如一 娇生惯养 遥不可及 寥若晨星 耀武扬威
妙趣横生 巧取豪夺 挑三拣四 笑里藏刀 料事如神
调虎离山 交头接耳 鸟枪换炮 飘瓦虚舟 小题大做

[情景语句]

5月12日下午2点28分,外婆哼着摇篮曲,正哄着一岁的小天琦睡觉。突然天摇地动,玻璃掉了一地,这一切都让人措手不及。外婆赶紧将外孙死死抱在怀中,蹲在一面承重墙的墙角。楼垮塌后,婆孙二人在倒塌的水泥板和墙面形成的狭小夹角中幸免于难。可是余震不断,倾斜的水泥板摇摇欲坠。为了保护外孙,老人用自己瘦弱的身体苦苦支撑倒塌的墙壁长达56小时!

近日,单针新冠疫苗在我国多地开打。据了解,截至2021年9月14日,我国新冠疫苗接种剂次超过21亿,接种率遥遥领先于国际平均水平。专家表示,我国今年年底接种率至少达到70%的标准。当前,全球疫苗分配不平等的现象正在加剧,根据世卫组织5月提供的数据,83%的疫苗被高收入和中等偏上收入国家使用,低收入国家获得的疫苗剂量与之相差超过75倍。

[绕口令练习]

表和鸟

水上漂着一只表,表上落着一只鸟。鸟看表,表瞪鸟。鸟不认识表,表也不认识鸟。

舀 油

铜勺舀热油,铁勺舀凉油;铜勺舀了热油舀凉油,铁勺舀了凉油舀热油。舀油入炒勺,月月有佳肴。先炖鱿鱼块,后扒羊肉条。火在炉下燃,油在勺中熬,满锅同炎热,管它铜勺与铁勺。

[诗词练习]

望 岳

〔唐〕杜 甫

岱宗夫如何？齐鲁青未了。
造化钟神秀,阴阳割昏晓。
荡胸生层云,决眦入归鸟。
会当凌绝顶,一览众山小。

除夜自石湖归苕溪(其一)

〔南宋〕姜 夔

细草穿沙雪半销,吴宫烟冷水迢迢。
梅花竹里无人见,一夜吹香过石桥。

iou[iəu]

[发音要领] 起点音是前高不圆唇元音 i[i],然后舌位下降后移,降至比央元音[ə]稍后的位置,再向后高圆唇元音 u[u]滑动,终止元音比 u[u]略低。唇形开始为不圆唇,从[ə]开始逐渐圆唇。

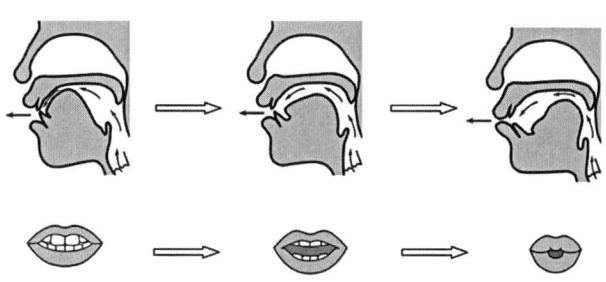

图 3-22 iou 发音示意图

[词语练习]

单音节：

谬 丢 妞 浏 揪 修 幽 酒 救 牛 六 秋 朽
邱 绣 柳 游 休 究 钮 溜 油 拗 球 绺 馐

双音节：

九流　悠久　绣球　舅舅　流油　幽幽　求救　酒友　久留
优秀　牛油　琉球　秋游　妞妞　球友　悠悠　旧友　刘秀

四音节：

酒囊饭袋　救亡图存　求贤若渴　囚首垢面　悠然自得
羞与为伍　秀色可餐　油腔滑调　有口皆碑　柳暗花明
扭转乾坤　牛鬼蛇神　丢人现眼　秋毫无犯　有教无类

[情景语句]

1929年10月华尔街股市崩盘，经济大萧条席卷全球，远在南半球的澳大利亚也难逃厄运，整个悉尼死气沉沉，唯一有生气的地方就是悉尼港的建筑工地，工人们在这里流下汗水，锻造生机。如今，这里已成为整个悉尼的旅游枢纽，更是悉尼秀美景色的代表。

我想要的未来有房子住，不用多大，最好窗外有阳光；早晚有酸奶，一天能吃上一个苹果，有锅给我煮汤；偶尔能逛逛公园，一年能陪爸妈几次；有工作，有单反，有书看，有歌听；朋友偶尔奔过来聚一次，偶尔能到处走走。这样，就很幸福了。

[绕口令练习]

小柳柳望着牛儿游

小溪流，流呀流，流到村头柳树沟。柳树沟里一头牛，沟边坐着小柳柳。柳柳望着牛儿游，乐得身儿晃悠悠。柳柳从小爱劳动，人人都夸好妞妞。

六十六岁刘老六

六十六岁刘老六，修了六十六座走马楼，楼上摆了六十六瓶苏合油，门前栽了六十六棵垂杨柳，柳上拴了六十六个大马猴。忽然一阵狂风起，吹倒了六十六座走马楼，打翻了六十六瓶苏合油，压倒了六十六棵垂杨柳，吓跑了六十六个大马猴，气死了六十六岁刘老六。

[诗词练习]

山居秋暝

〔唐〕王　维

空山新雨后，天气晚来秋。
明月松间照，清泉石上流。
竹喧归浣女，莲动下渔舟。
随意春芳歇，王孙自可留。

如梦令
〔宋〕李清照

昨夜雨疏风骤,浓睡不消残酒。试问卷帘人,却道海棠依旧。知否?知否?应是绿肥红瘦。

uai[uai]

[发音要领] 起点元音为后高圆唇元音 u[u],舌位向前滑降到前低不圆唇元音 a[a](前a),再向 i 方向滑升,终止元音比单元音 i[i]略低。唇形开始为圆唇,从前低元音 a[a]逐渐变为展唇。

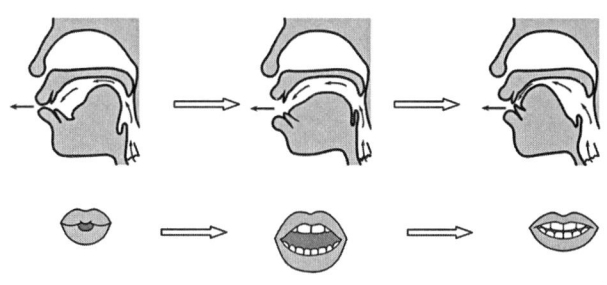

图 3-23 uai 发音示意图

[词语练习]

单音节:

怪 拽 踹 帅 外 歪 揣 槐 抔 侩 跩 率 崴
快 拐 摔 怀 甩 乖 坏 衰 筷 蒯 踝 蟀 脍

双音节:

怀揣 外踝 乖乖 外快 摔坏 拽歪 踹开 歪歪

四音节:

拐弯抹角 怀才不遇 快步流星 脍炙人口 外圆内方
率由旧章 歪打正着 外强中干 外交辞令 歪门邪道
怀恨在心 快人快语 怪模怪样 率马以骥 揣合逢迎

[情景语句]

百年前的中国,内忧外患,积贫积弱,一群怀揣着救国理想的中国人踏上了漫漫征途。百年兴衰,风云巨变。而今,伟大的中华民族已傲然屹立于世界的东方。我们有重器在手,何惧妖魔鬼怪兴风作浪。不沉航母、北斗天眼、蛟龙入海、神舟访月……快速发展的中国,正以大国胸怀、大国智慧、大国担当,续写崭新的时代篇章。

新旧中国的外交政策是截然不同的。旧中国闭关锁国,从不和外国建立外交关系,把外国人拒之门外;新中国的外交政策是敞开国门,广泛地、真诚坦率地结交朋友,建立外交关系。

[绕口令练习]

小乖和小怀

小乖卖了电脑赚外快,小怀赚了外快买电脑。小怀买了电脑又摔坏,小乖拿着外快买了电脑送小怀,小怀不要小乖的电脑感谢小乖又释怀。

槐树歪歪

槐树歪歪,坐个乖乖。乖乖用手,摔了老酒。酒瓶摔坏,奶奶不怪,怀抱乖乖,出外买买。

[诗词练习]

临高台

〔南朝〕王　融

游人欲骋望,积步上高台。
井莲当夏吐,窗桂逐秋开。
花飞低不入,鸟散远时来。
还看云栋影,含月共徘徊。

浣溪沙

〔北宋〕晏　殊

一曲新词酒一杯,去年天气旧亭台。夕阳西下几时回?
无可奈何花落去,似曾相识燕归来。小园香径独徘徊。

uei[uəi]

[发音要领]　起点音是后高圆唇元音 u[u],舌位向前向下滑到比前半高元音 e[e] 稍微偏后偏低的位置,然后再向 i 的方向滑升,终止元音比单元音 i 略低。唇形从圆唇开始,至 e 逐渐变为展唇。

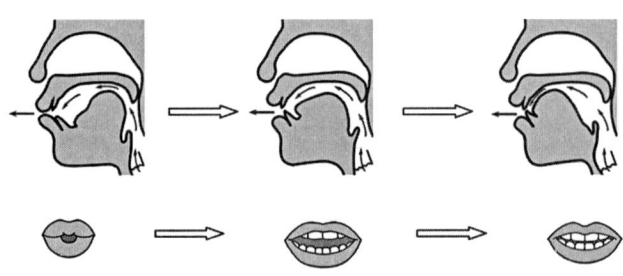

图 3-24　uei 发音示意图

[词语练习]

单音节：

堆　退　桂　奎　辉　坠　锤　税　睿　最　随　脆　为
威　鬼　虽　璀　吹　委　愧　晖　轨　兑　归　回　跪

双音节：

推诿　归队　悔罪　翠微　荟萃　尾随　坠毁　魁伟　队徽
汇兑　罪魁　摧毁　鬼祟　回味　围追　回馈　畏罪　卫队
对位　垂危　退位　追尾　醉鬼　回归　追回　水位　未遂

四音节：

吹灯拔蜡　垂头丧气　鬼迷心窍　灰头土脸　委以重任
水乳交融　随心所欲　唯我独尊　醉生梦死　惴惴不安
吹毛求疵　诲人不倦　愧不敢当　巍然屹立　绘声绘色

[情景语句]

令人感动和欣慰的是，面对从天而降的灾难，灾区的孩子学会了坚强。在废墟下面，5岁的小朋友任思维勇敢地唱着《两只老虎》，还安慰外面的救援人员；在救援队伍经过的路边，村里的孩子们排成一队，高高地举着"感谢"的标语……巨大的灾难让孩子们吹响了爱的号角，学会了用自己的方式表达爱。

1912年中华民国成立，登基不满3年的溥仪退位，由隆裕太后代行颁布《退位诏书》。1950年后，溥仪曾被作为战争罪犯关押十年，1959年12月4日根据特赦令予以释放，后任全国政协文史资料委员会专员，1964年任中国人民政治协商会议第四届全国委员会委员。1967年10月17日，溥仪在北京病逝。

[绕口令练习]

接　水

威威、伟伟和卫卫，拿着水杯去接水。威威让伟伟，伟伟让卫卫，卫卫让威威，没人先接水。一二三，排好队，一个一个来接水。

谁胜谁

梅小卫叫飞毛腿，卫小辉叫风难追。两人参加运动会，百米赛跑快如飞。飞毛腿追风难追，风难追追飞毛腿。梅小卫和卫小辉，最后不知谁胜谁。

[诗词练习]

野　望

〔唐〕王　绩

东皋薄暮望，徙倚欲何依。
树树皆秋色，山山唯落晖。

牧人驱犊返,猎马带禽归。
相顾无相识,长歌怀采薇。

凉州词

〔唐〕王　翰

葡萄美酒夜光杯,欲饮琵琶马上催。
醉卧沙场君莫笑,古来征战几人回?

(三)鼻韵母

鼻韵母元音音素的后面附带一个鼻辅音作韵尾,普通话中带鼻尾音-n的韵母简称为前鼻音韵母,带鼻尾音-ng的韵母简称为后鼻音韵母。训练时尤其要注意前后鼻音的发音区别,在很多方言区并不能将两者相区分。前鼻音韵母有8个,分别是an、en、in、ün、ian、uan、üan、uen;后鼻音韵母也是8个,分别是ang、eng、ing、ong、iang、uang、ueng、iong。

前后鼻音区别要点:

(1)舌位不同。前鼻音韵母韵尾舌面前部贴向硬腭前部,后鼻音韵母韵尾舌面后部隆起与软腭闭合,这是前后鼻韵母最主要的区别。

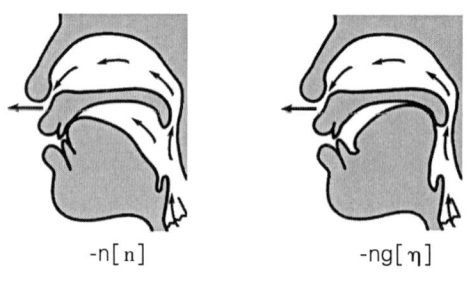

图 3-25　前后鼻韵母区别示意图

(2)口形不同。前鼻韵母在发音时韵尾口形固定,后鼻韵母在发音时韵尾口形一般随韵腹而变。

1.前鼻音韵母

an[an]

[发音要领]　起点元音是前低不圆唇元音a[a](前a),然后将舌面抬高,舌面前部隆起贴向硬腭前部。当两者将要接触时,软腭下降,打开鼻腔通路,舌面前部与硬腭前部闭合,气流在口腔受到阻碍,从鼻腔流出。

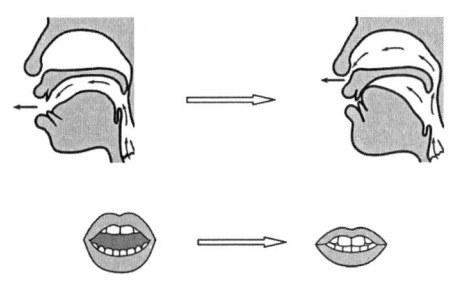

图 3-26　an 发音示意图

[词语练习]

单音节：

辫　攀　蛮　丹　谭　楠　诞　敢　看　函　盏　颤　反
删　攒　残　散　俺　灿　湛　版　潘　耽　摊　坦　安

双音节：

参赞　胆敢　泛滥　难堪　摊贩　坦然　烂漫　湛蓝　惨淡
谈判　繁难　橄榄　漫谈　反感　翻版　贪婪　沾染　办案
潸然　拌饭　寒战　反弹　暗含　勘探　难产　感叹　冉冉

四音节：

半途而废　惨不忍睹　胆战心惊　三心二意　赞不绝口
肝肠寸断　漫山遍野　判若两人　谈虎色变　黯然失色
沾沾自喜　姗姗来迟　探本溯源　泛泛之交　幡然悔悟

[情景语句]

看着父亲安静地躺在那里，两鬓斑白，面容安详。我的心情无比沉重，父亲最爱我，可在父亲生命的最后阶段，我却没能陪在他的身旁，甚至没能多去医院看他几次，这实在让我难受。

青春，一半明媚，一半忧伤，它是一本著作，而我们却读得太匆忙。于不经意间，青春的书籍悄然合上，以至于我们要重新研读它时，却发现青春的书籍早已落满尘埃，模糊不清。

[绕口令练习]

南南有个篮篮

南南有个篮篮，篮篮装着盘盘，盘盘放着碗碗，碗碗盛着饭饭。南南翻了篮篮，篮篮扣了盘盘，盘盘打了碗碗，碗碗撒了饭饭。

演员制服

男演员穿蓝制服，女演员穿棉制服。蓝制服是棉制服，棉制服是蓝制服。男演员穿蓝棉制服，女演员穿棉蓝制服。

[诗词练习]

月 夜
〔唐〕杜 甫

今夜鄜州月,闺中只独看。
遥怜小儿女,未解忆长安。
香雾云鬟湿,清辉玉臂寒。
何时倚虚幌,双照泪痕干!

宿五松山下荀媪家
〔唐〕李 白

我宿五松下,寂寥无所欢。
田家秋作苦,邻女夜舂寒。
跪进雕胡饭,月光明素盘。
令人惭漂母,三谢不能餐。

en[ən]

[发音要领] 起点元音 e 的舌位比单发时偏低、偏前,是央元音[ə],舌位居中,然后将舌面抬高,舌面前部隆起贴向硬腭前部。两者将要接触时,软腭下降,打开鼻腔通路,舌面前部与硬腭前部闭合,气流在口腔受到阻碍,从鼻腔流出。

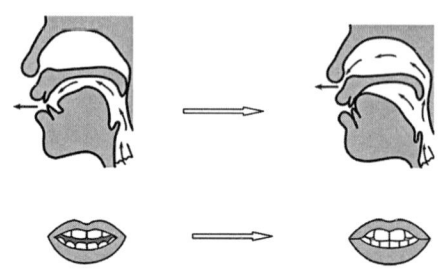

图 3-27 en 发音示意图

[词语练习]
单音节:
奔 喷 闷 奋 人 跟 垦 痕 镇 趁 肾 韧 真
怎 砷 森 嗯 岑 任 犇 盆 沉 嫩 肯 甄 琛
双音节:
本身 门诊 审慎 振奋 根本 愤恨 人参 本真 恩人
深沉 沉闷 深圳 本分 妊娠 人们 珍本 认真 分文
粉尘 身份 愤懑 分针 神人 本人 门神 真身 真人

四音节：
本末倒置　笨手笨脚　参差不齐　趁火打劫　奋不顾身
分庭抗礼　闷声闷气　神来之笔　震耳欲聋　身败名裂
恩重如山　喷薄欲出　纷至沓来　肯堂肯构　愤愤不平

[情景语句]

垦丁位于台湾最南端的恒春半岛,是台湾本岛唯一的热带地区。这里是台湾著名的度假胜地。每年四月的垦丁音乐节奔放热烈,根深叶茂的垦丁国家森林公园让人流连忘返,还有古朴自然的恒春镇和《海角七号》电影中亘古不变的爱情,这一切,怎不叫人沉醉其中?

师傅直到去世也根本不知道他得的是什么病,我们觉得这样他可以走得快乐些。师傅待人真诚、友善,对我们恩重如山,传授我们技艺,教我们做人。唉! 我们都以为他老人家可以长寿的。

[绕口令练习]

小陈和小沈

小陈去卖针,小沈去卖盆。俩人挑着担,一起出了门。小陈喊卖针,小沈喊卖盆。也不知是谁卖针,也不知是谁卖盆。

门碰盆

陈诚捧门门很沉,程晨捧盆盆盛粉。陈诚的门碰程晨的盆,盆里的粉被碰出了盆,碰出的粉弄脏了门。程晨恨,陈诚哼,怪盆,怪粉,还是怪沉门?

[诗词练习]

送元二使安西
〔唐〕王　维

渭城朝雨浥轻尘,客舍青青柳色新。
劝君更尽一杯酒,西出阳关无故人。

酬乐天扬州初逢席上见赠
〔唐〕刘禹锡

巴山楚水凄凉地,二十三年弃置身。
怀旧空吟闻笛赋,到乡翻似烂柯人。
沉舟侧畔千帆过,病树前头万木春。
今日听君歌一曲,暂凭杯酒长精神。

in[in]

[发音要领]　起点元音是前高不圆唇元音 i[i],然后将舌面抬高,舌面前部隆起贴

向硬腭前部。两者将要接触时,软腭下降,打开鼻腔通路,舌面前部与硬腭前部闭合,气流在口腔受到阻碍,从鼻腔流出。

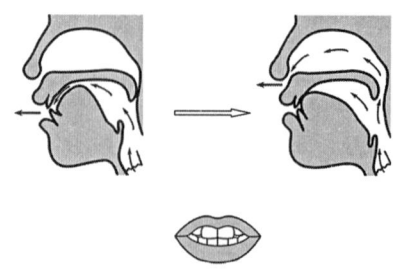

图 3-28 in 发音示意图

[词语练习]

单音节:

斌 频 闽 您 淋 晋 秦 心 引 紧 欣 琴 寝
临 民 聘 钦 银 馨 拼 信 亲 津 印 吝 因

双音节:

濒临 凛凛 音频 薪金 民心 辛勤 近邻 金印 仅仅
拼音 引进 信心 近亲 隐隐 亲民 新品 秦晋 亲近
殷勤 林荫 金银 临近 欣欣 亲临 新进 紧邻 淋淋

四音节:

金碧辉煌 紧锣密鼓 琳琅满目 民脂民膏 亲密无间
沁人心脾 心旷神怡 信马由缰 引吭高歌 津津乐道
勤能补拙 民族大义 阴差阳错 彬彬有礼 贫贱之交

[情景语句]

凤凰卫视精心打造的选美品牌"中华小姐环球大赛"是拉近全球华人距离、建立华人新生代美丽标准的选美大赛。2005 年,50 位华人世界最美丽的女孩作为爱心使者到访刚刚遭受连环恐怖袭击的印尼,以勇气和爱心一扫弥漫在巴厘岛上空的阴霾。

多少真心痴心爱心都变成伤心灰心,最后我只剩下这颗破碎的心,默默拼凑出爱的幻影。其实爱情不仅仅是一种化学反应,更是一个精心呵护的过程。

[绕口令练习]

小欣小琴学拼音

小欣小琴是近邻,二人一起学拼音。小欣"民心"写"明星",小琴"明星"写"民心"。二人前后鼻不分,通过音频学发音。

你也勤来我也勤

你也勤来我也勤,生产同心土变金,工人农民亲兄弟,心心相印团结紧。

[诗词练习]

在狱咏蝉

〔唐〕骆宾王

西陆蝉声唱,南冠客思侵。
那堪玄鬓影,来对白头吟。
露重飞难进,风多响易沉。
无人信高洁,谁为表予心。

题破山寺后禅院

〔唐〕常　建

清晨入古寺,初日照高林。
曲径通幽处,禅房花木深。
山光悦鸟性,潭影空人心。
万籁此俱寂,但余钟磬音。

ün[yn]

[发音要领]　起点元音是前高圆唇元音 ü[y]。与 in 的发音方法相似,唇形变化不同。ün 从 ü 开始,唇形从圆唇逐步稍展开,而 in 的唇形始终是展唇。

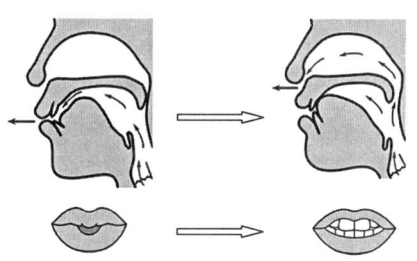

图 3-29　ün 发音示意图

[词语练习]
单音节:

均　裙　熏　云　韵　寻　群　俊　菌　讯　允　郡　晕
孕　巡　军　昀　勋　陨　逊　洵　熨　郓　逊　麇　赟

双音节:

军训　逡巡　芸芸　群运　均匀　循循　菌群　熏晕

四音节:

君主立宪　骏马奔腾　群龙无首　逡巡不前　芸芸众生
寻根究底　晕头转向　熏风解愠　运筹帷幄　云淡风轻
群雄逐鹿　徇私枉法　军临城下　君子协定　君侧之奸

[情景语句]

2013年9月,日本动画大师宫崎骏正式宣布退休,令世界各地的粉丝群体伤心不已。《天空之城》《龙猫》《千与千寻》这些家喻户晓的作品,温暖感动人心的同时也蕴含着发人深省的道理。

半个多世纪后,很多阔别家乡多年的"二战"老兵,回到家乡,寻找亲人,寻找儿时的记忆,却发现如此陌生。人群中难以寻找到熟悉的面孔,村落中难以寻找到熟悉的房屋。

[绕口令练习]

换裙子

军车运来一堆裙,一色军用绿色裙。军训女生一大群,换下花裙换绿裙。

军军和云云

军军去参军,云云去寻菌。军军立志当将军,云云立志找到菌。

[诗词练习]

湖口望庐山瀑布水

〔唐〕张九龄

万丈洪泉落,迢迢半紫氛。
奔流下杂树,洒落出重云。
日照虹霓似,天清风雨闻。
灵山多秀色,空水共氤氲。

杨生青花紫石砚歌

〔唐〕李　贺

端州石工巧如神,踏天磨刀割紫云。
佣刓抱水含满唇,暗洒苌弘冷血痕。
纱帷昼暖墨花春,轻沤漂沫松麝薰。
干腻薄重立脚匀,数寸光秋无日昏。
圆毫促点声静新,孔砚宽硕何足云!

ian[iɑn]

[发音要领]　此韵母相当于在an的前面加i的动程。起点元音是前高不圆唇元音i[i],舌位向前低元音ɑ[ɑ](前ɑ)方向滑降,但还没降到ɑ[ɑ],在接近于前半低元音[æ]位置就开始升高,直到舌面前部与硬腭前部闭合形成-n鼻音。

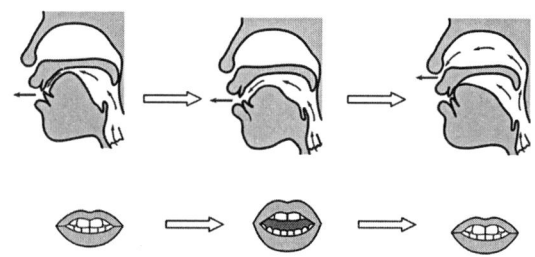

图 3-30　ian 发音示意图

[词语练习]

单音节：

鞭　篇　眠　垫　填　黏　炼　建　钱　显　彦　燕　检
现　签　倩　先　敛　年　添　殿　绵　骈　贬　脸　免

双音节：

变脸　癫痫　检验　腼腆　翩跹　前言　天堑　浅显　电线
眼帘　田间　鲜艳　前线　连绵　变迁　偏见　连天　检点
简练　盐碱　前面　现钱　年限　免检　牵连　仙剑　绵延

四音节：

鞭长莫及　颠三倒四　见微知著　勉为其难　言不由衷
年年有余　前赴后继　天涯海角　闲情逸致　恬不知耻
连篇累牍　恋恋不舍　千载难逢　先睹为快　变幻莫测

[情景语句]

2021 年 9 月 3 日,第八批在韩中国人民志愿军烈士遗骸装殓交接迎回安葬工作正式启动。陵园工作人员在每座烈士墓旁插上了鲜艳的五星红旗,以迎接前线英雄的归来。在烈士墓前面,每个人的脸上浮现出庄严的神色。

近几年,很多政府部门不断推出便民措施,为老百姓服务,为他们提供方便。其实方便市民,也是政府方便自己,试想老百姓生活和谐了,政府的工作压力不也就减少了吗?

[绕口令练习]

天连水

天连水,水连天,水天无边波涟涟,蓝蓝的天似绿水,绿绿的水似蓝天,到底是天连水,还是水连天?

编小辫

建建和盼盼,一起编小辫。左编编右编编编来编去编不成小辫。曼曼来教建建盼盼学编辫,伸出俩手左手编右半边右手编左半边,左一编右一编,建建盼盼都学会了编小辫。

[诗词练习]

少年行(其一)
〔唐〕王 维

新丰美酒斗十千,咸阳游侠多少年。
相逢意气为君饮,系马高楼垂柳边。

左迁至蓝关示侄孙湘
〔唐〕韩 愈

一封朝奏九重天,夕贬潮阳路八千。
欲为圣明除弊事,肯将衰朽惜残年!
云横秦岭家何在?雪拥蓝关马不前。
知汝远来应有意,好收吾骨瘴江边。

uan[uan]

[发音要领] 此韵母相当于在 an 的前面加 u 的动程。起点元音是后高圆唇元音 u[u],舌位向前滑降到不圆唇的前低元音 a[a](前 a)开始升高,直到舌面前部与硬腭前部闭合形成-n 鼻音。唇形由圆变展。

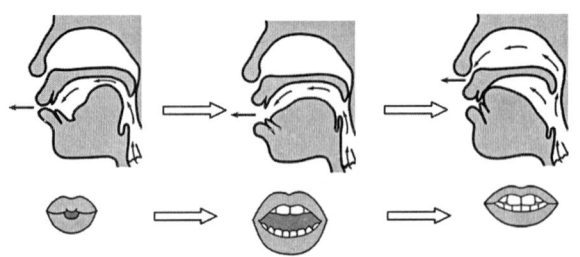

图 3-31 uan 发音示意图

[词语练习]
单音节:

段 幻 暖 栾 观 款 环 赚 穿 栓 软 窜 团
钻 算 婉 酸 川 缓 罐 传 端 管 卵 湾 短

双音节:

宦官 专断 贯穿 软缎 酸软 换算 婉转 专款 缓缓
乱窜 万贯 款款 转换 远端 弯管 软管 转弯 万端

四音节:

穿针引线 蹿房越脊 断章取义 贯斗双龙 焕然一新
欢天喜地 宽宏大量 万籁俱寂 专心致志 玩世不恭
钻木取火 川流不息 传世佳作 转灾为福 短中取长

[情景语句]

桥的两头都是黑白分明的江南建筑,半月状的石桥跨越两端,把两岸的美景融为一体。乌篷船常从桥下穿过去,河水缓缓地流过,船夫唱着听不懂的水乡小调。人们从桥上鱼贯走过,算是完成了游览周庄的专业流程。

初夏的清晨,五点多钟,天渐渐亮起来了。这时,将我从睡梦中唤醒或者迎接我的第一个哈欠的,不是闹钟,而是窗外一群婉转轻啼的鸟儿们。聆听着它们清脆的叫声开始我新的一天。

[绕口令练习]

管得宽与宽不管

一楼住着管得宽,二楼住着宽不管。宽不管乱倒垃圾一大片,还说弄脏楼道他不管。管得宽要管宽不管,宽不管不让管得宽管,管得宽说我非要管管宽不管。

算卦的和挂蒜的

街上有个算卦的,还有一个挂蒜的。算卦的算卦,挂蒜的卖蒜。算卦的叫挂蒜的算卦,挂蒜的叫算卦的买蒜。算卦的不买挂蒜的蒜,挂蒜的也不算算卦的卦。

[诗词练习]

从军行

〔唐〕王昌龄

青海长云暗雪山,孤城遥望玉门关。
黄沙百战穿金甲,不破楼兰终不还。

征人怨

〔唐〕柳中庸

岁岁金河复玉关,朝朝马策与刀环。
三春白雪归青冢,万里黄河绕黑山。

üan[yɑn]

[发音要领] 此韵母相当于在 an 的前面加 ü 的动程。起始元音为前高圆唇元音 ü[y],向前低元音 a[ɑ](前 a)的方向滑动,舌位降至略高于前 a 位置的前元音[æ]开始升高,直到舌面前部与硬腭前部闭合形成-n 鼻音。唇形由圆变展。

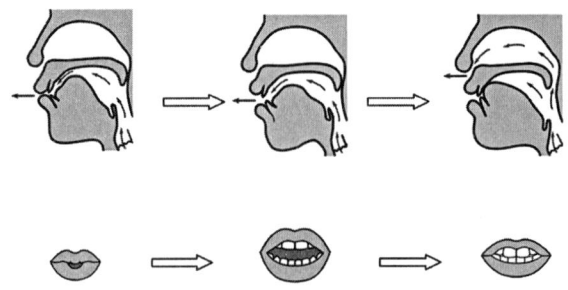

图 3-32　üan 发音示意图

[词语练习]

单音节：

泉　宣　园　鹃　劝　愿　眩　圈　拳　冤　旋　远　倦
犬　玄　怨　镌　绚　卷　悬　眷　癣　全　涓　选　蜷

双音节：

全员　涓涓　轩辕　全院　圆圈　源泉
远远　全卷　圈选　全选　全权　渊源

四音节：

涓涓细流　卷土重来　权衡利弊　喧宾夺主　源远流长
悬崖勒马　冤冤相报　缘木求鱼　犬牙交错　权宜之计
劝善戒恶　怨声载道　圆桌会议　绚烂多姿　倦鸟知还

[情景语句]

号称原创模式的《全能星战》绚丽登场。八位实力唱将变身选手挑战包括戏曲在内的六大曲风，制作人专业点评各为其主，500位现场大众评审全权决定8位明星的去留，悬念丛生，首秀可圈可点。

中国赴亚丁湾索马里海域护航编队全体官兵在南中国海举行"走向大洋"宣誓仪式，向祖国和人民立下铮铮誓言，决心报效祖国，圆满完成护航任务。宣誓仪式结束后，全体官兵依次在写有"'走向大洋'宣誓仪式"的横幅上签字。

[绕口令练习]

画圆圈

圆圈圆，圈圆圆，圆圆娟娟画圆圈。圆圆画的圈连圈，娟娟画的圈套圈。圆圆娟娟比圆圈，看看谁的圆圈圆。

轩轩和泉泉

轩轩是话务员，泉泉是检验员。话务员的轩轩想做检验员，检验员的泉泉想做话务员。

[诗词练习]

赠秀才入军(其十四)

〔三国〕嵇　康

息徒兰圃,秣马华山。
流磻平皋,垂纶长川。
目送归鸿,手挥五弦。
俯仰自得,游心太玄。
嘉彼钓叟,得鱼忘筌。
郢人逝矣,谁与尽言。

水调歌头

〔北宋〕苏　轼

明月几时有?把酒问青天。不知天上宫阙,今夕是何年?我欲乘风归去,又恐琼楼玉宇,高处不胜寒。起舞弄清影,何似在人间?

转朱阁,低绮户,照无眠。不应有恨,何事长向别时圆?人有悲欢离合,月有阴晴圆缺,此事古难全。但愿人长久,千里共婵娟。

uen[uən]

[发音要领]　此韵母相当于在 en 的前面加 u 的动程。起点元音是后高圆唇元音 u[u],滑降至央元音 e[ə]的位置,然后舌位升高,直到舌面前部与硬腭前部闭合形成-n 鼻音。唇形由圆变展。

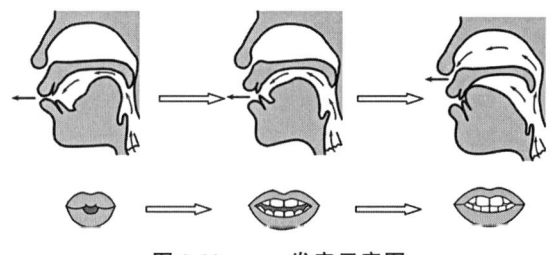

图 3-33　uen 发音示意图

[词语练习]
单音节:

困　敦　豚　轮　滚　坤　荤　盆　醇　瞬　问　吞　捆
瘟　稳　笋　尊　润　顺　纯　准　魂　臀　存　春　村

双音节:

昆仑　谆谆　馄饨　温存　春笋　论文　温顺　伦敦　温润
混沌　困顿　春困　文论　雯雯　滚滚　孙文　稳稳　滚轮

四音节：

春风化雨　唇枪舌剑　棍棒相加　魂飞魄散　论功行赏
顺手牵羊　吞吞吐吐　问心无愧　尊师重教　闻鸡起舞
昆山之玉　困心横虑　滚滚红尘　寸土必争　损人利己

[情景语句]

文化是一个国家、一个民族的灵魂。对于一个国家和民族而言，其领土可能会发生变化，其人口规模会增长或减少，其血统甚至会随着通婚而有所改变，但它会因长期以来形成的文化传统保持相对稳定而得以延续和发展。

[绕口令练习]

馄饨和论文

温温包馄饨，文文写论文，温温放下手中的馄饨帮温温写论文，文文放下手中的论文帮温温包馄饨。

磙和棍

磙下压个棍，棍上压个磙，磙压棍滚，棍滚磙滚。

[诗词练习]

游山西村

〔南宋〕陆　游

莫笑农家腊酒浑，丰年留客足鸡豚。
山重水复疑无路，柳暗花明又一村。
箫鼓追随春社近，衣冠简朴古风存。
从今若许闲乘月，拄杖无时夜叩门。

咏怀古迹（其三）

〔唐〕杜　甫

群山万壑赴荆门，生长明妃尚有村。
一去紫台连朔漠，独留青冢向黄昏。
画图省识春风面，环佩空归月夜魂。
千载琵琶作胡语，分明怨恨曲中论。

2.后鼻音韵母

ang[ɑŋ]

[发音要领]　起点元音是后低不圆唇元音 a[ɑ]（后 a），口大开，舌体后缩，舌尖离开下齿背，舌面后部抬起，贴近软腭时，软腭下降，舌面后部与软腭闭合，封闭口腔通路，

气流从鼻腔里透出。

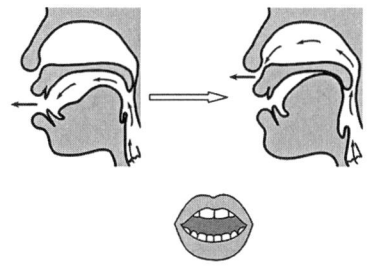

图 3-34　ang 发音示意图

[词语练习]

单音节：

棒　庞　莽　纺　荡　堂　囊　狼　刚　抗　杭　彰　肮
厂　上　葬　藏　桑　昂　赏　娼　港　汤　胖　蟒　挡

双音节：

帮忙　账房　浪荡　沧桑　盲肠　刚刚　苍茫　当场　厂房
烫伤　行当　商场　螳螂　上当　钢厂　方丈　长方　党纲
常常　港商　朗朗　肮脏　廊坊　上场　盲杖　放荡　长廊

四音节：

膀大腰圆　沧海桑田　长驱直入　荡气回肠　昂首阔步
放浪形骸　刚愎自用　狼烟四起　掌上明珠　庞然大物
葬身火海　桑落瓦解　赏心悦目　堂堂正正　盲目自大

[情景语句]

"如果没有蒜泥，扇贝该会多伤心，它就再也不想让你吃了。"作家张嘉佳在新浪微博的一句幽默卖萌式调侃，引爆了网友们的有趣接龙，麻婆豆腐、泡椒凤爪、蚂蚁上树等经典名吃纷纷"躺枪"，甚至方便面和螃蟹也不在话下。"如果没有蒜泥"体突然走红，彰显时尚吃货很有文化。

棒棒军是对重庆一个特定群体的称呼。他们肩上扛着一米长的竹棒，棒子上系着两根青色的尼龙绳，沿街游荡揽活，是重庆街头的临时搬运工，也成为当地独有的文化符号。

[绕口令练习]

胖老王嫌脏老张

老张说老王胖，老王说老张脏。胖老王嫌脏老张脏，脏老张笑胖老王胖。

砸　缸

小光和小刚，抬着水桶上山冈。上山冈，歇歇凉，拿起竹竿玩打仗。乒乒乓，乓乓乒，打来打去砸了缸。小光怪小刚,小刚怪小光,小光小刚都怪竹竿和水缸。

[诗词练习]

秋浦歌(其十五)
〔唐〕李　白

白发三千丈,缘愁似个长。
不知明镜里,何处得秋霜。

咏怀(其十九)
〔三国〕阮　籍

西方有佳人,皎若白日光。
被服纤罗衣,左右佩双璜。
修容耀姿美,顺风振微芳。
登高眺所思,举袂当朝阳。
寄颜云霄间,挥袖凌虚翔。
飘摇恍惚中,流眄顾我傍。
悦怿未交接,晤言用感伤。

eng[əŋ]

[发音要领]　起点元音是央元音 e[ə],然后舌面后部抬起,贴近软腭时,软腭下降,舌面后部与软腭闭合,封闭口腔通路,气流从鼻腔里透出。

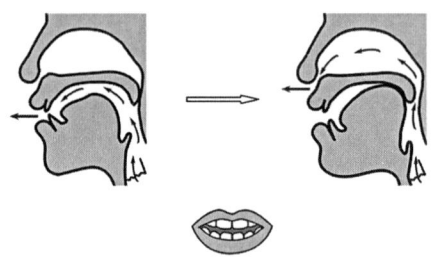

图 3-35　eng 发音示意图

[词语练习]
单音节:

甮　鹏　孟　枫　凳　藤　能　棱　绳　坑　衡　征　生
程　蒙　增　曾　僧　冷　哼　耿　剩　耕　愣　澎　等

双音节:

承蒙　整风　升腾　萌生　逞能　丰盛　登程　风筝　冷羹
更正　省城　乘风　征程　灯绳　生成　奉承　风能　砰砰
乘胜　冷风　生猛　风声　吭声　愣怔　冷锋　铮铮　风泵

四音节：

程门立雪	惩前毖后	等闲视之	风花雪月	鹏程万里
冷嘲热讽	梦寐以求	声泪俱下	争先恐后	铿锵有力
蹦蹦跶跶	腾云驾雾	能工巧匠	耿耿于怀	横行霸道

[情景语句]

沈从文把凤凰出城称为"边城"。这里也有百姓的篷船过往，但全然不会勾起一点江南的记忆，因为这里的山和水有更多自然和朴实的味道。你可以住在吊脚楼里，恒久地望着澄澈的江水发愣，或一夜聆听沱江的低诉，在水声中入梦，直到明天一早，少女浣衣的笑语把你从好梦中唤醒。

《不能承受的生命之轻》是米兰·昆德拉最负盛名的作品。本意是生命中有太多事，看似轻如鸿毛，却让人难以承受。米兰·昆德拉以一个哲人的睿智将人类的生存情景形而上地加以考虑、审查和描述，初步形成了"幽默"与"复调"的小说风格。《纽约时报》曾评论该作是20世纪最重要的经典之作。

[绕口令练习]

老郑小郑放风筝

老郑放风筝在省城，小郑进省城买风筝，老郑看到小郑买风筝进省城，小郑看到老郑在省城放风筝，二人省城一起放风筝。

台灯和屏风

郑政捧着盏台灯，彭澎扛着架屏风。彭澎让郑政扛屏风，郑政让彭澎捧台灯。

[诗词练习]

春夜喜雨

〔唐〕杜　甫

好雨知时节，当春乃发生。
随风潜入夜，润物细无声。
野径云俱黑，江船火独明。
晓看红湿处，花重锦官城。

从军行

〔唐〕杨　炯

烽火照西京，心中自不平。
牙璋辞凤阙，铁骑绕龙城。
雪暗凋旗画，风多杂鼓声。
宁为百夫长，胜作一书生。

ing[iŋ]

[发音要领] 起点元音是前高不圆唇元音 i[i],发 i 时舌面前部隆起,然后舌体后移,舌尖离开下齿背,舌面后部抬起,贴近软腭时,软腭下降,舌面后部与软腭闭合,封闭口腔通路,气流从鼻腔里透出。

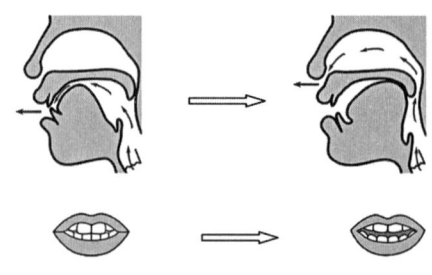

图 3-36 ing 发音示意图

[词语练习]

单音节：

冰 平 名 鼎 婷 凝 陵 景 清 星 赢 令 柄
颖 性 请 靖 零 柠 艇 丁 命 凭 拧 行 硬

双音节：

秉性 叮咛 精灵 蜻蜓 瓶颈 伶仃 命令 清醒 英明
酩酊 影星 情景 姓名 评定 倾听 警醒 平行 请命
灵性 明镜 兵营 定性 秉性 轻盈 刑警 领情 另行

四音节：

兵不血刃 顶天立地 惊心动魄 玲珑剔透 平步青云
明察秋毫 晴天霹雳 铤而走险 营私舞弊 星驰电掣
宁缺毋滥 警钟长鸣 星罗棋布 行云流水 英雄儿女

[情景语句]

"摘下我的翅膀,送给你飞行",在这个春天,孩子,请记住吧,多少人用生命做灯,把你们的眼睛照亮。灾难激发的人性的光辉、美德与担当,平添了我们战胜灾难的信心和勇气,让我们从疫情中,领悟到大爱的光芒,汲取到崛起的力量。

书如其人,从书法中往往可清晰窥见书写者的精神、气质、禀性。魏晋时期"书圣"王羲之,善于书法,兼善隶、草、楷、行各体,精研体势,心摹手追,广采众长,冶于一炉,摆脱汉魏笔风,自成一家,影响深远。所书的《兰亭集序》被称为"天下第一行书"。

[绕口令练习]

天上七颗星

天上七颗星,地上七块冰,树上七只莺,墙上七枚钉。吭唷吭唷拔脱七枚钉,喔嘘喔嘘赶走七只莺,乒乒乓乓踏坏七块冰,一片乌云遮掉七颗星。

京剧和警句

京剧叫京剧,警句叫警句。京剧是戏曲,警句是语句。京剧不能叫警句,警句不能叫京剧。

[诗词练习]

临洞庭湖赠张丞相
〔唐〕孟浩然

八月湖水平,涵虚混太清。
气蒸云梦泽,波撼岳阳城。
欲济无舟楫,端居耻圣明。
坐观垂钓者,徒有羡鱼情。

过零丁洋
〔南宋〕文天祥

辛苦遭逢起一经,干戈寥落四周星。
山河破碎风飘絮,身世浮沉雨打萍。
惶恐滩头说惶恐,零丁洋里叹零丁。
人生自古谁无死?留取丹心照汗青。

ong[uŋ]

[发音要领]　起点元音舌位比后高圆唇元音 u[u]略低,然后舌体后缩,舌尖离开下齿背,舌面后部隆起,贴近软腭时,软腭下降,舌面后部与软腭闭合,封闭口腔通路,气流从鼻腔里流出。唇形始终拢圆。

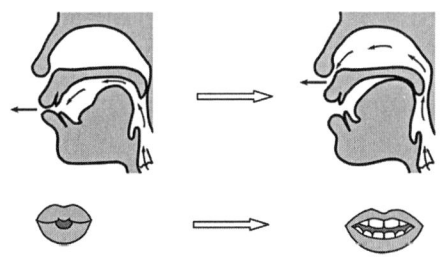

图 3-37　ong 发音示意图

[词语练习]
单音节:
董　桶　弄　隆　龚　恐　冗　终　崇　融　综　聪　通
怂　嵩　匆　懂　荣　冲　仲　丛　鸿　孔　恭　栋　农
双音节:
共同　脓肿　恐龙　瞳孔　空中　轰动　通融　空洞　红铜
隆冬　洪钟　隆重　笼统　龙宫　共荣　冲动　从容　工农

肿痛　充公　动容　童工　溶洞　动工　中共　洞中　红松

四音节：

宠辱不惊　从容不迫　动荡不安　功亏一篑　鸿篇巨制

耸人听闻　痛不欲生　中规中矩　通情达理　忠于职守

总结发言　弄巧成拙　龙腾虎跃　孔孟之道　众口一词

[情景语句]

中国国务院总理李克强受邀在泰国国会发表演讲。在演讲中,李克强提到创造了中国国产片最高票房纪录的《泰囧》。李克强说,不是为这部片子做广告,而是为中泰友谊做广告。随后,该片导演和主演徐峥发微博,写道:"感谢总理的关心,受宠若惊,激动万分,我们一定再接再厉,更希望能成为中国电影产业的一块垫脚石!"

《恐龙特急克塞号》是20世纪80年代在中国热播的一部真人动画片。该片涵盖了神奇的时空穿越、7000万年前的恐龙时代、面目狰狞的侵略者、骁勇善战的时代战士等惊险元素,受到小观众们的一致好评。

[绕口令练习]

栽葱和栽松

冲冲栽了十畦葱,松松栽了十棵松。冲冲说栽松不如栽葱,松松说栽葱不如栽松。是栽松不如栽葱,还是栽葱不如栽松。

公公和冬冬

楼上住个老公公,楼下住个小冬冬,小冬冬认字问公公,老公公走路扶冬冬,冬冬说楼上有个好公公,公公说楼下有个乖冬冬。

[诗词练习]

鸟鸣涧

〔唐〕王　维

人闲桂花落,夜静春山空。

月出惊山鸟,时鸣春涧中。

暮江吟

〔唐〕白居易

一道残阳铺水中,半江瑟瑟半江红。

可怜九月初三夜,露似真珠月似弓。

iang [iaŋ]

[发音要领]　此韵母相当于在 ang 的前面加 i 的动程。起点元音是前高不圆唇元

音i[i],舌位向后滑降到后低元音a[ɑ](后ɑ),然后舌位升高,形成后鼻音的过程同ang。

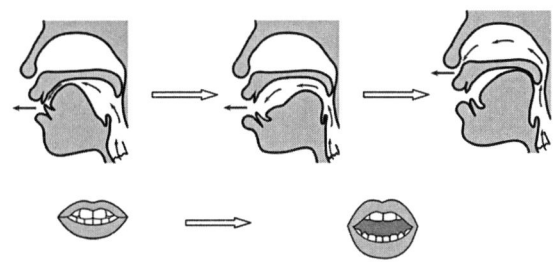

图 3-38　iang 发音示意图

[词语练习]
单音节：
酿　梁　靓　降　强　翔　湘　阳　样　想
将　晾　娘　姜　项　仰　乡　辆　僵　腔

双音节：
粮饷　洋姜　想象　香江　踉跄　向阳　响亮　痒痒　两江
相像　两样　洋相　亮相　奖项　襄阳　抢粮　强将　酱香

四音节：
江郎才尽　匠心独运　良莠不齐　量力而行　降妖除魔
枪林弹雨　强弩之末　响彻云霄　洋洋得意　想入非非
将门之后　详略得当　阳春白雪　相形见绌　将计就计

[情景语句]

<u>江南</u>的水<u>乡</u>,自然都以水为灵魂,而水上的桥<u>梁</u>,也常常因为人们爱水而<u>扬</u>名。周庄著名的双桥其实是一座桥。因为美丽的石桥倒映在河水中,<u>像</u>是两座桥,而被命名。

<u>杨强</u>说,<u>将</u>来一定要考个<u>响亮</u>的名牌大学,等他挣了钱,就不再让爸爸妈妈过这样的日子。从河南老家出来的老<u>乡</u>,早早就让孩子辍学跟大人一起收废品了。可爸爸一直坚<u>强</u>地养活一家老小,供他读书。

[绕口令练习]

梁家和蒋家

梁家养了一群羊,蒋家竖起一面墙。梁家的羊撞倒了蒋家的墙,蒋家的墙压伤了梁家的羊。梁家让蒋家赔羊,蒋家让梁家垛墙。

王铁匠和李铁匠脾气犟

王铁匠,李铁匠,王铁匠脾气犟,李铁匠比王铁匠脾气更犟。他俩树下把棋下,王铁匠将李铁匠,李铁匠将王铁匠,将来将去直呛呛,也说不清是王铁匠犟还是李铁匠犟,反正一个倒比一个犟。

[诗词练习]

少年行(其二)
〔唐〕王　维

出身仕汉羽林郎,初随骠骑战渔阳。
孰知不向边庭苦,纵死犹闻侠骨香。

闻官军收河南河北
〔唐〕杜　甫

剑外忽传收蓟北,初闻涕泪满衣裳。
却看妻子愁何在,漫卷诗书喜欲狂。
白日放歌须纵酒,青春作伴好还乡。
即从巴峡穿巫峡,便下襄阳向洛阳。

uang[uɑŋ]

[发音要领]　起点元音是后高圆唇元音 u[u],然后舌位滑降至后低元音 ɑ[ɑ](后ɑ)再升高,形成后鼻音的过程同 ang。唇形开始为圆唇,在向元音 ɑ 的滑动中渐变为展唇。

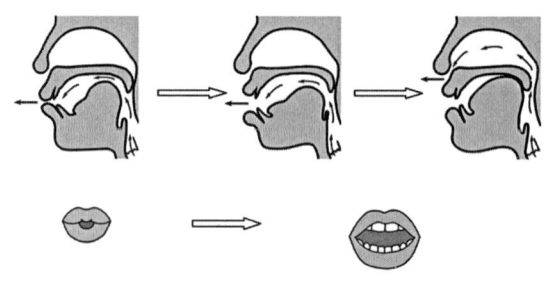

图 3-39　uang 发音示意图

[词语练习]
单音节:
光　晃　撞　闯　妄　望　爽　窗　妆　霜　黄　汪
况　广　王　匡　创　旺　狂　慌　逛　床　网　谎
双音节:
狂妄　双簧　汪汪　窗框　网状　装潢
状况　往往　闯王　矿床　黄庄　双亡
四音节:
疮痍满目　光怪陆离　荒诞不经　黄道吉日　旷世奇才
双料冠军　枉费心机　望洋兴叹　装腔作势　狂风暴雨
爽然若失　闯荡江湖　壮志未酬　亡羊补牢　广开言路

[情景语句]

近些年,论坛、微博、社区等网络平台上出现了无数民间美女,被广大网友称为"西施""女神",她们往往受到围观评论。成都电子科大的学生习晗婧与男友共同创业开了一家石头烤鱿鱼店。虽然做烧烤,但她有精致的妆容、爽朗的笑声。"鱿鱼西施"这个称号也带旺了附近的生意,成为活广告。

澳大利亚地广人稀,矿产资源却很丰富。矿产资源往往与当地的地质构造、地质环境有关。澳大利亚地质结构长期稳定,地层古老,数亿年来没有强烈的地质运动,利于矿物的长期积聚、富集。

[绕口令练习]

王庄和匡庄

王庄卖筐,匡庄卖网。王庄卖筐不卖网,匡庄卖网不卖筐。你要买筐别去匡庄去王庄,你要买网别去王庄去匡庄。

床和网

对河漂来一张网,这边漂去一张床,漂到河中相互撞。不知是床撞网,还是网套床。

[诗词练习]

静夜思

〔唐〕李　白

床前明月光,疑是地上霜。
举头望明月,低头思故乡。

闻乐天授江州司马

〔唐〕元　稹

残灯无焰影幢幢,此夕闻君谪九江。
垂死病中惊坐起,暗风吹雨入寒窗。

ueng[uəŋ]

[发音要领]　起点元音为后高圆唇元音 u[u],舌位滑降到央元音 e[ə]位置,然后舌位升高,接下来形成后鼻音的过程同 eng。唇形开始为圆唇,在向 e 滑动过程中渐变为展唇。

[词语练习]

单音节:

翁　蓊　瓮　嗡　瑀　蕹

双音节:

翁仲　瓮城　蓊郁　蕹菜　齆鼻儿

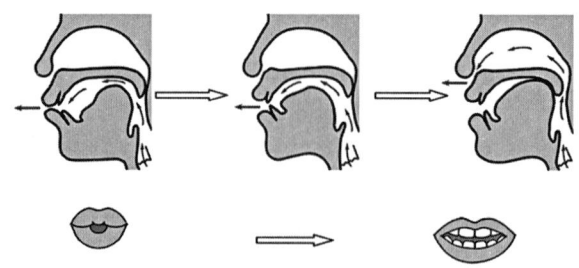

图 3-40　ueng 发音示意图

四音节：
嗡嗡作响　瓮声瓮气　瓮中捉鳖
［情景语句］
　　清代翁姓的名人有翁方纲、翁同龢、翁方纳、翁春等，其中翁同龢先后担任同治、光绪两代帝师，并因在电视剧中经常出现而更被熟知。
［绕口令练习］

渔翁和老翁

渔翁放鱼入水瓮，老翁放鱼出水瓮，渔翁老翁都放鱼，入出水瓮却不同。

老翁和小翁

老翁买瓮，小翁卖瓮。老翁不买小翁的瓮，小翁非得老翁买他的瓮。
［诗词练习］

示　儿

〔南宋〕陆　游

死去元知万事空，但悲不见九州同。
王师北定中原日，家祭无忘告乃翁。

书　怀

〔唐〕张　籍

自小信成疏懒性，人间事事总无功。
别从仙客求方法，时到僧家问苦空。
老大登朝如梦里，贫穷作活似村中。
未能即便休官去，惭愧南山采药翁。

iong[yŋ]

［发音要领］　起点元音由于受到圆唇元音的影响，实际发音中 i 带有圆唇色彩，与 ü[y]开头相似，然后舌位向后滑，在后滑过程中有一个接近于[u]的过渡音，因此音标也可

以写成[yuŋ],形成后鼻音的过程同 ong。

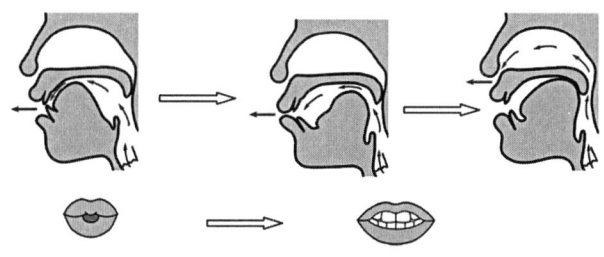

图 3-41　iong 发音示意图

[词语练习]

单音节：

囧　琼　雄　庸　胸　咏

双音节：

炯炯　汹涌　熊熊　汹汹　茕茕　穷凶

凶猛　雄姿　琼脂　窘境　勇士　永存

四音节：

炯炯有神　迥然不同　穷兵黩武　凶相毕露　胸有成竹

熊熊烈火　雄才大略　臃肿不堪　永生永世　穷形尽相

茕茕孑立　用舍行藏　雄心勃勃　穷奢极侈　庸人自扰

[情景语句]

大熊猫体型肥硕似熊,体态略显臃肿,头圆尾短,眼睛炯炯有神,惹人喜爱。一般雄性个体稍大于雌性。

"囧",本义为"光明"。从2008年开始在中文地区的网络社群间成为一种流行的表情符号,它被赋予"郁闷、悲伤、无奈"之意。"囧"被形容为"21世纪最风行的一个汉字"。随着《人在囧途》《泰囧》等一系列伴随无穷笑料的电影热映,网络热词也随之进入人们的生活。

[绕口令练习]

勇敢游泳

小永勇敢学游泳,勇敢游泳是英雄。

英雄救火

烈火凶猛,气势汹汹,英雄救火,勇猛英勇。

[诗词练习]

龟虽寿
〔东汉〕曹 操

神龟虽寿,犹有竟时。
腾蛇乘雾,终为土灰。
老骥伏枥,志在千里。
烈士暮年,壮心不已。
盈缩之期,不但在天。
养怡之福,可得永年。
幸甚至哉,歌以咏志。

瑞鹤仙
〔北宋〕周邦彦

悄郊原带郭,行路永,客去车尘漠漠。
斜阳映山落,敛余红、犹恋孤城阑角。
凌波步弱,过短亭、何用素约。
有流莺劝我,重解绣鞍,缓引春酌。
不记归时早暮,上马谁扶,醒眠朱阁。
惊飙动幕,扶残醉,绕红药。
叹西园,已是花深无地,东风何事又恶?
任流光过却,犹喜洞天自乐。

二、韵母难点音对比训练

(一) 宽韵母与窄韵母

1.ai—ei
[两词对比]
来电—雷电　安排—安培　埋头—眉头　摆布—北部
[词内对比]
白匪　败类　栽培　暧昧　太妃　牌类　海内　代培
悲哀　北海　内宅　胚胎　背带　黑白　佩戴　擂台

2.ao—ou
[两词对比]
考试—口试　号手—后手　套头—叩头　口号—口授

[词内对比]

高楼　扫帚　稿酬　操守　矛头　套购　招收　报仇
口罩　手铐　柔道　构造　头脑　偷盗　投靠　逗号

3. ia—ie

[两词对比]

出嫁—出借　红霞—红鞋　大牙—大爷　鸭子—叶子

[词内对比]

嫁接　夏夜　假借　押解　家业　下跌　虾蟹　下野
解压　叠加　腋下　铁甲　接洽　液压　结痂　铁架

4. ua—uo

[两词对比]

滑动—活动　画架—货架　进化—进货　夸大—扩大

[词内对比]

瓜果　花朵　跨国　划拨　滑过　华佗　话说　花果
火花　多寡　活话　火化　说话　国花　活化　国画

5. iao—iou

[两词对比]

铁桥—铁球　生效—生锈　药片—诱骗　求教—求救

[词内对比]

表舅　漂流　料酒　要求　娇羞　调酒　教友　票友
牛角　幼苗　校友　邮票　柳条　幼小　酒标　遛鸟

6. uai—uei

[两词对比]

外来—未来　怀想—回想　怪人—贵人　拐子—鬼子

[词内对比]

怪罪　快嘴　衰颓　外汇　怪味　快慰　外围　衰微
对外　追怀　鬼怪　毁坏　最坏　嘴快　诡怪　嘴乖

(二)前鼻音与后鼻音

1. an—ang

[两词对比]

反问—访问　弹词—搪瓷　烂漫—浪漫　寒天—航天

[词内对比]

半张　难防　反抗　肝脏　擅长　安康　担当　满场
长叹　账单　商贩　方案　港版　傍晚　当然　上班

2.en—eng

[两词对比]

陈旧—成就　人身—人生　粉刺—讽刺　木盆—木棚

[词内对比]

本能　神圣　门生　纷争　深层　真诚　奔腾　分封
成分　城镇　生辰　缝纫　称臣　登门　憎恨　生根

3.in—ing

[两词对比]

亲生—轻生　金文—经文　贫民—平民　银屏—荧屏

[词内对比]

心境　聘请　新颖　民警　金鹰　隐形　品评　民情
应聘　青筋　迎亲　平信　倾心　停薪　精进　省亲

4.ian—iang

[两词对比]

老年—老娘　兼职—僵直　大连—大梁　浅显—抢险

[词内对比]

艳阳　钱江　边疆　贤良　坚强　演讲　牵强　联想
相片　乡间　镶嵌　抢险　象限　强健　抢钱　量变

5.uan—uang

[两词对比]

专车—装车　新欢—心慌　晚年—往年　关节—光洁

[词内对比]

观光　宽广　换装　船王　管状　关窗　罐装　观望
匡算　网管　皇冠　慌乱　壮观　往还　潢川　闯关

6.uen—ueng(ong)

[两词对比]

存钱—从前　余温—渔翁　吞并—通病　轮子—聋子

[词内对比]

昆虫　纯种　遵从　滚筒　稳重　蠢动　轮空　尊崇
重温　仲春　公论　重婚　红润　通顺　中文　农村

7.ün—iong

[两词对比]

军前—胸前　群起—雄起　训词—用词　菌种　臃肿

[词内对比]

运用　群雄　云涌　军用　拥军

本章小结

1.韵母包括韵头、韵腹及韵尾三个部分,根据组合元音的数量和发音方法,分为单元音韵母、复合元音韵母及鼻韵母三大类。单元音韵母注意舌位的准确稳定,复合元音韵母注意舌的滑动路径,鼻韵母注意气流进入鼻腔,适度鼻化。

2.韵母的练习主要从把握唇形、舌位、舌的动程及口腔开合度等切入。根据发音要领反复比对唇形的圆展、舌位的高低前后、音素的过渡及口腔的开合,以达到发音时的准确集中、圆润动听。

3.注意对"四呼"的掌握。"四呼"是按照实际发音的唇形对韵母划分的类别,对发音有重要的指导作用。它不但有助于认识普通话和方言的差异,而且对调整语音发力的位置和解决部分嗓音问题都有重要意义。开口呼韵母发力于喉,齐齿呼韵母发力于齿,合口呼韵母发力在满口,撮口呼韵母发力于唇。在掌握发音的基础上注意唇形的美感,避免唇部开合过大、动作夸张。

思考题

1.什么是韵母,韵母包括哪三部分?
2.韵母发音有什么特点?
3.韵母可以分为哪几类,分别是什么?
4.很多人存在的前后鼻音不分的原因是什么?

第四章 声调和语流音变——意与美的定夺

■ **本章提示**

1. 声调的概念和分类
2. 四声的发音方法、要领和训练
3. 变调、轻声、儿化、轻重格式的规律和训练

第一节 声调

一、什么是声调

音节是听觉能感受到的最自然的语音单位,由一个或几个音素按一定规律组合而成。一般来说,汉语中一个汉字就是一个音节。

声调就是一个音节声音高低升降的变化,又叫字调。声调贯穿音节始终,主要作用在字腹上。声调是汉语音节结构中不可缺少的一部分,对于区别汉字意义有重要作用,比如"小诗"和"小事"、"回访"和"回放"声调不同,意义也不同。

声调虽然有音长和音强的变化,但主要由音高来决定。同时与音乐的音阶的绝对音高不同,声调的音高是相对的,升降变化是滑动的,而不同音阶之间是跳跃式移动。音高的升降即声调的变化主要通过声带的拉紧或放松来实现。发音时,声带越紧,音高越高;声带越松,音高越低。

二、声调的调类与调值

调类就是按照声调的实际读法归纳出来的声调的分类,调值相同的归为一个调类。普通话声调可以分为四个调类,分别是阴平、阳平、上声、去声。调值指的是声调高低、升降、曲直的变化,也就是声调的实际读法。调值通常用五度标记法标示,用一条竖线坐标

表示声音的高低,由下至上表示声音由低到高,分为五度,即低、半低、中、半高、高,分别用 1、2、3、4、5 来表示(如图 4-1)。

《汉语拼音方案》中将阴平、阳平、上声、去声的声调标示简化为ˉ ˊ ˇ ˋ 四个符号。普通话调类、调值、汉语拼音标记符号见表 4-1:

表 4-1　调类、调值、汉语拼音标记符号对应表

调类	调值	标记符号	例字
阴平	高平调,调值 55	┐	mā 妈
阳平	高升调,调值 35	╱	má 麻
上声	降升调,调值 214	∨	mǎ 马
去声	全降调,调值 51	╲	mà 骂

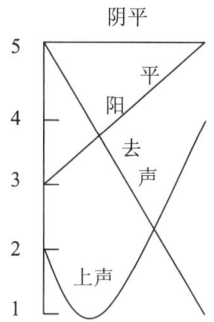

图 4-1　普通话声调五度标记图

三、声调发音要领

(一)阴平

1-3

阴平,高平调,调值为 55。发音保持高而平直,起止音高都是 5 度,没有明显的升降变化,实际的发音起音之后略升高一点,末尾稍有一点降的趋势。全调时值比上声、阳平略短,比去声稍长。

阴平发音准确非常**重**要,阴平发音不准会影响其他声调的调值。阴平发音应该注意不能出现调值低和调型不够平的问题。练习者应该加强对音高的听辨能力,体会阴平与其他声调在一起时的对比,尤其可以尝试练习一些阴平字居后的词汇,力求阴平的音高相对到位。有些方言区在阴平结尾会出现明显的滑落导致调值下降,如把 55 变成 53,这时候练习者需要注意发阴平时声带闭合的力度不能松懈,气息也要保持均衡持久。

八　擦　灯　敷　甘　黑　筋　坑　捞　咪　恩　春　妈
捏　鸥　篇　缺　孙　踢　微　星　伊　支　都　科　屋

(二)阳平

阳平,高升调,调值为 35。发音起音由中高音 3 度逐渐上升到高音 5 度。全调时值

比阴平、去声稍长,比上声略短。阳平发音应注意调型不能拐弯,更不能类似于上声的调型,调值升高过程中要直升,不能呈曲线上升。阳平调值要到位,发好阳平的关键在于起调较高,从 3 度到 5 度的上升区间内,声带闭合由松到紧,并且要强化对气息由弱到强的控制。

鼻 词 拿 鹅 佛 平 孩 颊 扛 离 麻 罚 活
毛 您 彭 球 然 隋 田 维 翔 宅 颓 萍 唯

(三) 上声

上声,降升调,调值为 214。上声是四声中唯一调型有明显弯曲变化的声调,先降后升,发音时半低起调,由 2 度下降到 1 度稍做停留,然后上升到半高音 4 度,到最后变成一种升高趋势。全调时值在四个声调中最长。上声发音最容易出现的问题,一是低音 1 度下不来,或者降下来声音哑涩,此时应注意调值扎实下降,低音发音应舒展,依托气息,以气托声。二是,先降后升的过程中硬拐弯,降下去之后忽然升高,调型图看似形成一个尖锐的角,此时应注意调值降到 1 度时稍做延长然后平滑上升,上声调值用 2114 来形容可能更合适。另外,上声声调还应该注意从 1 度升到 4 度的过程中音高升高,音量是逐渐减小的。

百 尺 胆 否 广 很 举 渴 磊 秒 马 武 柄
拟 打 浅 忍 耸 艇 我 写 友 左 肿 璀 卡

(四) 去声

去声,全降调,调值为 51。发音时由最高的 5 度迅速地降到最低的 1 度,干脆而不拖沓。全调时值在四声中最短。去声发音应注意起调要高,拉开调值区间,下降趋势明显,从 5 度降到 1 度时音高降幅要相对充分,不能发成 31,或者去声下不来,发成半去声 53,致使声调的抑扬顿挫不鲜明。练习者应注意气息的配合,声带不能过紧,应均衡对气息由强到弱的控制,否则很容易破音。

被 刺 瑞 旭 跪 害 静 扩 列 魅 豆 透 握
闹 瀑 俏 热 帅 痛 万 戏 漾 拽 骂 翠 酷

总结起来,普通话四个声调的发音,要将调值高低抑扬的变化和气息控制结合起来。应做到:

阴平:起音高平莫低昂,气势平均不紧张;
阳平:从中起音向上扬,用气弱起逐渐强;
上声:上声先降转上挑,降时气稳扬时强;
去声:高起直降向低唱,强起到弱气通畅。[①]

---

① 吴弘毅.普通话语音和播音发声[M].北京:北京广播学院出版社,2002:75.

四、声调训练

声调的练习中,单音节、双音节词语的练习是基础,一定要强化调值的准确度,同时也要练习声母、韵母的发音。采用循序渐进的方式,从单音节、双音节扩展到三音节、四音节的声调练习,进而进入句子单位练习,包括情景语句、绕口令、诗词等。最开始练习时,切忌语速太快,应着重于准确度以及声调的对比鲜明。声调融汇在词汇、句、段、篇章的表达中时,音高会有相应的变化,并不能始终保持原有的调值。练习时除了可以遵循一定的规律以外,还需要培养对普通话声调的敏锐度,同时音高的绝对高度和相对高度要保持稳定。

(一) 同声韵音节

在练习时,可以用手指在面前按照调型图(图4-1)进行空画,这对于声调的标准化有提示作用。另外四声声调由1度到5度的相对音高区间要适当拓宽,不能狭窄,否则会使普通话表达过于平淡,缺少美感。训练中还要多次录音,利用听辨发现问题,加以纠正。

bā 巴	bá 拔	bǎ 把	bà 爸	bāi 掰	bái 白	bǎi 百	bài 败
pū 扑	pú 葡	pǔ 普	pù 铺	pāi 拍	pái 排	pǎi 迫	pài 派
mō 摸	mó 魔	mǒ 抹	mò 墨	māo 猫	máo 毛	mǎo 卯	mào 茂
fān 帆	fán 繁	fǎn 反	fàn 范	fāng 芳	fáng 房	fǎng 仿	fàng 放
dā 搭	dá 达	dǎ 打	dà 大	dī 低	dí 敌	dǐ 抵	dì 地
tū 突	tú 图	tǔ 土	tù 吐	tōng 通	tóng 同	tǒng 统	tòng 痛
nāo 孬	náo 挠	nǎo 脑	nào 闹	niū 妞	niú 牛	niǔ 扭	niù 拗
lū 噜	lú 卢	lǔ 鲁	lù 路	liāo 撩	liáo 辽	liǎo 了	liào 料
gē 哥	gé 格	gě 葛	gè 个	guō 郭	guó 国	guǒ 果	guò 过
kē 科	ké 壳	kě 渴	kè 课	hān 憨	hán 韩	hǎn 罕	hàn 汉
jiā 家	jiá 颊	jiǎ 甲	jià 驾	jū 居	jú 菊	jǔ 举	jù 剧
qī 七	qí 奇	qǐ 起	qì 弃	qiāng 锵	qiáng 强	qiǎng 抢	qiàng 呛
xiāo 肖	xiáo 淆	xiǎo 小	xiào 校	xiān 仙	xián 闲	xiǎn 显	xiàn 现

zhē	zhé	zhě	zhè	zhī	zhí	zhǐ	zhì
遮	折	褶	这	知	直	纸	质

chān	chán	chǎn	chàn	chēng	chéng	chěng	chèng
掺	蝉	产	颤	称	乘	逞	秤

shēn	shén	shěn	shèn	shī	shí	shǐ	shì
深	神	沈	甚	失	十	驶	事

rāng	ráng	rǎng	ràng	zuō	zuó	zuǒ	zuò
嚷	瓤	壤	让	作	昨	左	做

cāi	cái	cǎi	cài	suī	suí	suǐ	suì
猜	才	采	菜	虽	随	髓	碎

(二)双音节词

1. 阴平+阴平

两个阴平相连,在处理发音时,前一个阴平读44调值,后一个读55调值。

播音　江山　咖啡　征婚　秋天　疏通　轻声　拼杀　东方
帮凶　嚣张　唏嘘　工分　温馨　摔跤　督军　谦虚　刊发
终身　欧洲　熄灯　风光　悲观　身躯　天兵　西安　书桌

2. 阴平+阳平

阴平与阳平相连,发音时容易出现阳平的起调过高,顺着第一个阴平音节持续提高调值,应注意阳平的起调调值低于阴平。

新闻　发言　中国　军团　签名　疤痕　碑文　消磨　斑白
湍急　丝绸　轻浮　哀嚎　均衡　飞扬　拼搏　温和　金鱼
升旗　阿姨　温习　科学　当前　经营　春节　积极　资源

3. 阴平+上声

阴平与上声相连,发音时注意调值的拉开,阴平调值最高,上声起调偏低,要形成一定的对比。

包裹　编纂　樟脑　歇脚　秃顶　收缴　慷慨　蝌蚪　吸取
公允　生产　抓紧　嘉许　亏损　清口　青酒　攀比　奔走
批准　逼走　班长　千禧　深水　歌舞　珠海　枢纽　污染

4. 阴平+去声

阴平与去声相连,发音时应注意虽然两个字的起音高度都是5,但第二字的起音高度经常高于第一个字。

西夏　安顿　悲痛　绷带　污蔑　吞噬　声部　杀戮　工地
说话　恢复　收受　抽劣　消瘦　医药　尊敬　天籁　风度
兜售　公共　需要　欢聚　天气　登记　开放　尖锐　音乐

5.阳平+阴平

阳平与阴平相连,发音时应注意第二个字的起音调值不要比第一个字的末尾调值低。

图书　原封　流星　联欢　晴天　随心　船舱　农村　神医
余生　阳光　财经　时光　泸州　国家　节约　平均　毛衣
屠刀　停播　石膏　革新　箩筐　芦笙　涟漪　服装　南方

6.阳平+阳平

阳平与阳平相连,发音时第一个阳平调值经常读成34,第二个阳平仍读35。

鼻梁　执勤　无垠　铜钱　神灵　儒学　葡萄　奴仆　学习
角逐　结膜　喉舌　阳台　沿袭　闲谈　调停　坟头　留学
渔船　原型　疑难　玲珑　平衡　迷茫　结合　成熟　严格

7.阳平+上声

阳平与上声相连,发音时应注意第二个字的起音调值低于第一个字的起音调值,第二个字上声声调不能变成半上211。

培土　农垦　模板　明了　麻疹　情景　傀儡　结尾　王者
灵巧　图解　圆角　迷惘　游泳　裁剪　谜底　提醒　湖水
酋长　繁琐　罗马　蓝领　长久　苹果　和蔼　芦苇　全体

8.阳平+去声

阳平与去声相连,发音时应注意第一个字的末尾音高是5度,第二个字的起音调值也是5度,但第二个字起音的5度往往高于第一个字的尾音高度。

植被　投奔　食物　蹂躏　脾脏　直率　牢狱　决赛　壶盖
明月　伶俐　屏障　环绕　华丽　浮躁　迟钝　林立　停顿
肠胃　求救　头痛　阁下　席位　格调　然后　悬念　来去

9.上声+阴平

上声与阴平相连,应遵循上声的变调规律(后面变调中会讲到),上声在非上声字的前面读成半上声211。

掌声　北京　广播　指标　统一　雨披　纺织　影星　表彰
取消　讲师　卡通　本身　早秋　史诗　冷清　武功　远方
小说　饼屋　简单　打针　女装　古筝　走音　启发　冷风

10.上声+阳平

上声与阳平相连,应注意变调,上声读成半上声211,同时注意阳平的调值是35,第二个字阳平的起音比上声的尾音调值高,并且要持续上升到5度,两个字之间的调值要有一定的对比度。

朗读　语言　敏捷　考察　起航　里程　软席　指南　马蹄
普及　美国　倒霉　恐龙　古城　引擎　远洋　底层　果实
缓和　涨潮　沈阳　友情　保持　旅游　请求　齿轮　舞台

11. 上声+上声

上声与上声相连，应遵循上声的变调规律，即前一个上声调值类似于阳平，接近24，后一个上声保持原调不变。

假使　表演　取舍　犬齿　鲁莽　苦果　烤火　解渴　理解
哪里　审美　打虎　导演　采访　可以　讲解　果品　恳请
脊髓　铁锁　主考　水獭　炒股　偶尔　砝码　选种　腐朽

12. 上声+去声

上声与去声相连，应注意上声变调，上声读成半上声211。

板栗　宝剑　小数　舞弊　统治　首创　顷刻　绮丽　阻力
喜讯　美丽　屡次　股票　短信　躲避　掩盖　考虑　领袖
请愿　可是　宇宙　演技　锦绣　审计　主要　理论　守候

13. 去声+阴平

去声与阴平相连，应注意第二个字阴平的起音调值要比第一个字去声的起音调值稍高。

象征　列车　认真　贵州　卫星　降低　下乡　健康　卫生
气温　触发　落差　救星　撞击　痛心　庆功　上升　信封
物资　印刷　信托　湛江　笑声　外交　护肤　被单　味精

14. 去声+阳平

去声与阳平相连，发音时第一个字去声经常处理成半降，后面的阳平调值接近于24。

电台　要闻　调查　会谈　暂时　特别　自然　配合　顺从
辨别　措辞　笑容　旱情　畅谈　事实　尽头　照明　撤职
戒除　够格　地球　奈何　大连　涕零　壮年　证实　蜡烛

15. 去声+上声

去声与上声相连，发音时应注意第二个字上声读原调214，不能处理成半上声211。

剧本　外语　历史　运转　耐久　赦免　信仰　戏曲　气场
喝彩　探险　庆典　哮喘　梦想　创始　向往　媲美　冻死
酷暑　落枕　败北　困扰　宪法　现场　摄影　占领　驾驶

16. 去声+去声

去声与去声相连，应注意轻重格式对发音影响较大。如果是中重格式，前一个去声读53，后一个去声读51；如果是重中格式，后一个去声的起音调值要比前一个去声的起音调值稍低。

爆破　被褥　闭幕　肇事　肖像　蜕变　受训　韧带　释放
破灭　硕士　特异　项链　逊色　住院　但是　抱病　抗日
报告　意见　大地　境界　待命　犯错　赞助　少尉　另类

(三) 三音节词

1. **阴+阴+阴**

三个阴平相连，一般最后一个阴平调值稍高，可以处理成44、44、55。

呼吸声　冲锋枪　穿军装　收音机　公安厅　抄经书
咖啡厅　播音间　拖拉机　吹风机　开飞机　军功章
灯光师　金沙洲　出租车　攀高枝　青春期　包青天

2. **阳+阳+阳**

三个阳平相连，一般最后一个阳平调值更完整，可以处理成34、34、35。

折叠床　爬长城　同盟国　园林局　情人节　足球迷
磁悬浮　流行裙　煤油炉　牛皮糖　难为情　学白描
河床前　执行权　词牌名　泥石流　同仁堂　蝴蝶结

3. **上+上+上**

三个上声相连，根据词语的结构不同，发音会出现不同的处理。

"双单格"结构，即前两个字关系紧密，基本可以独立成词，与第三个字结合形成新的词语或词组，可以处理成35、35、214。

洗澡水　展览馆　领导者　导演组　小米网　演讲稿
保守党　米酒厂　手写体　广场舞　蒙古语　总统府

"单双格"结构，即后两个字关系紧密，基本可以独立成词，与第一个字结合形成新的词语或词组，可以处理成211、34、214。

小拇指　党小组　海产品　总指导　李警长　纸老虎
讲法理　小旅馆　米老鼠　老两口　买保险　打草稿

4. **去+去+去**

三个去声相连，相对最后一个去声字调值较为完整，可以处理成53、53、51。

圣诞树　地道战　闭幕式　纪念币　电视报　设备处
助力器　介绍信　大力士　路透社　创造力　报志愿
障碍物　对立面　计划办　绿化带　目的地　塑料布

(四)四音节词

1. 阴+阳+上+去

花红柳绿　中流砥柱　抽肥补瘦　千锤百炼　三国演义
高原广阔　精神百倍　心明眼亮　光明磊落　坚决反对
飞檐走壁　七侠五义　开渠引灌　风调雨顺　优柔寡断
呼朋引类　思前想后　新闻简报　天然宝藏　兵强马壮
诸如此类　安全可靠　冰魂雪魄　妻离子散　阴阳上去

2. 去+上+阳+阴

顺理成章　覆水难收　寿比南山　刻骨铭心　袖手旁观
墨守成规　异曲同工　一马平川　兔死狐悲　洞隐烛微
四海为家　大好河山　驷马难追　厚古薄今　字里行间
痛改前非　破釜沉舟　万里长征　妙手回春　视死如归
调虎离山　告老还乡　信以为真　聚少离多　过眼云烟

(五)综合训练

[词语练习]

功败垂成　冷嘲热讽　天崩地裂　有眼无珠　借刀杀人
醉生梦死　继往开来　慷慨激昂　姹紫嫣红　金戈铁马
挥金如土　博古通今　高瞻远瞩　狂风暴雨　海市蜃楼
高谈阔论　生死攸关　南征北战　惩前毖后　铜墙铁壁
悲天悯人　变幻莫测　藏污纳垢　吹毛求疵　含情脉脉
大义凛然　耳鬓厮磨　狗仗人势　光宗耀祖　好为人师
虎背熊腰　精卫填海　狼奔豕突　毛遂自荐　开门见山
呕心沥血　如虎添翼　未雨绸缪　怨声载道　克己奉公

[情景语句]

我常想读书人是世间幸福人,因为他除了拥有现实的世界之外,还拥有另一个更为浩瀚也更为丰富的世界。现实的世界是人人都有的,而后一个世界却为读书人所独有。由此我想,那些失去或不能阅读的人是多么地不幸,他们的丧失是不可补偿的。世间有诸多的不平等,财富的不平等,权力的不平等,而阅读能力的拥有或丧失却体现为精神的不平等。(谢冕《读书人是幸福人》)

如今在海上,每晚和繁星相对,我把它们认得很熟了。我躺在舱面上,仰望天空。深蓝色的天空里悬着无数半明半昧的星。船在动,星也在动,它们是这样低,真是摇摇欲坠呢!渐渐地我的眼睛模糊了,我好像看见无数萤火虫在我的周围飞舞。海上的夜是柔和的,是静寂的,是梦幻的。我望着许多认识的星,我仿佛看见它们在对我眨眼,我仿佛听见它们在小声说话。这时我忘记了一切。在星的怀抱中我微笑着,我沉睡着。我觉得自己是一个小孩子,现在睡在母亲的怀里了。(巴金《繁星》)

我们知道,水是生物的重要组成部分,许多动物组织的含水量在百分之八十以上,而一些海洋生物的含水量高达百分之九十五。水是新陈代谢的重要媒介,没有它,体内的一系列生理和生物化学反应就无法进行,生命也就停止。因此,在短时期内动物缺水要比缺少食物更加危险。水对今天的生命是如此重要,它对脆弱的原始生命,更是举足轻重了。生命在海洋里诞生,就不会有缺水之忧。(童裳亮《海洋与生命》)

比之于埃及的金字塔、印度的山奇大塔、古罗马的斗兽场遗迹,中国的许多文化遗迹常常带有历史的层累性。别国的遗迹一般修建于一时,兴盛于一时,以后就以纯粹遗迹的方式保存着,让人瞻仰。中国的长城就不是如此,总是代代修建、代代拓伸。长城,作为一种空间蜿蜒,竟与时间的蜿蜒紧紧对应。中国历史太长、战乱太多、苦难太深,没有哪一种纯粹的遗迹能够长久保存,除非躲在地下,躲在坟里,躲在不为常人注意的秘处。阿房宫烧了,滕王阁坍了,黄鹤楼则是新近重修。成都的都江堰所以能长久保留,是因为它始终发挥着水利功能。因此,大凡至今轰转的历史胜迹,总有生生不息、吐纳百代的独特禀赋。(余秋雨《文化苦旅》)

爱怕沉默。太多的人以为爱到深处是无言。其实,爱是很难描述的一种情感,需要详尽的表达和传递。爱需要行动,但爱绝不仅仅是行动,或者说语言和温情的流露,也是行动不可或缺的一部分。我曾经和朋友们做过一个测验,让一个人心中充满一种独特的感觉,然后用表情和手势做出来,让其他不知底细的人猜测他的内心活动。出谜和解谜的人都欣然答应,自以为百无一失。结果,能正确解码的人少得可怜。当你自觉满脸爱意的时候,他人误读的结论千奇百怪,比如认为那是——矜持、发呆、忧郁……(毕淑敏《爱怕什么》)

[绕口令练习]

汤烫塔

老唐端蛋汤,踏凳登宝塔。只因凳太滑,汤洒汤烫塔。

珍珍绣枕

珍珍绣锦枕,绣枕用金针。双蝶枕上争,绣枕送婶婶。

松鼠爬松树

松树住松鼠,松鼠爬松树。鼠爬松树树住鼠,鼠住松树鼠爬树。

小石与小史争执

小石与小史,俩人来争执。
小石说"正直"应该读"政治",
小史说"整治"应该念"整枝"。
俩人争得面红耳赤,
谁也没读准"正直""整治""政治"和"整枝"。

姥姥、舅舅、妈妈、妞妞

姥姥喝酪,酪落,姥姥捞酪。
舅舅架鸠,鸠飞,舅舅揪鸠。
妈妈骑马,马慢,妈妈骂马。
妞妞轰牛,牛拧,妞妞拧牛。

娇娇吃饺饺

小娇娇吃饺饺,娇娇老吃小饺饺。
老姥姥问姥姥,姥姥老问老姥姥。
麻妈妈问妈妈,妈妈老问麻妈妈。

[诗词练习]

寒　食
〔唐〕韩　翃

春城无处不飞花,寒食东风御柳斜。
日暮汉宫传蜡烛,轻烟散入五侯家。

湖　上
〔南宋〕徐元杰

花开红树乱莺啼,草长平湖白鹭飞。
风日晴和人意好,夕阳箫鼓几船归。

登　高
〔唐〕杜　甫

风急天高猿啸哀,渚清沙白鸟飞回。
无边落木萧萧下,不尽长江滚滚来。
万里悲秋常作客,百年多病独登台。
艰难苦恨繁霜鬓,潦倒新停浊酒杯。

锦 瑟

〔唐〕李商隐

锦瑟无端五十弦,一弦一柱思华年。
庄生晓梦迷蝴蝶,望帝春心托杜鹃。
沧海月明珠有泪,蓝田日暖玉生烟。
此情可待成追忆?只是当时已惘然。

第二节 语流音变

在语流中,由于受到相邻音节的相邻音素的影响,一些音节中的声母、韵母和声调会发生语音的变化,称为语流音变。我们通常所说的变调、轻声、儿化等都属于语流音变。

一、变调

两个音节连读,其中一个音节的调值变得与原有调值不同,称为变调。最常见的就是上声变调和"一""不"的变调。

(一)上声变调

上声音节在单念或在词尾、句尾以及句中根据需要的停顿处,不发生调值变化,在阴平、阳平、上声和去声前都会发生变调。变调情况如下。

1.上声变调规律

(1)上声在非上声(阴平、阳平、去声、轻声音节)前面变成半上,调值由214变为半上声211。

上声+阴平	响声	简单	捕捉	倒戈	底薪	陡坡	广州	请缨
上声+阳平	取得	史实	等闲	属于	斐然	海豚	审题	水池
上声+去声	挑战	丑态	顶撞	耳廓	讽谏	哽咽	哄骗	取悦
上声+轻声	秀才	打听	筻筝	补丁	掸子	抖搂	眨巴	女婿

(2)两个上声相连,前一个上声调值由214变为接近35。

古典 粉笔 礼品 美好 解码 警醒 冷眼 彩纸
举止 懒散 整理 撵走 婉转 祈祷 警犬 稳妥

(3)三个上声相连,末尾的上声不变调,开头、中间的上声音节变调,分为两种情况:

第一种情况叫"双单格"结构,即"2+1"结构,词组中前两个音节关系密切,这时开头、中间的上声音节变调为35,最后一个音节维持原调214。

脚底板 处理品 管理组 洗脸水 导火索 彩纸厂 舞美表

第二种情况叫"单双格"结构,即"1+2"结构,词组中后两个音节关系密切,这时开头音节读作"半上",调值为211,中间的音节近似阳平,变调为35,最后一个音节维持原调214。

好小伙　很腐朽　老首长　吐口水　好想法　老保守　李总理

2.上声变调练习

[词语练习]

北京　祖国　感谢　领导　海洋　领袖　理想　首都
老师　语言　抚摸　勇敢　努力　采取　普通　洗礼
打扫　表达　岗哨　丑陋　小说　古文　打靶　底稿
斗拱　搞鬼　扁担　反恐　笔挺　赶忙　场景　反讽
改良　朗诵　展开　准确　法定　养活　母语　使唤
有影响　小岛屿　很简短　保养水　总导演　打靶场
老厂长　小尺码　总理府　考古所　小组长　假米酒

(二)"一""不"的变调

1."一"的变调规律

一是,在去声音节前调值为阳平35。

一旦　一概　一定　一半　一趟　一位　一律　一共

二是,在非去声(阴平、阳平、上声)前,调值变去声51。

在阴平前　一般　一身　一根　一筐　一边　一车　一锅　一端
在阳平前　一齐　一层　一时　一直　一排　一条　一环　一年
在上声前　一早　一口　一举　一起　一本　一两　一股　一把

三是,夹在重叠式的动词之间,"一"要轻读。

停一停　看一看　想一想　聚一聚　说一说　缝一缝

"一"在单念或在词尾、句尾以及在表示序数的意思时不变调,如"一连"。如果表示第一连,"一"不变调;如果表示"一整连""全连","一"则变调为去声。

2."不"的变调规律

一是,在去声前读阳平,调值变为35。

不必　不测　不变　不顾　不愧　不断　不论　不惑

二是,在非去声(阴平、阳平、上声)前,读原调。

不堪　不轻　不忙　不平　不浅　不敢

三是,夹在动词或形容词之间或者夹在动词和补语之间,"不"要轻读。

会不会　红不红　甜不甜　看不清　打不开　听不懂

3."一""不"变调练习

[词语练习]

一元　一脚　一包　一时　一并　一览　一捆　一头儿

一步　　一团　　一贯　　一圈　　一尺　　一双　　一锤　　一言
一毫　　一阵　　一度　　一堆　　一鞭　　一柄　　一成　　一点儿
一打　　一旦　　一锭　　一番　　一条　　一伙　　一颗　　一毛
一鼓作气　　一帆风顺　　一笔勾销　　一蹶不振　　一尘不染
一劳永逸　　一针见血　　一视同仁　　一意孤行　　一字一珠
一唱一和　　一板一眼　　一朝一夕　　一问一答　　一张一弛
一上一下　　一丝一毫　　一模一样　　一起一落　　一五一十
走一走　　试一试　　笑一笑　　读一读　　拍一拍　　亲一亲　　靠一靠
数一数　　修一修　　挪一挪　　拉一拉　　喊一喊　　弹一弹　　看一看
不安　　不才　　不公　　不禁　　不苟　　不图　　不惜　　不错
不休　　不拘　　不曾　　不恭　　不忍　　不光　　不屑　　不善
不轨　　不乏　　不便　　不消　　不营　　不然　　不妨　　不等
不但　　不朽　　不睦　　不已　　不幸　　不贪　　不只　　不仁
不打自招　　不学无术　　不约而同　　不知所措　　不露神色
不假思索　　不见经传　　不共戴天　　不谋而合　　不置可否
不管不顾　　不伦不类　　不卑不亢　　不折不扣　　不值一文
不见不散　　不即不离　　不清不楚　　不言不语　　不屑教诲
听不听　　写不完　　坐不住　　难不难　　查不查　　轻不了　　管不着
忙不忙　　巧不巧　　完不成　　吃不下　　知不知　　消不掉　　少不了

[情景语句]

　　过去几年的在东京的苦闷不眠的夜晚——相伴我的只有瓦檐下的雨声,纸窗外的月色,更多的是空虚——沉重的、黑魆魆的长夜;而每一个不眠的夜晚,我都听到戛达戛达的木屐声音,一阵一阵的从我楼前走过。这声音,踏在石子路上,清空而又坚实;它不像我从前听过的、引人憎恨的、北京东单操场上日本军官的军靴声,也不像北京饭店的大厅上日本官员、绅士的皮鞋声。这是日本劳动人民的、风里雨里寸步不离的、清空而又坚实的木屐的声音……(冰心《一只木屐》)

　　金钱本身是一种单一,而且几乎是一个"无"——特别是纸币。但当它已进入人与人的关系中时,却是一种最深刻的复杂、最巨大的"有"。一想到它可以充实你空虚的胃囊,给你带来一片遮风避雨的屋顶,予你赤裸裸的肉体以最华丽的包裹,你就不得不捏紧那些几乎等于一张废纸的纸片,为它们的数字而反应强烈。实际上,它的意义还不止这些。它能使一张诅咒的脸孔化为笑脸,一双敌气的眸子变为友善。不少人因它而向你鞠躬、握手,手掌心的热度暖烘烘的,有时热得几乎像一座快爆炸的火山。那些最舞台性的戏剧,其实并不出演在舞台上,而扮演在它的四周——舞台只不过是它的回声,甚至是一种极浅薄的浮光掠影。蔑视它的人并非没有,但天可怜见,大多数人鞠躬行礼欢迎之不暇,岂敢蔑视?(无名氏《说金钱》)

徒步是一个愉快,但骑自行车是一个更大的愉快,在康桥骑车是普遍的技术;妇人、稚子、老翁,一致享受这双轮舞的快乐。任你选一个方向,任你上一条通道,顺着这带草味的和风,放轮远去,保管你这半天的逍遥是你性灵的补剂。这道上有的是清荫与美草,随地都可以供你休憩。你如爱花,这里多的是锦绣似的草原。你如爱鸟,这里多的是巧啭的鸣禽。你如爱儿童,这乡间到处是可亲的稚子。你如爱人情,这里多的是不嫌远客的乡人,你到处可以"挂单"借宿,有酪浆与嫩薯供你饱餐,有夺目的果鲜恣你尝新。你如爱酒,这乡间每"望"都为你储有上好的新酿,黑啤如太浓,苹果酒、姜酒都是供你解渴润肺的。(徐志摩《我知道的康桥》)

[绕口令练习]

三个人一齐出大力

一二三,三二一,一二三四五六七,七六五四三二一。一个姑娘来摘李,一个小孩儿来摘栗,一个小伙儿来摘梨,三个人一齐出大力。收完李子、栗子、梨,一起拉到市上去赶集。

一心一意

干什么工作都要一心一意、表里如一、言行一致、埋头苦干,情绪不能一高一低、一好一坏、一落千丈、一蹶不振。

交公粮

王老汉手拿一根不长不短的鞭子,赶着一辆不新不旧的大马车,拉着满车只多不少的公粮,奔驰在一条不宽不窄的大道上。到了粮库门口,他不慌不忙地停下了那辆不新不旧的大马车,不声不响地放下了那根不长不短的马鞭子,不遗余力地扛起一包包的公粮,送进了国家的大粮仓。

冬冬打碎一个花瓶儿

冬冬打碎一个花瓶儿,爸爸见了不言不语,妈妈见了不慌不忙,冬冬心里一起一落,说:"花瓶打碎不是故意。"妈妈说:"不批评你。"爸爸说:"不过以后要注意。"妈妈说:"旧的不去新的不来。"冬冬心里的石头,才算落地。他说:"以后不再粗心大意。"

二、轻声

(一)什么是轻声

在说话时有些音节会失去原有的声调,变成一种又轻又短、比较模糊的调子,这种读音变化叫轻声。

(二)轻声的作用

1.区别词义

东西(dōngxī):方位名词,指东边和西边。
东西(dōngxi):名词,泛指各种具体的或抽象的事物。

2.区别词性

人家(rénjiā):名词,指住户或者家庭。
人家(rénjia):代词,指自己或者某人等。

(三)轻声音节的变读规律

(1)语气词"啊、吗、呢、吧、哪、呀、哇"等
是啊　做完了吗　干什么呢　去吧　快开门哪　真的呀　好哇
(2)助词"的、地、得、着、了、过"
他的　悄悄地　好得很　读着　来了　去过
(3)名词后缀"子、头、巴、们"等
孩子　帘子　舌头　木头　尾巴　下巴　孩子们　同学们
(4)重叠式动词、名词的后一个音节
看看　试试　瞧瞧　说说　猩猩　宝宝　婷婷　叔叔
(5)用在动词、形容词后面表示趋向的补语"来、去、下、起"等
进来　出去　下来　上去　躲开　站起来　走进来　跳下去
(6)用在名词、代词后面表示方位的语素或词
地上　底下　屋里　门外　窗户上　椅子下　抽屉里　这边
(7)常用双音节词的第二个音节
麻烦　商量　窗户　奴才　明白　萝卜　吆喝　包袱

(四)轻声音节的发音要领

轻声音节又轻又短,是针对轻声音节的音高和音长来说的。从音高上看,轻声音节失去原有的声调调值。从音长上看,轻声音节短于正常重读音节的长度。不过这并不是说轻声音节没有调型和调值,普通话轻声音节的调值主要有以下形式:
(1)在阴平后面读半低调(2度)。
桌子　胳膊　苍蝇　耽搁　提防　窟窿　高粱　嘟囔
(2)在阳平后面读中调(3度)。
脾气　糊涂　馒头　咳嗽　狐狸　拾掇　琢磨　累赘
(3)在去声后面读低调(1度)。
废物　嫁妆　疟疾　栅栏　帐篷　状元　吓唬　干事

(4) 在上声后是半高调(4度)。

嗓子　马虎　婶婶　委屈　使唤　喇叭　寡妇　脊梁

(五) 轻声音节练习

[词语练习]

爱人	姑姑	裁缝	白净	簸箕	畜生	庄稼	虫子
窝囊	厚道	生意	石榴	刺猬	曲子	柴火	扁担
念头	喇叭	梆子	时候	冤枉	少爷	晚上	暖和
秀才	欺负	衙门	漂亮	牌楼	娘家	眯缝	亲家
葡萄	梳子	骆驼	招牌	官司	蛤蟆	师傅	芍药
房子	豆腐	折腾	粮食	出落	蘑菇	和尚	困难
别扭	锄头	补丁	巴掌	苗条	窝棚	收成	岁数
门道	凑合	灯笼	嫁妆	篮子	道士	队伍	秧歌
膏药	核桃	罐头	风筝	狐狸	皇上	告诉	俗气
将就	篱笆	石头	扫帚	钥匙	钉子	芝麻	稀罕

[情景语句]

假日到河滩上转转，看见许多孩子在放风筝。一根根长长的引线，一头系在天上，一头系在地上，孩子同风筝都在天与地之间悠荡，连心也被悠荡得恍恍惚惚了，好像又回到了童年。——李恒瑞《风筝幻想曲》

我和母亲走在前面，我的妻子和儿子走在后面。小家伙突然叫起来："前面是妈妈和儿子，后面也是妈妈和儿子。"我们都笑了。——莫怀戚《散步》

每当一排排波浪涌起的时候，那映照在浪峰上的霞光，又红又亮，简直就像一片片霍霍燃烧着的火焰，闪烁着，消失了。而后面的一排，又闪烁着，滚动着，涌了过来。——峻青《海滨仲夏夜》

盼望着，盼望着，东风来了，春天的脚步近了。一切都像刚睡醒的样子，欣欣然张开了眼。山，朗润起来了；水，涨起来了；太阳的脸，红起来了。——朱自清《春》

[绕口令练习]

买饽饽

张伯伯，李伯伯，饽饽铺里买饽饽，张伯伯买了个饽饽大，李伯伯买了个大饽饽。拿回家里喂婆婆，婆婆又去比饽饽，也不知是张伯伯买的饽饽大还是李伯伯买的大饽饽。

南南有个篮篮

南南有个篮篮，篮篮装着盘盘，盘盘放着碗碗，碗碗盛着饭饭。南南翻了篮篮，篮篮扣了盘盘,盘盘打了碗碗,碗碗撒了饭饭。

做买卖

买卖人做买卖,买卖不公没买卖,没买卖没钱做买卖,买卖人做买卖得实在。

屋子里有箱子

屋子里有箱子,箱子里有匣子,匣子里有盒子,盒子里有镯子,镯子外面有盒子,盒子外面有匣子,匣子外面有箱子,箱子外面有屋子。

三、儿化

(一)什么是儿化

"儿化"指的是后缀"儿"与它前面的音节的韵母结合成一个音节,使这个韵母带上卷舌色彩的一种音变现象。这种卷舌化了的韵母称作"儿化韵"。韵母这时的[r]只表示加上了一个卷舌动作,不是一个独立的音节。另外,并不是所有带"儿"字的词语都要读成儿化,例如"女儿、婴儿、好男儿"等,就必须把"儿"读作一个完整音节。

(二)儿化的作用

1.区别词义、词性

(1)区别词义

头(脑袋)—头儿(头目)　信(信件)—信儿(消息)　白面(面粉)—白面儿(毒品)

(2)区别词性

画(动词)—画儿(名词)　盖(动词)—盖儿(名词)　尖(形容词)—尖儿(名词)

2.修辞

从修辞方面,表示细小或可爱的色彩。

小鸟儿　小孩儿　脸蛋儿　鲜花儿　细丝儿　脚丫儿　雨点儿　小葱儿

应该注意儿化词汇有些是必须要儿化的,有些是可儿化也可不儿化,如"冰棍儿""胡同儿""好玩儿"在约定俗成中只能处理成儿化,否则就不是普通话了;而"土豆儿""清早儿"就可以不儿化。儿化的使用与语体、语境密切相关,语言环境越庄重、正式,儿化使用得越少,在这种情况下,除了必须要儿化的词汇,可不儿化的尽量不儿化,以保证语言的严肃性。

(三)儿化的发音要领

儿化韵中韵母要带上卷舌色彩,其实就是一个音节主要元音带上卷舌色彩,它的发音规则如下。

一是，韵母或韵尾为 a、o、e、u，儿化时在韵母后直接带上卷舌音色彩。

a—ar	刀把儿	小马儿	腊八儿	打杂儿
ia—iar	脚丫儿	掉价儿	豆芽儿	一下儿
ua—uar	牙刷儿	脑瓜儿	麻花儿	笑话儿
o—or	泡沫儿	歪脖儿	耳膜儿	土坡儿
uo—uor	饭桌儿	做活儿	小说儿	邮戳儿
ao—aor	红包儿	花猫儿	绝招儿	灯泡儿
iao—iaor	跑调儿	豆角儿	开窍儿	火苗儿
e—er	模特儿	打嗝儿	唱歌儿	唠嗑儿
u—ur	泪珠儿	没谱儿	有数儿	媳妇儿
ou—our	老头儿	纽扣儿	小丑儿	衣兜儿
iou—iour	抓阄儿	顶牛儿	加油儿	石榴儿

二是，韵母为单元音 i、ü，儿化时韵母不变，加卷舌动作。

| i—ier | 玩意儿 | 针鼻儿 | 小鸡儿 | 封皮儿 |
| ü—üer | 小曲儿 | 痰盂儿 | 毛驴儿 | 有趣儿 |

三是，韵母或韵尾为 ê，或者韵母为舌尖元音 -i(前)、-i(后)，去掉 ê 和 -i，韵母变为央 e[ə]加卷舌动作。

ie—ier	树叶儿	小鞋儿	台阶儿	锅贴儿
üe—üer	主角儿	正月儿	空缺儿	旦角儿
-i(前)—er	瓜子儿	写字儿	没词儿	挑刺儿
-i(后)—er	锯齿儿	果汁儿	记事儿	汤匙儿

四是，韵尾为 i、n(in、ün 除外)，儿化时去掉韵尾，在主要元音上加卷舌动作。

ai—ar	小孩儿	名牌儿	小菜儿	刘海儿
uai—uar	一块儿			
ei—er	宝贝儿	刀背儿	眼泪儿	抹黑儿
uei—uer	一会儿	耳垂儿	墨水儿	香味儿
an—ar	包干儿	门槛儿	老伴儿	旗杆儿
ian—iar	一点儿	小辫儿	牙签儿	琴弦儿
uan—uar	茶馆儿	拐弯儿	大腕儿	火罐儿
üan—üar	手绢儿	烟卷儿	汤圆儿	杂院儿
en—er	一阵儿	嗓门儿	大婶儿	鞋跟儿
uen—uer	打盹儿	一捆儿	砂轮儿	嘴唇儿

五是，韵母为 in、ün，儿化时去掉韵尾 n，在主要元音 i、ü 后加卷舌动作。

| in—ier | 有劲儿 | 送信儿 | 背心儿 | 脚印儿 |
| ün—üer | 合群儿 | 一群儿 | | |

六是,韵尾为 ng 的韵母,去掉韵尾-ng,使主要元音鼻化再加卷舌动作。

ang—ãr	肩膀儿	香肠儿	帮忙儿	瓜瓢儿
iang—iãr	花样儿	鼻梁儿	官腔儿	透亮儿
uang—uãr	眼光儿	蛋黄儿	天窗儿	打晃儿
eng—ẽr	脖颈儿	板凳儿	钢镚儿	田埂儿
ueng—uẽr	小瓮儿			
ing—iẽr	小名儿	电影儿	门铃儿	图钉儿
ong—õr	果冻儿	酒盅儿	抽空儿	胡同儿
iong—iõr	小熊儿	叫穷儿	蚕蛹儿	

(四)儿化发音练习

[词语练习]

去哪儿	半截儿	木橛儿	人缘儿	离谱儿	找茬儿	瓶盖儿
保本儿	纳闷儿	肚脐儿	手印儿	收摊儿	赶趟儿	跑腿儿
哥们儿	火锅儿	硬壳儿	切丝儿	口哨儿	胖墩儿	嘴角儿
碎步儿	跳绳儿	小人儿	亏本儿	圆圈儿	茶缸儿	皱纹儿
大褂儿	拉链儿	大伙儿	石子儿	水泡儿	露馅儿	口味儿
同辈儿	糖块儿	小四儿	字帖儿	找事儿	绕远儿	浪花儿
心眼儿	用劲儿	打嗝儿	面条儿	竹凳儿	顶针儿	杏仁儿
墨汁儿	锅底儿	贝壳儿	落款儿	小球儿	借光儿	鸡爪儿

[情景语句]

凭窗站了一会儿,微微地觉得凉意侵人。转过身来,忽然眼花缭乱,屋子里的别的东西,都隐在光云里;一片幽辉,只浸着墙上画中的安琪儿。——这白衣的安琪儿,抱着花儿,扬着翅儿,向着我微微地笑。(冰心《笑》)

小山整把济南围了个圈儿,只有北边缺着点儿口。这一圈小山在冬天特别可爱,好像是把济南放在一个小摇篮里,它们安静不动地低声说:"你们放心吧,这儿准保暖和。"(老舍《济南的冬天》)

最妙的是下点儿小雪呀。看吧,山上的矮松越发的青黑,树尖儿上顶着一髻儿白花,好像日本看护妇。山尖儿全白了,给蓝天镶上一道银边。山坡上,有的地方雪厚点儿,有的地方草色还露着;这样,一道儿白,一道儿暗黄,给山们穿上一件带水纹儿的花衣;看着看着,这件花衣好像被风儿吹动,叫你希望看见一点儿更美的山的肌肤。(老舍《济南的冬天》)

落光了叶子的柳树上挂满了毛茸茸亮晶晶的银条儿;而那些冬夏常青的松树和柏树上,则挂满了蓬松松沉甸甸的雪球儿。一阵风吹来,树枝轻轻地摇晃,美丽的银条儿和

雪球儿簌簌地落下来，玉屑似的雪末儿随风飘扬，映着清晨的阳光，显出一道道五光十色的彩虹。(峻青《第一场雪》)

[绕口令练习]

红花黄花

红花儿，花儿红。黄花儿，花儿黄。红花儿黄花儿黄又红，黄花儿红花儿红又黄。

越唱越带劲儿

进了门儿，倒杯水儿，喝了两口儿运运气儿，顺手拿起小唱本儿，唱了一曲儿又一曲儿，练完嗓子练嘴皮儿。绕口令儿，练字音儿，还有单弦儿牌子曲儿，小快板儿大鼓词儿，越说越唱越带劲儿。

小饭碗儿

有个小孩儿叫小兰儿，挑着水桶上庙台儿，摔了个跟斗捡了个钱儿，又打醋，又买盐儿，还买了一个小饭碗儿。小饭碗儿真好玩儿，红花儿绿叶儿镶金边儿，中间还有个小红点儿。

奶奶想说没有劲儿

圆桌方桌没有腿儿，墨水儿瓶儿里没有水儿。花瓶儿里有花儿没有叶儿，练习本儿写字儿没有准儿。甘蔗好吃尽是节儿，西瓜挺大没有味儿。坛儿里的小米儿长了虫儿，鸡毛掸子成了棍儿。水缸沿儿上系围嘴儿，耗子打更猫打盹儿。新买的小褂儿没钉扣儿，奶奶想说没有劲儿。

四、语气词"啊"的音变

语气助词"啊"单独或者作为叹词放在句首，应该发 a，但如果出现在句末用作语气助词，常会受到前面音节末尾音素的影响而产生音变。"啊"的音变规律主要表现在以下几种情况。

(一)"啊"的音变规律

(1)前一个音节末尾是 a、o(ao、iao 除外)、e、i、ü、ê 时，"啊"读作 ya。

她真活跃啊！　快说话啊！　你喝啊！
千万注意啊！　原来是你啊！　周末大家聚一聚啊！
不对啊！　这么多啊！　都怪我啊！

(2)前一个音节末尾是 u(包括 ao、iao)，"啊"读作 ua。

到没到啊？　谁受得了啊！　身上这么多土啊！
要不要啊！　金丝猴啊！　口气可真不小啊！

多好啊！ 大家跳啊！ 这是一本历史书啊！

(3)前一个音节末尾是-i(前)，"啊"读作 za。

好词啊！ 你四十四啊！ 好可爱的孩子啊！

别撕啊！ 这是他第一次啊！ 这是你的工资啊！

她在写字啊！ 多妙的构思啊！ 多漂亮的叶子啊！

(4)前一个音节末尾是-i(后)、er，"啊"读作 ra。

快吃啊！ 怎么这么迟啊！ 这是危险的标志啊！

同志啊！ 这是事实啊！ 是不是啊！

你是老二啊！ 这么多石子儿啊！ 你种的花儿啊！

(5)前一个音节末尾是前鼻韵尾 n，"啊"读作 na。

天啊！ 怎么办啊？ 他赚了这么多钱啊！

千万当心啊！ 我好困啊！ 我怎么这么不安啊！

快开门啊！ 他是真冤啊！ 这么大一群啊！

(6)前一个音节末尾是后鼻韵尾 ng，"啊"读作 nga。

冲啊！ 真不行啊！ 你怎么不讲啊！

不成啊！ 他可真凶啊！ 原来他是你老公啊！

好漂亮啊！ 唱啊唱啊！ 没见过这么烈的北风啊！

(二)"啊"的音变练习

[语句练习]

你看啊！ 真自私啊！ 你的口气可真不小啊！

说得多好听啊！ 真不讲理啊！ 好详细的地图啊！

你真无知啊！ 这可是好事成双啊！ 真是不识好人心啊！

让我们尽情跳啊！ 你真是为所欲为啊！ 他打得好准啊！

多好的天啊！ 好孤独啊！ 你怎么这么不合群儿啊！

[情景语句]

这些孩子啊，真是可爱啊！你看啊，他们多高兴啊！他们写字啊，作诗啊，画画儿啊，还有各种运动啊，老师教得多好啊！下了课啊，他们唱啊、跳啊，多幸福啊！简直像一群小鸟儿啊！

他真的是一个足球迷啊，最喜欢看足球赛事啊、世界杯啊、欧冠啊、欧洲五大超级联赛啊，一个都不落。喜欢的明星才多呢，贝克汉姆啊、罗纳尔多啊、C罗啊、卡卡啊、梅西啊，不过他最喜欢的还是前意大利的足球明星罗·巴乔啊。

[绕口令练习]

今天菜市场的蔬菜水果真丰富啊！茄子啊、土豆啊、黄瓜啊、菜花啊、番茄啊、竹笋啊、豇豆啊、韭菜啊、苦瓜啊、蒜苗啊、生菜啊、莲藕啊、甘蓝啊、莴苣啊、冬瓜啊、萝卜啊、蘑菇啊、辣椒啊、香椿啊、荸荠啊，各式各样的蔬菜都有啊！

鸭啊、鹅啊、鱼啊,一块儿水里游啊!牛啊、羊啊、马啊、骡啊,一块儿进猪窝啊!狼啊、虎啊、豹啊、狗啊,一块儿上街跑啊!兔啊、猫啊、鸡啊、猴儿啊,一块儿上窗台啊!虫啊、蛇啊、龟啊,一起地上爬啊!风啊、雨啊、雪啊、鸟儿啊,漫天飞舞啊!人们跑啊、跳啊、喊啊、叫啊、哭啊、躲啊、挤啊,一起往地下室藏啊!

五、词的轻重格式

在普通话和各地方言中,双音节或多音节词的各个音节会有约定俗成的轻重强弱的差别,这就是词的轻重格式。短而弱的音节称为轻,长而强的音节称为重,介于二者之间的称为中。在普通话中,词的轻重格式有其一定的习惯和规则,正确处理词的轻重格式也是普通话规范标准的表现。在实际应用中,有时出于表达的需要或者受到语句的制约,词原有的轻重格式可能被打破,这也属于正常现象。例如,我们在语言表达中要区分"陕西"和"山西"两个词的不同,我们会采用"重中"格式。

(一) 词的轻重格式组成

1.双音节词

(1)中重

波浪	教师	轨道	草原	展翅	赛跑	大衣	民兵
货币	请示	开放	宝贵	自学	商店	妥协	年轻
本身	容颜	史诗	体育	契税	农耕	停泊	汉字
访问	阅读	工艺	投机	起码	消失	助理	盛会
闷热	浮雕	中华	当时	浮沉	麦浪	建材	麻痹
时间	童话	导航	参考	足够	被迫	佛教	地铁

(2)重中

传统	触觉	记者	视力	风气	春天	人口	标准
突然	含蓄	事业	要求	素淡	工人	节目	爱戴
动作	设备	况且	干部	错误	作家	堕落	浪漫
颤动	脉络	现象	变化	情感	素材	价值	干净

(3)重轻

盘算	阔气	苗头	为了	畜生	街坊	厚道	尖子
喉咙	闺女	思量	膏药	窟窿	扁担	机灵	意思
委屈	疏忽	婆婆	疟疾	休息	暖和	刺猬	衣裳
喜欢	媒人	栅栏	祖宗	豆腐	鞭子	帐篷	舒服

2.三音节词

(1)中中重

办公室　图书馆　播音员　无线电　白兰地　赞美诗
基督教　锦标赛　抗生素　体温计　电视剧　交际舞
天安门　体育场　常委会　科学院　座右铭　招待会
团总支　流水线　酸梅汤　方程式　寄生虫　甲骨文

(2)中重轻

腿肚子　两口子　套近乎　癞蛤蟆　腮帮子　明摆着
小姑娘　好意思　小家伙　胡萝卜　打交道　洋鬼子
凑热闹　软骨头　鬼主意　不由得　命根子　糖葫芦
没商量　老伙计　车轱辘　犯嘀咕　牛脾气　打埋伏

(3)中轻重

财神爷　冒失鬼　狐狸精　对不起　喇叭花　蘑菇云
势利眼　筒子楼　拨浪鼓　乡巴佬　保不齐　冷不防
裁缝铺　饺子馆　豆腐渣　差不多　糊涂虫　小不点
娘娘腔　下巴颏　泡泡糖　芝麻官　窟窿眼　首饰盒

3.四音节词

(1)中重中重

安居乐业　张灯结彩　四通八达　半斤八两　耳濡目染
国泰民安　轻歌曼舞　翻江倒海　心猿意马　开源节流
并驾齐驱　国色天香　南腔北调　经年累月　别树一帜
耳提面命　独断专行　旁征博引　老调重弹　风调雨顺

(2)重中中重

木已成舟　敬而远之　多此一举　相形之下　大海捞针
背水一战　安之若素　百无一失　面如土灰　寄人篱下
近在咫尺　赤子之心　一扫而空　过犹不及　付之东流
在所不辞　大显神通　招之即来　奋起直追　寿比南山

(3)中轻中重

老实巴交　力不从心　惨不忍睹　规规矩矩　似是而非
慌里慌张　迫不及待　嘻嘻哈哈　黑不溜秋　朝不保夕
稀里糊涂　义不容辞　大大方方　亮亮堂堂　说不过去
跳不起来　模模糊糊　战战兢兢　花里胡哨　酸不溜丢

(二) 词的轻重格式练习

[词语练习]

双音节：

照顾	稳步	感言	规律	要求	镜子	退兵	敦促
古典	如意	谋生	刺激	凄凉	思乡	得体	惰性
声响	田野	胡琴	策略	怒吼	肃清	肚量	倍数
浮雕	斗争	部位	耽搁	颜色	稀罕	迁就	听觉
慧眼	传统	抱负	自愿	秋天	标准	奔放	美好
暴力	风衣	变味	便捷	车库	洞穴	互换	部落
光驱	扩建	颂词	作品	业界	闲心	世道	美学
秋粮	温度	录入	玉兔	认为	收拾	性质	楼层
炊烟	贸易	扑克	普选	客气	古代	漏风	闷热
猛兽	识趣	启奏	事物	门廊	括弧	风气	恬静

三音节：

红领巾	钥匙扣	木乃伊	抗生素	喇嘛庙	集散地
铺盖卷	半边天	大理石	茉莉花	罢免权	连衣裙
离心力	手指头	受气包	落水狗	烧饼铺	偷东西
脑袋瓜	阶下囚	马后炮	贱骨头	行李箱	洋白菜
美人鱼	北极光	穷小子	总路线	热气球	核电站
汉白玉	高科技	净产值	碰碰车	八卦阵	跷跷板

四音节：

爱财如命	白衣苍狗	不可救药	草菅人命	称兄道弟
叽叽喳喳	临渊羡鱼	噼里啪啦	脱贫致富	饮鸩止渴
奇装异服	畅所欲言	付之一笑	称王称霸	焚膏继晷
七零八落	面黄肌瘦	目不暇接	劳民伤财	力不从心
漫不经心	奇文共赏	如出一辙	入情入理	同工同酬
黑咕隆咚	鬼使神差	痛定思痛	推本溯源	网开一面
唯利是图	无声无息	言不及义	雁过拔毛	引而不发
罪有应得	一字千金	乌七八糟	飞沙走石	土生土长

[情景语句]

坏日子，要飞快去"度"；好日子，要停下来细细品尝。"度日""消磨时光"的常用语令人想起那些"哲人"的习气。他们以为生命的利用不外乎在于将它打发、消磨，并且尽量回避它，无视它的存在，仿佛这是一件苦事、一件贱物似的。至于我，我却认为生命不是这个样的，我觉得它值得称颂，富有乐趣，即便我自己到了垂暮之年也还是如此。我们的生命来自自然的恩赐，它是优越无比的，如果我们觉得不堪生之重压或是白白虚度此

生,那也只能怪我们自己。([法]蒙田《热爱生命》)

惊蛰一过,春寒加剧。先是料料峭峭,继而雨季开始,时而淋淋漓漓,时而渐渐沥沥,天潮潮地湿湿,即连在梦里,也似乎有把伞撑着。而就凭一把伞,躲过一阵潇潇的冷雨,也躲不过整个雨季。连思想也都是潮润润的。每天回家,曲折穿过金门街到厦门街迷宫式的长巷短巷,雨里风里,走入霏霏令人更想入非非。想这样子的台北凄凄切切完全是黑白片的味道,想整个中国整部中国的历史无非是一张黑白片子,片头到片尾,一直是这样下着雨的。这种感觉,不知道是不是从安东尼奥尼那里来的。不过那一块土地是久违了,二十五年,四分之一的世纪,即使有雨,也隔着千山万山,千伞万伞。十五年,一切都断了,只有气候,只有气象报告还牵连在一起,大寒流从那块土地上弥天卷来,这种酷冷吾与古大陆分担。不能扑进她怀里,被她的裙边扫一扫也算是安慰孺慕之情吧。(余光中《听听那冷雨》)

本章小结

1.普通话声调训练应注意:阴平调值要高而平;阳平调值上扬过程中不能拐弯;上声调值落到底不要憋气,总体还是呈上扬态势;去声调值起点要够高,下落幅度要够大。

2.单音节字、双音节词语的练习,一定要强调调值的准确,这是基础;而在句、段、文章的表达时,则要注意强调调值的相对音高。调值的变化应服从于语句目的和重音,不应机械地把所有音节都处理在同一个5度之内。

3.普通话有四个调类,相对于许多方言这是极其简单的。声调极易受到方言的影响而产生变异,甚至连缀起来形成带有地方色彩的句调。比如粤语区的人受粤语声调影响,容易犯阴平与去声混淆的错误。这是因为在普通话中同为阴平的字,在粤语中有55和53两种调值,后者接近普通话的去声调值。因此,在训练中要有针对性地结合字、词、句进行区分。

4.轻声、变调、儿化和轻重格式等语流音变现象由于受到语境的影响,一定放在词语、句子、段落当中去分析和训练。一方面,它们都有着确定的变化规则;另一方面,这种变化大多是约定俗成的。因此,许多方言中不存在这些语流音变现象。对于这些地区的初学者,这部分内容有时比声母和韵母更难纠正。唯有多听、多模仿优秀的有声语言艺术作品,培养普通话的语感,才能更好地掌握。

思考题

1.什么是声调?声调的作用是什么?
2.发音中"阴平"和"上声"常常出现的调值不够是什么原因?
3."一""不"变调的规律是什么?
4.是所有出现"儿"的词都要儿化吗?儿化的作用是什么?
5.语气词"啊"的变音规律有哪些?
6.什么是词的轻重格式?双音节、三音节、四音节词的轻重格式有哪些?

第五章　普通话语音综合训练

■ **本章提示**

1. 本章是对语音学习的综合训练,训练内容包括小段子、绕口令、古诗词、短篇文章。
2. 本章既是语音练习,也是专业知识学习。训练材料中有著名主持人和著名电视节目介绍。

1-4

一、小段子

(一) 著名主持人

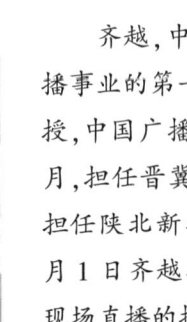

图5-1　齐越(左一)、丁一岚(右一)

齐越,中国著名播音艺术家,新中国广播事业的第一位男播音员,第一位播音学教授,中国广播事业奠基人之一。1946年10月,担任晋冀鲁豫人民日报社编辑,1947年担任陕北新华广播电台播音员,1949年10月1日齐越与丁一岚担任新中国开国大典现场直播的播音员。他以特有的庄重、深沉的声音感染了千百万听众。《谁是最可爱的人》《县委书记的好榜样——焦裕禄》《在彭总身边》《巍巍昆仑》等都是齐越老师的代表作品(如图5-1)。

夏青,本名耿绍光,曾任中央人民广播电台播音艺术委员会委员、播音业务指导、播音部副主任等职。夏青在中央人民广播电台曾经播出一系列国家社论和重要文章,成为20世纪我国电台播音的典范之作。20世纪50年代抗美援朝期间,他播出了大量新闻和战况报道,鼓舞了国内听众和朝鲜前线的志愿军将士。1954年,他在第一届全国人大一次会议上庄严宣读《中华人民共和国宪法》全文。60年代在国际共产主义运动的论战中,他主播"九评"等一系列重要文章。70年代,他播出周恩来同志追悼大会的悼词、毛泽东同志逝世时的《告全党、全军、全国各族人民书》。他在中央人民广播电台《阅读和欣赏》节目中讲解朗读的古典文学名篇和毛泽东诗词也是播音界的巅峰之作。他以独特的音色赋予作品情感,以深厚的文化修养和浓烈的情感打动听众。他那黄钟大吕般的声音曾被誉为"祖国的声音"(如图5-2)。

图5-2 夏青

徐曼,原名徐乃文,中国大陆首位广播节目主持人。1981年元旦,中国大陆第一个主持人形式的广播节目《空中之友》诞生。徐曼用平实的语调、甜美柔和的声音、富有亲和力的谈话方式与台湾同胞交流,仿佛是跟大家促膝谈心。徐曼的主持风格颇受台湾听众喜爱,成为海峡彼岸无数台湾听众的挚友(如图5-3)。

图5-3 徐曼

沈力,1958年北京电视台(中央电视台前身)组建,沈力成为第一位电视播音员,被称为"中国荧屏第一人"。1982年,中央电视台将《为您服务》栏目设为固定栏目,沈力担任固定主持人,成为中国电视史上第一位主持人。1993年,离休后的沈力再次被中央电视台请回担任《夕阳红》栏目主持人。在短短半年之内,《夕阳红》成为中央电视台白天收视率最高的栏目之一,被评为中央电视台十大优秀栏目,这再一次显示出主持人的品牌价值(如图5-4)。

图5-4 沈力

奥普拉·温弗瑞,美国著名脱口秀节目主持人。1986年开始主持以她的名字命名的脱口秀节目《奥普拉·温弗瑞秀》,她以幽默机智的主持风格俘获了美

图 5-5　奥普拉·温弗瑞

国观众的心。该节目每周在美国有 2100 万观众收看,连续 18 年位居美国日间电视谈话节目收视率之首,并在海外 107 个国家和地区播出,成为电视史上收视率最高的脱口秀节目。1998 年,奥普拉被《时代》杂志列为 20 世纪最具影响的 100 位人物。《名利场》杂志评价她:"在大众文化中,奥普拉·温弗瑞的影响力,可能除教皇以外,比任何大学教授、政治家或者宗教领袖都多。"与此同时,奥普拉还成功地经营着自己的媒介帝国,连续多年领跑《福布斯全球名人榜》(如图 5-5)。

拉里·金,美国著名脱口秀节目主持人。他主持的《拉里·金现场》是美国有线新闻网收视率最高的节目。自 1987 年开始,满头银发向后梳,面容有些枯瘦,一副黑框大眼镜,衬衫、领带加吊带裤,两臂挽起袖子,双肘支撑在桌上,就成为拉里·金在全世界观众记忆中的形象。拉里·金的主持风格是以平和的语气单刀直入地提出内容尖锐的问题,但在提问时,他不会显露出咄咄逼人的气势,反倒是比较注重受访者的感受,是一位温文尔雅,颇具人情味的主持人,因此,拉里·金的节目气氛整体上也是较为轻松的。(如图 5-6)。

图 5-6　拉里·金

迈克·华莱士,美国著名新闻主持人。华莱士主持美国哥伦比亚广播公司电视新闻栏目《60 分钟》长达近 40 年之久。他曾经采访过包括自肯尼迪总统到克林顿总统期间,除小布什外的所有历任美国总统,以及伊朗精神领袖霍梅尼、埃及前总统萨达特、巴勒斯坦解放组织主席阿拉法特、约旦前国王侯赛因、叙利亚前总统阿萨德、利比亚领导人卡扎菲等世界级政要,还有钢琴家弗拉基米尔·霍洛维茨、指挥大师伦纳德·伯恩斯坦、著名黑人民权活动家马丁·路德·金等无数各界名流。中国人熟知"华莱士"这一名字,更多的是因为他于 1986 年 9 月 2 日,在中南海专访了邓小平。2012 年 4 月 7 日,华莱士去世,享年 93 岁(如图 5-7)。

图 5-7　迈克·华莱士

宗毓华，美国最高身价华裔女主播。原籍苏州，生于美国首都华盛顿哥伦比亚特区。20世纪70年代起在电视界崭露头角，先后任美国广播公司、哥伦比亚广播公司、全国广播公司等美国三大电视网记者和新闻节目主持人。1993年，她被任命为哥伦比亚广播公司《CBS晚间新闻》的联合主播，成为坐上美国主流电视网晚间新闻主播位置的第一位亚裔美国人和第二位女性。宗毓华曾获选全美十大杰出妇女之一，获得"艾美奖""金锤奖"等多个电视奖项(如图5-8)。

图5-8　宗毓华

杰里米·帕克斯曼，英国著名的新闻节目主持人主持《晚点新闻》20多年。帕克斯曼以直言的批评和刁钻的提问而闻名，他所主持的《晚点新闻》是英国最有影响力的时事新闻节目之一。帕克斯曼同时还被称为作家或学者型主持人，因为他著有《所谓的英国人》《穿越火山——中美洲纪行》《政治动物》等多部著作(如图5-9)。

图5-9　杰里米·帕克斯曼

哈拉尔德·施密特，德国著名脱口秀节目主持人。主持以自己名字命名的《哈拉尔德·施密特脱口秀》，该节目是很多德国人入睡前的"必修课"。施密特的观察和模仿能力卓越，而且出口成章、不落俗套、才思敏捷，常常能从普通的人物或事件中发掘出潜在的笑料。他不仅成功树立了自己幽默搞笑的主持风格，还激活了整个德国喜剧电视秀行业，在德国国内拥有大量的粉丝(如图5-10)。

图5-10　哈拉尔德·施密特

(二)国外著名电视节目

《60分钟》是美国哥伦比亚广播公司制作播出的著名新闻杂志节目，节目由3个独立的新闻深度报道和1个新闻评论板块组成。深度报道各13分钟左右，评论板块4分钟左右，加上片头导视、片花和广告，共60分钟。1968年开播，1975年调整播出时间，固定在每周日晚间7:00至8:00播出。之后，节目收视率逐渐上升到36%，连续多年名列美国联播网黄金时段收视率的前10位。

《芝麻街》是1969年11月10日美国公共电视台始播的一档少儿节目。该节目的初衷是用电视来帮助儿童学习。迄今为止,它是获得艾美奖奖项最多的一个儿童节目,并先后在全球150多个国家和地区推出,受到全球数千万儿童及家长的喜爱与肯定。节目综合运用了木偶、动画和真人表演等各种表现手法,向儿童教授阅读、算术、颜色等基本知识以及生活常识等。

《学徒》是美国全国广播公司出品的一档职场真人秀节目。2004年1月8日第一季一经播出就吸引了全美国人的眼球,连续四个月位居收视冠军。该节目的主持人是纽约地产大亨唐纳德·特朗普,这也成为节目的一大亮点,他在节目中还扮演着商业导师、人生导师和比赛裁判等多个角色。他会在节目发表感言,传授经商之道,总结人生经验。他也要决定谁必须出局,那句经典的"you are fired",成为美国的流行语。

《老大哥》是1999年由荷兰恩德莫公司推出的一档具有全球影响力的真人秀节目。每期节目安排十多名男女住进一座大别墅,进行为期3个月的封闭生活,所有人的对外联系全部被切断,只能通过客厅中间的电视机接受节目组规定的种种安排。选手们24小时面对的是共同生活的竞争对手。每周淘汰一名选手,最后的留下者将获得巨额奖金。节目激烈竞争的过程实则是对人性的暴露。该节目先后出现了十多个不同语言的版本,风靡全世界。

《剪刀石头布》是英国一档简单愉快的游戏节目。"剪刀石头布"是大多数人在儿时玩过的游戏,游戏规则和玩法很简单,主要考验参赛者的判断力、反应速度和对对手心态的微妙揣摩。该节目在英国的酒吧里进行,面对独特的狂欢气氛,选手们紧张而兴奋,节目富有刺激感的喜剧色彩,深受男性观众的喜爱。经过比赛的重重选拔,最终有一小部分选手可以去美国拉斯维加斯参加国际比赛,优胜者将获得5万美元的奖金。

二、绕口令

(一)声母

[b、p]

八百标兵

八百标兵奔北坡,炮兵并排北边跑,
炮兵怕把标兵碰,标兵怕碰炮兵炮。

葡萄皮儿

吃葡萄不吐葡萄皮儿,不吃葡萄倒吐葡萄皮儿。
不论吃葡萄不吃葡萄,都不要乱吐葡萄皮儿。

笨胖胖和胖笨笨

笨胖胖伴胖笨笨,
蹦蹦跳来跳蹦蹦,
捧着盆盆到河滨。
笨胖胖捞蚌子,
胖笨笨捉螃蟹。
笨胖胖帮胖笨笨捉螃蟹,
胖笨笨帮笨胖胖捞蚌子。
不知笨胖胖的蚌子棒,
还是胖笨笨的螃蟹棒。

[b、p、f]

一座棚

一座棚傍峭壁旁,
峰边喷泻瀑布长,
不怕暴雨瓢泼冰雹落,
不怕寒风扑面雪飘扬,
并排分班翻山攀坡把宝找,
聚宝盆里松柏飘香百宝藏,
背宝奔跑报矿炮劈山,
篇篇捷报飞伴金凤凰。

[b、p、m]

白庙和白猫

白庙外蹲一只白猫,白庙里有一顶白帽。
白庙外的白猫看见了白帽,叼着白庙里的白帽跑出了白庙。

[b、g]

换斑竹

斑竹林里头有干斑竹,包谷林里头有干包谷。
潘家三虎走进包谷林,掰了一担干包谷,
回家路过斑竹林,换了三根干斑竹。

[b、p、g]

破布补破鼓

屋里一个破皮鼓,扯点破布来补补。
也不知破布补破鼓,还是破鼓补破布?
只见鼓补布,布补鼓;布补鼓,鼓补布。
补来补去,鼓不成鼓,布不成布。

[d、t]

打特盗

调到敌岛打特盗,特盗太刁投短刀,
挡推顶打短刀掉,踏盗得刀盗打倒。

短 刀

断头台倒吊短刀,歹徒登台盗短刀。
断头台塌盗跌倒,对对短刀叮当掉。

谭老汉买蛋和炭

谭家谭老汉,挑担到蛋摊,买了半担蛋。
挑担到炭摊,买了半担炭,满担是蛋炭。
老汉忙回赶,回家炒蛋饭,进门跨门槛,脚下绊一绊。
跌了谭老汉,破了半担蛋,翻了半担炭,脏了木门槛。
老汉看一看,急得满头汗,连话怎么办,蛋炭完了蛋,老汉怎吃蛋炒饭。

[n、l]

老龙和老农

老龙恼怒闹老农,老农恼怒闹老龙。
农怒龙恼农更怒,龙恼农怒龙怕农。

牛郎恋刘娘

牛郎年年恋刘娘,刘娘连连念牛郎。
牛郎恋刘娘,刘娘念牛郎,郎恋娘来娘念郎。

女小吕

这天天下雨,
体育运动委员会穿绿雨衣的女小吕,

去找计划生育委员会不穿绿雨衣的女老李。
体育运动委员会穿绿雨衣的女小吕,
没找着计划生育委员会不穿绿雨衣的女老李,
计划生育委员会不穿绿雨衣的女老李,
也没见着体育运动委员会穿绿雨衣的女小吕。

[n、l,ou、iou]

老六放牛

柳林镇有个六号楼,
刘老六住在六号楼。
有一天,来了牛老六,牵了六只猴;
来了侯老六,拉了六头牛;
来了仇老六,提了六篓油;
来了尤老六,背了六匹绸。
牛老六、侯老六、仇老六、尤老六,
住上刘老六的六号楼,
半夜里,牛抵猴,猴斗牛,
撞倒了仇老六的油,
油坏了尤老六的绸。
牛老六帮仇老六收起油,
侯老六帮尤老六洗掉绸上油,
拴好牛,看好猴,一同上楼去喝酒。

[h、f]

画凤凰

粉红墙上画凤凰,凤凰画在粉红墙。
红凤凰,粉凤凰,粉红凤凰,花凤凰。

买混纺

丰丰和芳芳,
上街买混纺。
红混纺,粉混纺,
黄混纺,灰混纺,
红花混纺做裙子,
粉花混纺做衣裳。
红、粉、灰、黄花样多,
五颜六色好混纺。

化肥会挥发

黑化肥发灰,
灰化肥发黑。
黑化肥发灰会挥发,
灰化肥挥发会发黑。
黑化肥发灰挥发会花飞,
灰化肥挥发发黑会飞花。

[g、k、h]

王婆夸瓜又夸花

王婆卖瓜又卖花,
一边卖来一边夸,
又夸花,又夸瓜,
夸瓜大,大夸花,
瓜大,花好,笑哈哈。

管得宽和宽不管

一楼住着管得宽,
二楼住着宽不管。
宽不管乱倒垃圾一大片,
还说弄脏楼道他不管。
管得宽要管宽不管,
宽不管不让管得宽管,
管得宽说我非要管管宽不管。

[j、q、x]

戚小七向齐小喜学戏

齐小喜与戚小七是亲戚,
戚小七是戏迷向齐小喜学戏。
齐小喜要戚小七虚心学戏细学习,
戚小七立雄心表决心学戏有信心。

芹芹和奇奇

西边七巷的芹芹爱学习,
七层西边的奇奇爱集体。
七层西边的奇奇要西边七巷的芹芹不光爱学习还要积极爱集体,
西边七巷的芹芹要七层西边的奇奇除了爱集体还要爱学习。

新针纫新线

新针纫新线,新线纫新针。
针纫线,线纫针,新针新线心情新。

[z、c、s]

早起做早操

早晨早早起,早起做早操。
人人做早操,做操身体好。

小资和小慈

小资和小慈,自私自利自顾自。
小慈摔破小资的陶瓷,小资撕破小慈的演讲词,自私自利彼此都相似。

[c、s]

四和死

四是四,死是死。
四次是四次不是死次,四人不是死人。
假使说错了,一定会误事。

二人山前来比腿

山前有个崔粗腿,
山后有个崔腿粗,
二人山前来比腿。
不知是崔粗腿比崔腿粗的腿粗,
还是崔腿粗比崔粗腿的腿粗?

[z、s]

思思学写紫字

思思照着紫字学写紫字,

思思总是写不好紫字肆意撕纸。
次日紫紫教思思学写紫字,
思思终于学会了写紫字。

[z、zh]

招 租

早招租,找人住,早人住,早收租。
晚招租,晚找人,晚人住,晚收租。

[c、ch]

迟小池吃鱼翅

紫瓷盘,盛鱼翅,
一盘熟鱼翅,一盘生鱼翅。
迟小池拿了一把瓷汤匙,
要吃清蒸美鱼翅。
一口鱼翅刚到嘴,
鱼刺刺进齿缝里,
疼得小池拍腿挠牙齿。

粗出气与出气粗

粗出气种谷,出气粗喂猪。
粗出气种的谷,谷穗长得长又粗。
出气粗喂的猪,身子长得胖乎乎。
出气粗的胖乎乎的大肥猪,
偷吃了粗出气又长又粗的品种谷。
粗出气用锄打出气粗胖乎乎的大肥猪,
出气粗家胖乎乎的大肥猪,
再也不吃粗出气家又长又粗的品种谷。

[s、sh]

三娘找山羊

三娘在山上放三只山羊,
三只山羊翻过山梁,
三娘翻过山梁去找三只山羊。
三只山羊躲在杉树旁,
三娘找到三只山羊。

司小四和史小世

司小四和史小世,
四月十四日十四时四十上集市,
司小四买了四十四斤四两西红柿,
史小世买了十四斤四两细蚕丝。
司小四要拿四十四斤四两西红柿换史小世十四斤四两细蚕丝,
史小世十四斤四两细蚕丝不换司小四四十四斤四两西红柿。
司小四说我四十四斤四两西红柿可以增加营养防近视,
史小世说我十四斤四两细蚕丝可以织绸织缎又抽丝。

[zh、sh]

学时事

史老师,讲时事,常学时事长知识。
时事学习看报纸,报纸登的是时事,心里装着天下事。

[zh、ch、sh]

小迟值日

老师指示小迟值日,
小迟要小史随时注意写字的姿势,
坐直离纸一尺预防近视。
小史只是坚持一时,
老师制止小史支持小迟实施指示,
直到小史正确执笔身体坐直。
老师夸小迟没有失职。

[z、s、zh、sh]

字纸

刚往窗上糊字纸,
你就隔着窗户撕字纸,
一次撕下横字纸,
一次撕下竖字纸,
横竖两次撕了四十四张湿字纸。
是字纸你就撕字纸,
不是字纸你就不要胡乱撕一地纸。

[z、c、s、zh、ch、sh]

杂志社

杂志社,出杂志,
杂志出在杂志社,
有政治常识、历史常识、写作指导、诗词注释,
还有那植树造林、治理沼泽、栽种花草、饲养生产,
种种杂志数十册。

[j、q、x、z、s、zh、sh]

紫丝线织紫狮子

试将四十七支极细极细的紫丝线,
试织四十七只极细极细的紫狮子。
让细紫丝线试织细紫狮子,
细紫丝线却织成了死紫狮子。
紫狮子织不成,
扯断了细紫丝线。

[r、i]

人和银

人是人,银是银,
人银要分清。
银不是人,人不是银,
发不清人银弄不清语音。

买肉和买油

尤大嫂去买肉,
冉大妈去买油,
尤大嫂买肉不买油,
冉大妈买油不买肉。
俩人集上碰了头,
尤大嫂请冉大妈到家吃炖肉,
冉大妈请尤大嫂去她家喝蜂蜜白糖加香油。

(二) 韵母

[ɑ]

爸爸骑马妈妈打靶

爸爸场坝骑马,
妈妈靶场打靶。
爸爸骑马,妈妈打靶。
爸爸骑马冲杀,
妈妈打靶练枪法。
爸爸骑马马蹄下飞彩霞,
妈妈打靶靶环上开红花。
爸爸妈妈英姿焕发,
叔叔阿姨齐把爸爸妈妈夸。

[ɑ、ao、iao]

大嫂子和大小子

一个大嫂子,一个大小子。
大嫂子跟大小子比包饺子,
看是大嫂子包的饺子好,
还是大小子包的饺子好,
再看大嫂子包的饺子少,
还是大小子包的饺子少。
大嫂子包的饺子又大又好又不少,
大小子包的饺子又小又少又不好。

[e、ou]

口渴喝可口可乐

口渴是口渴不是可口,
可口是可口不是口渴。
口渴喝可口可乐本想要解渴,
但口渴喝可口可乐口可能更渴。
口不渴喝可口可乐可以找乐,
为找乐不为口渴喝可口可乐,
可口可乐可能真的十分可口。

[o、uo]

窝和锅

树上一个窝,树下一口锅。
窝掉下来打着锅,窝和锅都破。
锅要窝赔锅,窝要锅赔窝。
闹了半天,不知该锅赔窝,还是窝赔锅?

菠萝与陀螺

坡上长菠萝,坡下玩陀螺。
坡上掉菠萝,菠萝砸陀螺。
砸破陀螺补陀螺,顶破菠萝剥菠萝。

[e、u、ou]

哥哥和姑姑

哥哥挂钩,
钩挂哥哥刚穿的白小褂儿。
姑姑隔扇去钩鼓,
鼓高姑姑难钩鼓,
哥哥帮姑去钩鼓,
姑姑帮哥哥把小褂儿补。

[i、ü]

雨渠鱼

春雨密密,田野迷迷,
山上飞下一条渠,渠中条条金鲤鱼。
春雨密入渠,惊动金鲤鱼。
雨惊鱼,鱼戏渠,渠鱼雨,雨鱼渠。

王七骑驴买席

清早起来雨渐渐,王七上街去买席。
骑着毛驴跑得急,捎带买蛋又贩梨。
一跑跑到小桥西,毛驴一下失了蹄。
打了蛋,撒了梨,失了蹄,跑了驴,
急得王七眼泪滴,又哭鸡蛋又骂驴。

[ai、ian、iang]

白绵羊和绵白羊

前村有只白脖白鼻白绵羊,后村有只脖白鼻白绵白羊。
前村说前村的白脖白鼻白绵羊比后村的脖白鼻白绵白羊白,
后村说后村的脖白鼻白绵白羊比前村的白脖白鼻白绵羊白。
不知到底是白脖白鼻白绵羊白,还是脖白鼻白绵白羊白?

[ai、ei]

白猫与黑猫

白猫黑鼻子,黑猫白鼻子,
黑猫的白鼻子,碰破了白猫的黑鼻子。
白猫的黑鼻子破了,剥了秕谷壳儿补鼻子。
黑猫白鼻子没破,就不必剥秕谷壳儿补鼻子。

[ei、uei]

风吹灰飞

风吹灰堆灰乱飞,灰飞花上花堆灰。
风吹花灰灰飞去,灰在风里飞又飞。

[uai、uei]

比锤

炉东有个锤快锤,
炉西有个锤锤快,
两人炉前来比赛,
不知是锤快锤比锤锤快锤得快,
还是锤锤快比锤快锤锤得快?

[ao、iao]

老老道和小老道

高高山上有座庙,庙里住着俩老道。
一个年纪老,一个年纪小。
庙前长着许多草,
有时候老老道煎药,小老道采药,
有时候小老道煎药,老老道采药。

[ia、ua]

刷牙

牙刷能刷牙,刷牙用牙刷,
花花用牙刷会刷牙,
华华有牙刷不刷牙,
花花教华华用牙刷刷牙,
花花用牙刷刷出一口白牙。

[ua、uei、uan]

慧环慧华学画花

慧环、慧华学画花。
慧环会画荷花不会画葵花,
慧华会画葵花不会画荷花。
慧环向慧华学画葵花,
慧华向慧环学画荷花。
慧环、慧华会画荷花和葵花。

[ie、üe]

小谢小薛学做鞋靴

小谢小薛一个做鞋一个做靴。
斜街的小谢会做靴,前街的小薛会做鞋。
前街的小薛向斜街的小谢学做靴,
斜街的小谢向前街的小薛学做鞋。
小谢小薛都学会做鞋和靴。

[ou、iou]

小秋和小牛

小妞妞,叫小秋,梳着两个小髽鬏,
小胖胖,叫小牛,穿着一个小兜兜。
小秋帮小牛记扣扣,
小牛帮小秋剥豆豆,
小秋、小牛手拉手,
一块儿玩,一块儿走。

[an、ian]

坐车

田田和建建,争了大半天,
田田说坐汽车前面抖,
建建说坐汽车后边颤。
到底前面抖还是后边颤,
请你告诉田田和建建。

[an、uan]

懒汉卖鸡卵

有个懒汉本姓阮,
提个篮子卖鸡卵,
"卖卵""卖卵"使劲喊,
谁都不来买鸡卵,
不是鸡卵品种乱,
而是鸡卵皮太软。
卖不出鸡卵难买饭,
回家吃饭路又远,
胡乱烧把烂草取取暖,
再吃掉篮子里几个软鸡卵。

[ian、üan]

比眼

山前有个严圆眼,
山后有个严眼圆,
二人山前来比眼,
不知是严圆眼比严眼圆的眼圆,
还是严眼圆比严圆眼的眼圆?

[ian、uan]

男演员、女演员

男演员女演员,同台演戏说方言。
男演员说吴方言,女演员说闽南方言。
男演员演远东飞行员,女演员演鲁迅文学研究员。
研究员、飞行员,吴方言、闽南方言,

你说男女演员演得全不全？

[an、ian、uan]

蒜拌面

蒜拌面，面拌蒜，吃蒜拌面算蒜瓣。
面拌蒜，蒜拌面，算吃蒜瓣面拌蒜。

[uan、uang]

船和床

那边划来一艘船，
这边漂去一张床，
船床河中互相撞，
不知船撞床，
还是床撞船。

[ang、iang、uang]

老鼠嗅着油豆香

油一缸，豆一筐，
老鼠嗅着油豆香。
爬上缸，跳进筐，
偷油偷豆两头忙。
又高兴，又慌张，
脚一滑，身一晃，
"扑通"一声跌进缸。

[an、ian、uan、ang]

扁担长，板凳宽

说扁担长，板凳宽，
板凳没有扁担长，
扁担没有板凳宽，
扁担要绑在板凳上，
板凳不让扁担绑在板凳上，
扁担偏要扁担绑在板凳上。

[iang、ang]

同乡不同行

辛厂长，申厂长，

同乡不同行。
辛厂长声声讲生产,
申厂长常常闹思想。
辛厂长一心只想革新厂,
申厂长满口只讲加薪饷。

[en、eng]

陈和程

陈是陈,程是程,
姓陈不能说成姓程,
姓程也不能说成姓陈。
禾旁是程,耳朵是陈。
程陈分不清,就会认错人。

盆和棚

老彭捧着一个盆,
路过老庞干活儿的棚,
老庞的棚碰了老彭的盆。
棚倒盆碎棚砸盆,
盆碎棚倒盆撞棚。
老彭要赔老庞的棚,
老庞要赔老彭的盆。
老庞陪着老彭去买盆,
老彭陪着老庞来修棚。

[in、ing]

数星星

晶晶和欣欣,一起看星星。
天上星星亮晶晶,晶晶欣欣数星星。

民民、明明和民警

民民和明明,
拾到钱包交民警。
民警表扬民民和明明,
请他两人都留名。
民民请民警表扬明明,

明明请民警表扬民民,
两人争得民警弄不清,
眨眼不见民民和明明。

[eng、ing]

东洞庭,西洞庭

东洞庭,西洞庭,
洞庭山上一根藤,藤上挂个大铜铃。
风吹藤动铜铃响,风停藤定铜铃静。

碰碰车

碰碰车,车碰碰,
坐着朋朋和平平。
平平开车碰朋朋,
朋朋开车碰平平,
不知是平平碰朋朋,
还是朋朋碰平平。

[eng、ong]

风风和东东

风风和东东一起去打工,
找到一个桶,挖了一个洞,
风风拿着桶,东东钻进洞。

松和钟

龚先生东方走来扛了一棵松,
翁先生西方走来拿了一只钟。
龚先生的松撞破了翁先生的钟,
翁先生扭住了龚先生的一棵松。
龚先生要翁先生放了他的松,
翁先生要龚先生赔了他的钟。
龚先生不肯赔还翁先生的钟,
翁先生不肯放还龚先生的松。

[eng、ing、ong]

青龙洞

青龙洞中龙做梦,青龙做梦出龙洞,

做了千年万载梦,龙洞困龙在深洞。
自从来了新愚公,愚公捅开青龙洞,
青龙洞中涌出龙,龙去农田做农工。

[声调]

娃挖瓦

娃挖瓦,娃挖蛙,
娃挖瓦挖蛙,
挖蛙挖出瓦。
娃挖蛙,娃挖瓦,
娃挖蛙挖瓦,
挖瓦挖出蛙。

洗席

一领细席,席上有泥。溪边去洗,溪洗细席。

任命、人名

任命是任命,人名是人名,任命人名不能错,错了人名错任命。

时时注意

时时注意,政治时事,事事报道,绝不失实。
重大史实,写成史诗,可贵之处,实事求是。

石小四和史肖石

石小四、史肖石,一同来到阅览室。
石小四年十四,史肖石年四十。
年十四的石小四爱看诗词,
年四十的史肖石爱看报纸。
年四十的史肖石发现了好诗词,
忙递给年十四的石小四,
年十四的石小四见了好报纸,
忙递给年四十的史肖石。

[轻声]

好孩子

张家有个小英子,

王家有个小柱子。
张家的小英子，
自己穿衣洗袜子，
天天扫地擦桌子。
王家的小柱子，
捡到一只皮夹子，
还给后院大婶子。
小英子、小柱子，
他们都是好孩子。

跛子、驼子和瞎子

一个跛子,牵着驴子,
一个驼子,拉着车子,
一个瞎子,抱着孩子。
跛子的驴子,撞着驼子的车子,
驼子的车子,碰倒瞎子的孩子,
瞎子要打驼子,驼子要打跛子。

[儿化]

小门脸儿

你别看就那么两间小门脸儿，
你别看屋子不大点儿，
你别看设备不起眼儿，
可售货员的服务贴心坎儿。
有火柴,有烟卷儿，
有背心,有手绢儿，
有蜡烛、盘子、小瓷碗儿，
还有刀子、勺子、小铁铲儿。
起个早儿贪个晚儿，
买什么都在家门前儿。

小哥儿俩

小哥儿俩,红脸蛋儿,胖乎乎儿,一块儿玩儿。
小哥儿俩,一个班儿,一路上学,唱着歌儿。
学造句儿,一串儿串儿,唱小曲儿,一段儿段儿。
学画画儿,不贪玩儿。

画小猫儿,钻圆圈儿;画小狗儿,蹲小庙儿;
画小鸡儿,吃小米儿;画个小虫儿,顶火星儿。
小哥儿俩,一股劲儿,努力学习,不分心儿。
这一对儿,小哥儿俩,真是父母好宝贝儿。

小范儿编蒜辫儿

小范儿编蒜辫儿,边编蒜辫儿边盘算儿。
编半辫儿蒜比编一辫儿蒜少半辫儿,
编一辫儿蒜比编半辫儿蒜多半辫儿。
小范儿边编蒜辫儿边盘算儿,编了一辫儿又一辫儿。

三、诗词

(一)十三辙诗词练习

1. 发花辙,韵母包括 a、ua、ia

己亥杂诗(其五)
〔清〕龚自珍

浩荡离愁白日斜,吟鞭东指即天涯。
落红不是无情物,化作春泥更护花。

丑奴儿近·博山道中效李易安体
〔南宋〕辛弃疾

千峰云起,骤雨一霎儿价。更远树斜阳,风景怎生图画?青旗卖酒,山那畔别有人家。只消山水光中,无事过这一夏。

午醉醒时,松窗竹户,万千潇洒。野鸟飞来,又是一般闲暇。却怪白鸥,觑着人欲下未下。旧盟都在,新来莫是,别有说话?

2. 梭波辙,韵母包括 e、o、uo

醉 歌
〔南宋〕陆 游

读书三万卷,仕宦皆束阁。学剑四十年,虏血未染锷。
不得为长虹,万丈扫寥廓。又不为疾风,六月送飞雹。
战马死槽枥,公卿守和约。穷边指淮淝,异域视京雒。
于乎此何心,有酒吾忍酌?平生为衣食,敛版靴两脚。

心虽了是非，口不给唯诺。如今老且病，鬓秃牙齿落。
仰天少吐气，饿死实差乐。壮心埋不朽，千载犹可作！

古从军行

〔唐〕李　颀

白日登山望烽火，黄昏饮马傍交河。
行人刁斗风沙暗，公主琵琶幽怨多。
野云万里无城郭，雨雪纷纷连大漠。
胡雁哀鸣夜夜飞，胡儿眼泪双双落。
闻道玉门犹被遮，应将性命逐轻车。
年年战骨埋荒外，空见蒲桃入汉家。

3. 乜斜辙，韵母包括 ê、ie、üe

感遇（其一）

〔唐〕张九龄

兰叶春葳蕤，桂华秋皎洁。
欣欣此生意，自尔为佳节。
谁知林栖者，闻风坐相悦。
草木有本心，何求美人折？

雨霖铃

〔北宋〕柳　永

寒蝉凄切，对长亭晚，骤雨初歇。都门帐饮无绪，留恋处，兰舟催发。执手相看泪眼，竟无语凝噎。念去去，千里烟波，暮霭沉沉楚天阔。

多情自古伤离别，更那堪，冷落清秋节。今宵酒醒何处？杨柳岸，晓风残月。此去经年，应是良辰好景虚设。便纵有千种风情，更与何人说？

4. 一七辙，韵母包括 i、ü、er

春行即兴

〔唐〕李　华

宜阳城下草萋萋，涧水东流复向西。
芳树无人花自落，春山一路鸟空啼。

钱塘湖春行

〔唐〕白居易

孤山寺北贾亭西，水面初平云脚低。

几处早莺争暖树,谁家新燕啄春泥。
乱花渐欲迷人眼,浅草才能没马蹄。
最爱湖东行不足,绿杨阴里白沙堤。

5. **姑苏辙,韵母 u**

芙蓉楼送辛渐
〔唐〕王昌龄

寒雨连江夜入吴,平明送客楚山孤。
洛阳亲友如相问,一片冰心在玉壶。

永遇乐·京口北固亭怀古
〔南宋〕辛弃疾

千古江山,英雄无觅,孙仲谋处。舞榭歌台,风流总被,雨打风吹去。斜阳草树,寻常巷陌,人道寄奴曾住。想当年,金戈铁马,气吞万里如虎。

元嘉草草,封狼居胥,赢得仓皇北顾。四十三年,望中犹记,烽火扬州路。可堪回首,佛狸祠下,一片神鸦社鼓。凭谁问,廉颇老矣,尚能饭否?

6. **怀来辙,韵母包括 ai 和 uai**

过华清宫(其一)
〔唐〕杜 牧

长安回望绣成堆,山顶千门次第开。
一骑红尘妃子笑,无人知是荔枝来。

十一月四日风雨大作(其二)
〔南宋〕陆 游

僵卧孤村不自哀,尚思为国戍轮台。
夜阑卧听风吹雨,铁马冰河入梦来。

7. **灰堆辙,韵母包括 ei 和 uei(ui)**

游子吟
〔唐〕孟 郊

慈母手中线,游子身上衣。
临行密密缝,意恐迟迟归。
谁言寸草心,报得三春晖。

黄海舟中日人索句并见日俄战争地图
〔清〕秋　瑾

万里乘云去复来,只身东海挟春雷。
忍看图画移颜色,肯使江山付劫灰。
浊酒不销忧国泪,救时应仗出群才。
拼将十万头颅血,须把乾坤力挽回。

8. **遥条辙,韵母包括 ao 和 iao**

和张仆射塞下曲(其三)
〔唐〕卢　纶

月黑雁飞高,单于夜遁逃。
欲将轻骑逐,大雪满弓刀。

秋　词(其一)
〔唐〕刘禹锡

自古逢秋悲寂寥,我言秋日胜春朝。
晴空一鹤排云上,便引诗情到碧霄。

9. **由求辙,韵母包括 ou 和 iou(iu)**

黄鹤楼
〔唐〕崔　颢

昔人已乘黄鹤去,此地空余黄鹤楼。
黄鹤一去不复返,白云千载空悠悠。
晴川历历汉阳树,芳草萋萋鹦鹉洲。
日暮乡关何处是,烟波江上使人愁。

题秋江独钓图
〔清〕王士祯

一蓑一笠一扁舟,一丈丝纶一寸钩。
一曲高歌一樽酒,一人独钓一江秋。

10. **言前辙**,韵母包括 an、ian、uan、üan

饮　酒(其五)
〔东晋〕陶渊明

结庐在人境,而无车马喧。
问君何能尔?心远地自偏。
采菊东篱下,悠然见南山。
山气日夕佳,飞鸟相与还。
此中有真意,欲辨已忘言。

无　题
〔唐〕李商隐

相见时难别亦难,东风无力百花残。
春蚕到死丝方尽,蜡炬成灰泪始干。
晓镜但愁云鬓改,夜吟应觉月光寒。
蓬山此去无多路,青鸟殷勤为探看。

11. **人辰辙**,韵母包括 en、in、uen、ün、uen(un)

送杜少府之任蜀州
〔唐〕王　勃

城阙辅三秦,风烟望五津。
与君离别意,同是宦游人。
海内存知己,天涯若比邻。
无为在歧路,儿女共沾巾。

九月九日忆山东兄弟
〔唐〕王　维

独在异乡为异客,每逢佳节倍思亲。
遥知兄弟登高处,遍插茱萸少一人。

12. **江阳辙**,韵母包括 ang、iang、uang

燕歌行(其一)
〔三国〕曹　丕

秋风萧瑟天气凉,草木摇落露为霜,群燕辞归鹄南翔。

念君客游思断肠,慊慊思归恋故乡,君何淹留寄他方?
贱妾茕茕守空房,忧来思君不敢忘,不觉泪下沾衣裳。
援琴鸣弦发清商,短歌微吟不能长。
明月皎皎照我床,星汉西流夜未央。
牵牛织女遥相望,尔独何辜限河梁。

江城子·乙卯正月二十日夜记梦
〔北宋〕苏　轼

十年生死两茫茫,不思量,自难忘。千里孤坟,无处话凄凉。纵使相逢应不识,尘满面,鬓如霜。

夜来幽梦忽还乡,小轩窗,正梳妆。相顾无言,惟有泪千行。料得年年肠断处,明月夜,短松冈。

13. **中东辙,韵母包括** eng、ing、ueng(weng)、ong、iong

赋得古原草送别
〔唐〕白居易

离离原上草,一岁一枯荣。
野火烧不尽,春风吹又生。
远芳侵古道,晴翠接荒城。
又送王孙去,萋萋满别情。

竹枝词
〔唐〕刘禹锡

杨柳青青江水平,闻郎江上唱歌声。
东边日出西边雨,道是无晴却有晴。

(二) 综合诗词练习

凉州馆中与诸判官夜集
〔唐〕岑　参

弯弯月出挂城头,城头月出照凉州。
凉州七里十万家,胡人半解弹琵琶。
琵琶一曲肠堪断,风萧萧兮夜漫漫。
河西幕中多故人,故人别来三五春。
花门楼前见秋草,岂能贫贱相看老。

一生大笑能几回,斗酒相逢须醉倒。

老夫采玉歌
〔唐〕李　贺

采玉采玉须水碧,琢作步摇徒好色。
老夫饥寒龙为愁,蓝溪水气无清白。
夜雨冈头食蓁子,杜鹃口血老夫泪。
蓝溪之水厌生人,身死千年恨溪水。
斜山柏风雨如啸,泉脚挂绳青袅袅。
村寒白屋念娇婴,古台石磴悬肠草。

走马川行奉送封大夫出师西征
〔唐〕岑　参

君不见走马川行雪海边,平沙莽莽黄入天。
轮台九月风夜吼,一川碎石大如斗,随风满地石乱走。
匈奴草黄马正肥,金山西见烟尘飞,汉家大将西出师。
将军金甲夜不脱,半夜军行戈相拨,风头如刀面如割。
马毛带雪汗气蒸,五花连钱旋作冰,幕中草檄砚水凝。
虏骑闻之应胆慑,料知短兵不敢接,车师西门伫献捷。

春江花月夜
〔唐〕张若虚

春江潮水连海平,海上明月共潮生。
滟滟随波千万里,何处春江无月明。
江流宛转绕芳甸,月照花林皆似霰。
空里流霜不觉飞,汀上白沙看不见。
江天一色无纤尘,皎皎空中孤月轮。
江畔何人初见月?江月何年初照人?
人生代代无穷已,江月年年只相似。
不知江月待何人,但见长江送流水。
白云一片去悠悠,青枫浦上不胜愁。
谁家今夜扁舟子?何处相思明月楼?
可怜楼上月徘徊,应照离人妆镜台。
玉户帘中卷不去,捣衣砧上拂还来。
此时相望不相闻,愿逐月华流照君。
鸿雁长飞光不度,鱼龙潜跃水成文。

昨夜闲潭梦落花，可怜春半不还家。
江水流春去欲尽，江潭落月复西斜(xiá)。
斜月沉沉藏海雾，碣石潇湘无限路。
不知乘月几人归，落月摇情满江树。

卖炭翁
〔唐〕白居易

卖炭翁，伐薪烧炭南山中。
满面尘灰烟火色，两鬓苍苍十指黑。
卖炭得钱何所营？身上衣裳口中食。
可怜身上衣正单，心忧炭贱愿天寒。
夜来城外一尺雪，晓驾炭车辗冰辙。
牛困人饥日已高，市南门外泥中歇。
翩翩两骑来是谁？黄衣使者白衫儿。
手把文书口称敕，回车叱牛牵向北。
一车炭，千余斤，宫使驱将惜不得。
半匹红绡一丈绫，系向牛头充炭直。

四、短文

年的来历

1-5

很久很久以前，大地上到处都是毒蛇猛兽，还有一种叫"年"的大怪物，每到腊月三十晚上，就出来吃人。

人们商量说："我们逃到天边还是一死，不如想个办法，把'年'制伏。"

谁能制伏"年"呢？有个叫洪钧的老人说："我有办法。"

"年"一看洪钧是个风一吹就要倒的老头子，不把他放在眼里。洪钧说："'年'哪，麒麟山有只猛狮，你敢吃吗？"

"年"说："这个不费劲哪。"他真的把猛狮吃了。洪钧又说："'年'哪，虎头崖有只恶虎，你敢吃吗？""年"把恶虎也吃了。

这一来，大地上的毒蛇、猛狮、恶虎闻风而逃，纷纷躲进了深山老林，再也不敢出来害人了。然后，洪钧就骑着"年"上了天。原来洪钧是个神仙。

洪钧告诉人们，"年"最怕见到红颜色。所以，到了腊月三十，家家都贴红纸。大年初一人们互相说"过年好"，表示祝贺没被"年"吃掉。过年，也就这么沿袭下来了。

希尔发明邮票

一百多年以前，世界上还没有邮票，寄信往往由收信人支付邮资。

有一天,英国一个村庄出现了这样一件事:当邮递马车来到村庄时,马上被人们围住了,大家都盼望马车带来远方亲人的消息。邮递员取出邮件,叫一个收信人就收一个人的钱。

1-6

这时,一个年轻姑娘听到叫她的名字,喜上眉梢,接过信看了两眼,吻了一下,马上把信退回去,说:"先生,对不起,我没有那么多钱付邮费。"姑娘说完,就伤心地低下了头。

在场的人见了,都很同情她。一位名叫希尔的先生连忙掏出钱,慷慨地为她付了邮资。这时,姑娘却说:"先生,请收回您的钱吧,信对我已经没有用了。"

原来,信是姑娘的未婚夫写来的。他们事先约好,如果信封的右下角画的是"○",就表明他在伦敦找到了工作,如果画的是"×",就表明还在找工作。因此,一看信封就明白,不用花钱取信。

希尔知道真相后,对他们的做法很生气,心想:要是让寄信人付邮资,再在信封上做个记号,不就可以防止这种事情再发生吗?于是,他设计了几张像钱一样的小票——邮票,并把自己的想法报告了英国政府。

1840年5月6日,英国政府采纳了希尔的建议,正式发行邮票。英国首次发行的邮票图案为维多利亚女王的肖像。邮票的发明对通信事业的发展起到了极大的促进作用。

倒下的战友

一个士兵向中尉请示是否可以允许他到战壕外的"无人区"带回倒下的战友。

"可以,"中尉说,"但是你要考虑好,你可能因此而送命,为了带回你那多半已经牺牲的朋友,我认为你这样做并不值得。"中尉的忠告并没有打消士兵的念头,他冲出了战壕。

这个士兵奇迹般地背着战友返回战壕,就在离战壕仅仅几米远的时候,他中弹了,但是他还是坚持背着战友一起摔进了战壕。中尉给士兵检查了伤情,摇了摇头说:"我告诉过你了,这不值得。你的朋友已经死了,而你也受了重伤。"

"可这是值得的,长官。"

"什么?值得?你的朋友已经死了啊!"

这个士兵忍着痛笑了笑说:"是的,他是死了,但我做的是值得的。因为,我到他身边的时候,他还活着,当我抱着他时,听到他说:'伙计,我就知道你会来的。'"

母亲的一句话

理查·派迪是赛车运动史上赢得奖项最多的选手。他第一次参加赛车就取得了很不错的成绩。

他兴高采烈地回家向母亲报喜,冲进家门就喊道:"妈!有35辆车参加比赛,我旗开得胜,得了第二!"

他万万没有想到母亲竟冷静地回答:"你输了!"

他很不理解地抗议道:"妈!难道你不认为我第一次就跑个第二名是很好的事吗?

要知道很多久经赛场的高手都参加了比赛。"

知子莫如母。母亲深知儿子还有很大的潜力,于是严厉地说:"理查!你用不着跑在任何人后面!"

有时需要用表扬出动力,有时也需要用鞭策出动力。理查很快领悟到了母亲的良苦用心:母亲是让他拿自己的成绩跟前面更高的目标和自己的潜能来比,而不是拿自己的成绩同失败者的成绩来比。

从那以后的20年,母亲的这句话鞭策着理查·派迪称霸赛车界。他的许多项纪录时至今日仍然保持着,没有被后人所打破。每次参赛,他都默念着母亲教诲的那句话——"理查!你用不着跑在任何人后面!"

寻找生活中的美
邱立屏

"生命美不美是偶然的,就看你有没有看见而已。"

如果你在生活中,看不到任何的价值,那么每一天,都去寻找一个美好的事物,直到变成一种习惯。

一朵花之所以美丽,是因为,你认为它美丽。在你的生活中,你有没有花过时间去寻找美感呢?美的感觉存在于你的心中,有时无法用文字描述出来,很多美丽的思绪闪过脑海,无法捕捉。美不是空谈,美是去体验,去生活,去感受,去欣赏。

欣赏美,是一件简单的事,如果你对内在美丽的世界一无所知的话,你又如何看见外在世界的美丽?放掉偏见和固执,你将会感受到一种前所未有的美,因为美,就藏在你的心中。找到心中的美,你将可以在每一个地方找到美。生活的惊奇,往往就在于生活本身。

美的极致就是安详。德国哲学家康德说:"美,是一种无目的的快乐。"古人说:"青青翠竹,皆是法身;郁郁黄花,无非般若。"人如果能放下一些偏执,放下一些无谓的烦恼,一片树叶,一朵小花,都有它的美。

第六章　气息——声音的原动力

■ **本章提示**

1. 播音员主持人的气息要求
2. 主要的呼吸器官
3. 气息控制的感觉
4. 气息控制的要领

"气者音之帅也。"气息是人体发声的动力,"气动则声发"。声音的强弱、高低、长短以及共鸣状况,与呼出气息的速度、流量、压力大小都有直接的关系。气流的变化关系声音的响亮度、清晰度、音色的优美圆润和情绪的饱满充沛。只有在气息得到控制的基础上,才能谈到控制声音。唐代的《乐府杂记》中说:"善歌者,必先调其气,氤氲自脐间出,……既得其术,即可致遏云响谷之妙也。"

在实际运用中,气息不仅是发声动力,还是一种极其重要的辅助表达手段。气息是情感与声音之间必经的桥梁,气随情动,声才能有所变化,气息是由情及声、由内而外的贯穿性技巧。另外,良好的气息状态对于缓解喉部压力、保护嗓子也有直接的帮助。因此,气息控制是发声学习的基础。

第一节　播音主持发声对气息的要求

播音主持发声要求在掌握正常呼吸规律的基础上,通过训练获得更为科学的发声方法,强化发声能力,以满足艺术语言创作的需求。播音主持工作的特点决定了其对气息控制的特殊要求,概括来说就是:稳劲、持久、自如。

一、稳劲:要保持较为持久的气息压力

这是相对于日常口语而言。我们平常说话,一句话开始时气出的比较多,气息压力大,越到后面越弱,这是无意识的呼吸,对气息没有控制。如果播音员主持人说话总是前

强后弱,会形成受众不能接受的固定腔调。播音员主持人要根据节目内容调整气息压力,无论句首句尾,需强则强,需弱则弱。吸气量要大于平时说话,呼气时保持较为稳定的压力,无论声音高低、强弱都需要有一定的压力。

二、持久:要获得较为持久的控制能力

播音员主持人的工作以独立创作为主。稿件长短不一,有几分钟、十几分钟,最长的有需要播一两个小时的。节目有录播有直播,录播节目往往需要同时连录多期;直播节目一般时间都不短,比如中央电视台经济频道早间新闻节目《第一时间》,需要连续直播两个小时。这都要求播音员对气息有持久的控制力,始终保持良好的声音状态。否则,播起稿件或做起节目来必然是前期还比较从容,越到后期气息就越弱,最后或是声嘶力竭,或是有气无力。这样无法胜任专业要求,时间长了还可能损伤声带,既达不到审美要求,更降低了节目的传播质量。

三、自如:要达到较为自如的气息调整

节目形式、内容的多样化对播音员主持人的声音提出了色彩多变、富于弹性的要求,而声音的变化无不与气息的变化密切相关,并且以气息的变化为基点。对气息的强弱快慢控制,要做到既有起伏变化的强控制,又有细微调整的弱控制。播音不能像唱歌那样按照吸气符号有意识地对气息进行控制调整,所以基于短时备稿和形式内容灵活多变的特点,播音员主持人必须学会下意识地控制气息,即气息"自动地"随情感的需要而变化。节目主持要求情绪贯穿,有"一气呵成"之感,气息能够收放自如、控纵有度,停而不断、连而不乱,在抑扬起伏之间总有"一口气"贯穿其中。

除了上面三点要求之外,播音发声的气息还应做到"深、匀、通、活",即吸气要深,呼气要匀,呼吸通畅,灵活有变。这是对呼吸控制更进一步的要求。同时不要忽略,气息的变化源于情感的变化,要气随情动,不能单纯机械地训练气息。

第二节 呼吸器官的认识

一、呼吸器官

气息的产生离不开呼吸器官的协同作用。呼吸器官主要由肺、胸腔、膈肌三部分组成(如图6-1)。

(一)肺

当吸气时,肺的容积增大,肺里的气压低于大气压力,空气就通过口鼻、气管、支气管而吸入肺内。当呼气时,肺的容积缩小,肺里的气压高于大气压力,气息就从肺里排出体

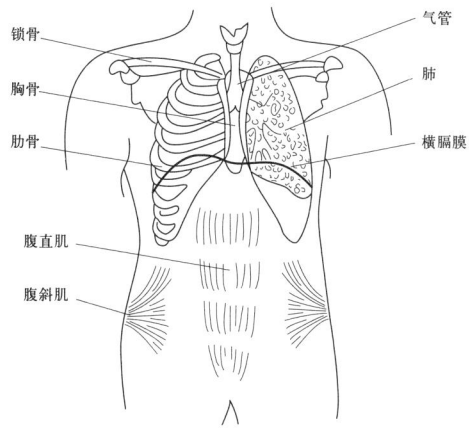

图 6-1 呼吸器官示意图

外(气压差原理)。被呼出的气息就是发声的动力。肺是一个被动器官,本身没有力量改变容积与压力。肺容积是随着胸腔容积的改变而改变的。

(二)胸腔

胸腔的外面是胸廓,下面是膈肌。胸廓形似鸟笼,在吸气时,肋骨向上向外扩张,增大胸腔的前后径和左右径;在呼气时,肋骨回到原位,胸腔缩小。

(三)膈肌

膈肌位于肺的下面,是一层富有弹性的肌肉,边缘和肋骨缘相连,把胸腔和腹腔隔开,像一个倒扣在胸腹之间的圆顶帽。当吸气时,膈肌收缩而下降,胸腔容积上下扩大。这时膈肌压迫腹腔内的器官,使之向前移动,于是腹壁明显得鼓起来。当呼气时,膈肌逐渐上升恢复常态,胸腔的容积上下缩小,腹壁也随之瘪回去。据生理学研究,膈肌下降 1 厘米,胸腔容积增大 250 毫升~300 毫升,膈肌的高低位置最大相差 3 厘米~4 厘米。可见,膈肌的运动对于呼吸量的增加十分重要。

肺的运动建立在胸腔容积扩大和缩小的基础上,我们把能使胸腔容积扩大的肌肉群称为吸气肌肉群,把能使胸腔容积缩小的肌肉群称为呼气肌肉群。

二、呼吸方法

常见的典型的呼吸方式有三种,即胸式呼吸、腹式呼吸、胸腹联合式呼吸。

(一)胸式呼吸

胸式呼吸是一种浅式呼吸,又称锁骨式呼吸,吸气时肩头上耸,上胸部上抬,肋骨下缘胸廓周围径基本不变,膈肌基本不参加呼吸运动。这种呼吸方法进气量小,呼气发声时气流强度较弱,变化小且难以控制,表现为浅吸频换,声音尖、高、飘、虚。播音主持时如采用这种呼吸方式会造成肩胸紧张、喉部负担重、易疲劳等问题,由于这些弊端的存在,艺术语言发声不宜采用胸式呼吸。

(二) 腹式呼吸

腹式呼吸是一种深呼吸方式,吸气时腹部突出,胸廓周围径基本不变,主要靠膈肌升降完成呼吸运动。腹式呼吸具有进气量较大和声音深沉的优点,重、低、沉,但由于腹肌不能完全发挥作用,容易产生较闷、暗、空的音色。因此,腹式呼吸也不是最科学的呼吸方式。

(三) 胸腹联合式呼吸

胸腹联合式呼吸法并不是胸腹两种呼吸方式的简单相加,而是指胸、腹所有呼吸器官都参与呼吸运动,不但扩大胸廓的周围径而且扩大胸廓的上下径。这种呼吸法有两个显著的优点:第一,进气量大。由于胸、腹所有呼吸器官都参与,增加了胸腔的容积,使气息容量增大。第二,易于控制。由于能够稳定地保持两肋、膈肌的张力和来自小腹的收缩力量所形成的均衡对抗,增强了呼吸的稳健感,易于产生坚实、响亮的音色。所谓"丹田气"指的就是胸腹联合式呼吸法,是较为理想的艺术语言发声的基础呼吸方式。

感受气息:吐气　　　　感受气息:吸气

图 6-2　利用触觉感受气息

胸腹联合式呼吸总的感觉是:气流从口鼻被吸入肺下部,两肋向两侧扩张,腰带渐紧,小腹控制渐强;呼气时,保持腹肌的收缩感,以牵制膈肌与两肋使其不能回弹,随气流呼出,小腹逐渐放松,但最后仍不失去收住的感觉。①

---

① 吴弘毅:《普通话语音和播音发声》,北京广播学院出版社 2002 年版,第 263 页。

第三节　气息控制的要领

一、吸气要领

（一）吸到肺底

以吸到肺底的感觉，引导气息通达肺的深部，使膈肌明显收缩下降，有效扩大胸腔的上下径。

（二）两肋打开

吸气时，在肩胸放松的情况下使下肋得到较充分的扩展，以有效扩大胸腔的周围径。此时，膈肌与胸廓的运动产生联系。两肋打开，尤以后腰部向外扩张的感觉较为明显。

（三）腹壁"站定"

吸气时，在胸部扩张的同时，使腹部肌肉向小腹中心"丹田"的位置收缩，上腹壁保持不凸不凹的状态。

在实际运用时，以上的三条要领是在一次吸气动作中同时完成的，所以在分解体会的基础上，还应获得综合感觉，以建立胸、膈、腹在吸气过程中的相互联系。

二、呼气要领

语音是在呼气的过程中形成的，因此呼气的控制是整个气息控制训练的重点。呼气的要领：一是要掌握稳劲的状态；二是要锻炼持久力；三是呼气与发声挂钩，呼吸运动自如。

（一）稳劲

稳劲的状态是通过呼、吸两大肌肉群的拮抗产生的。如果把我们的胸腔比作气球，喉口为气球的进出气口，那么吸气后就好像气球充满了气。如果突然放手，气就一下子撒光了，呼出体外；如果用手捏住气口慢慢放气，出气会因为受到节制而变得均匀。但是对人体而言，束住气口就等于束紧喉咙，加强喉头的压力，会造成发声器官的严重损耗，这种呼吸控制也不可取。如何能在不束缚出气口的情况下规律放气呢？这需要我们用吸气肌肉群的力量抵抗呼气肌肉群的力量，形成"拮抗"，就能使呼气变得规则、均匀，达到稳劲呼气的目的。

这种呼吸控制的方式，简言之，就是要"用部分的吸气状态发声"。这句话精当地描述了发声时气息在拮抗中"且战且退"的状态，是播音实践的经验总结，值得反复揣摩和体会。

训练中要注意锻炼呼吸肌,使其变得强而有力,易于控制。

(二) 持久

持久有两层含义,一是指一口气持续较久、发出较多音节,二是指良好的呼吸状态要贯穿发声的全过程。要做到这两点,关键是要会"省气"。

1.用偏实的中音

根据科学测试,人在使用弱低音和高强音时都比使用实中音费气费力,用气(力)比约为4(低弱):2(高强):1(中实)。

训练中要找到自己的实中声,在此基础上进行音域的扩展。

2."吞""吐"结合

气息以外送感为主叫"吐",以内收感为主叫"吞",这是控制呼气发声的两种意识。单从节省气息的角度考虑,当然以运用"吞"的方式为宜,但从人体的运动规律和音色变化、情感运动的角度考虑,都需要有张有弛、有收有放。因此,我们提倡"吞""吐"结合,"在呼的时候要使用部分吸气状态",既有利于表达,又节省气息。

训练中要多进行"吞"的练习,多使用"内向力"。因为人们一般习惯用"吐"的自然方式呼气,而不习惯使用控制力较强的"吞"的方式。气息运用既要"开源"又要"节流",就是这个道理。

3.加强唇舌力度

在咬字过程中,唇的开合、舌的起落都不同程度形成对呼出气流的节制,因此,加强唇舌力度也可以起到节省气息的作用。

(三) 变化

声音色彩的变化在很大程度上依赖于富有活力的气息的运动。在稳劲、持久的基础上,还应掌握对运动着的气息的控制能力,使其随内容和感情的变化而变化。

气随情动,如果播讲者对内容无动于衷,没有积极的心理动作,势必导致呼吸的僵滞,影响声音色彩的变化。"以情带声",运用感情调节呼吸运动的方式是呼吸控制的高级阶段,要通过长期的、有意识的训练才能获得自由的、本能的呼吸运动。

三、换气要领

气息在使用的过程中需要及时不断地补充,这就涉及换气的问题。换气要注意以下几点:

(一) 句首换气

全句结束后需要换气时,不要句子一结束就换气,而是在下句开始前进气。

(二) 换气到位

换气位置要到位，"丹田"、下肋的感觉可以时松时紧、时大时小，但不能因换气而改变呼吸方式。

(三) 换了就用

吸气后要马上使用，非感情需要不做较长停顿，否则力量就松懈了。

(四) 留有余地

吸气应适度，并非越多越好。一般情况下，吸到七八分满即可，吸得太满反而不易控制和使用。同时，使用中也要留有余气，不能等全用完了再吸。

(五) 吸气无声

口鼻同时进气可以有效减少吸气声，除表现特殊情绪外，一般来讲都要换气无声。播音主持用声多为快吸慢呼，因此学会偷气、抢气十分重要。补得及时才会用得从容。偷气是短时无声吸气；抢气是不顾及有无声音地吸气；就气时虽有停顿，并不进气，而是调动体内余气。

四、气息运用的感觉

前面讲到的是气息控制的基本要求和要领，侧重分解动作。下面讲气息运动的整体感觉，有助于大家从宏观上把握气息运动的特点。

(一) 气息运用最重要的感觉：流动感

气息好比血液，气息的活力源于流动。呼出的气流好似山间小溪，随山势萦回、时急时缓，不断向前。流动感最明显处在吐字阶段，"如珠如流"就是对这种感觉的描述。

气息向前流动的感觉与气息被小腹向下拉住的感觉是一对矛盾的力量。拉而不流，声音僵滞，流而不拉，失去控制。下拉上流，才是正确的方式。

(二) 控制气息流动的钥匙：小腹

在发声过程中，讲究"小腹微收"，始终处于工作状态，保持一定的紧张度。播音发声多在中低音中等强度的基础上灵活变化气吸至五六成满即可，这时的发声效率最高。腹肌调节适度而灵活，能使声音得到有弹性的气息的支持。

(三) 补气的感觉："橡皮球"

气息要经常处于有余力的状态，用起来才能从容不迫，不至于上气不接下气或声嘶力竭。句子进行中要使人听不出痕迹地快吸补气,胸腔像一个充满气体的有弹性的"橡皮球",气息一有欠缺,便会在语言的顿挫中得到自动、及时的补充,"橡皮球"始终处于有气的状态。

(四)整体的感觉:一气呵成

播音播到好处,会有"一气呵成"之感。这首先来自情感的贯穿,气息运动也起一定作用。播一篇稿件,自始至终气息都处于控制状态,胸廓这个"橡皮球"不能中途"泄气",在层次间的大停顿处,即使胸廓松下来,小腹也仍处于微收的工作状态,以适应情感转换的需要。这样气息"停而不断",才能给人一气呵成的感觉。

(五)气息运动的内在动力:情感

气息强弱徐急的弹性变化源于感情的运动。如果不动情,气息凝滞缺少变化,声音也会缺乏活力;如果动感情,但气息不能随着感情的变化而变化,声音也不可能自然变化,这依然会影响语言的表现力。以感情为契机调节气息的运动变化是呼吸控制的高级阶段。[①]

第四节　气息控制训练

一、呼吸肌的锻炼

呼吸肌的力量和灵活程度,是使呼吸控制达到"自动化"运动的物质条件。在训练中,应重点体会呼吸肌的锻炼和发声之间的联系。

(一)膈肌的锻炼:弹发练习

图6-3　弹发训练

动作要求:深吸一口气,用这一口气发出一组三个扎实的"嘿(hei)"音,"嘿嘿嘿",用实中音,反复连发。坚持数日后,可以逐渐增加连发的组数。也可以一口气发出七八个"嘿"音,并做改变音高、音量和音色的练习。除此之外,还可以用"哈(ha)"音训练(如图6-3)。

训练提示:弹发练习的要领在一个"弹"字,发音时要有弹动感,感觉字音是受到膈肌的弹动力,由口腔向外抛出,划过一条抛物线。字音是"抛出"而不是"砸出"的。同时,注意放松喉部,真正做到"弹发",弹出字音,而不是气与声脱节由嗓子挤出声音。

---

① 徐恒.播音发声学[M].北京:中国传媒大学出版社,2006:62.

艺术发声讲究使用巧劲。有些初学者开始练习时追求大声有气势,用尽全身力气将字音砸在地面上,力量不是向上的弹动力,而是向下的后坐力,这样既锻炼不到膈肌,又可能喊坏嗓子。如果刚开始找不到弹发的感觉,可以试试减小音量,小声练习,反而更容易找到弹动感。

(二)腹肌的锻炼:仰卧起坐

动作要求:做仰卧起坐对于腹肌的锻炼非常有效。从标准上讲,女生应达到能连续做 25~30 个,男生 30~50 个,这样腹肌的力量才够用。

训练提示:做仰卧起坐时不必追求快速,在由"卧"到"起"的过程中可以稍微放慢速度,感受腹部控制力的增强。

除了仰卧起坐,还有仰卧举腿、团身起坐等能增强腹肌力量的练习。这些练习要坚持做,达到一定的训练量才能收到效果。

二、吸气与呼气训练

在呼吸训练之前,应保持积极而松弛的精神状态和肌体状态,掌握良好的发声姿势。为了保证身体内部发声器官的相对稳定和气息的通畅,无论是坐还是站,都要注意姿势端正。头要正,收下颌,眼睛平视,挺胸立腰,肩部放松,避免仰头、歪头、伸脖、耸肩、含胸、小腹突出等错误体态。

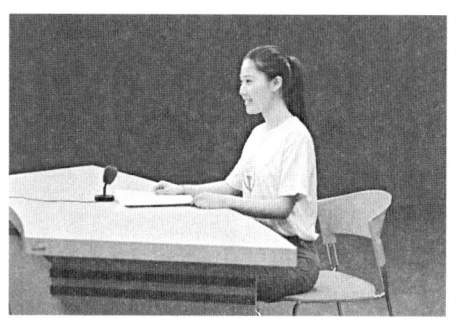

图 6-4　坐姿

动作要求:坐姿,应坐在椅子前部,不要窝在椅子里。为避免躯干弯曲,力量松懈,不能"坐满臀"。后腰挺直,身体略前倾,重心在腰腹(如图 6-4)。

站姿,双肩放松,双臂自然下垂,两脚微分。女生可采用"丁字步"或"V"字形,双脚一虚一实,一个支点。男生双脚距离可与肩同宽(如图 6-5)。

训练提示:训练时可以先练习坐姿的呼吸训练,然后再练习站姿。很多初学者都有这样的感觉,似乎站着发声气息显得更短、更不易控制。这是因为采用坐姿时身体重心上移、身体与座位形成稳定的作用力,气息更容易找到依托感。

图 6-5　站姿

训练初期可以不出声,而是专注体会气息的感觉,掌握了吸气方法后再结合发声进行呼气训练。

(一) 吸气情境练习

吸气时良好的精神状态、肩胸放松是很重要的,所谓"兴奋从容两肋开,不觉吸气气自来"就是这个道理。可以通过以下几种方法体会。

1. 闻花香

情境设计:想象春光明媚,走入植物园里,到处都是鲜花,姹紫嫣红、芬芳怡人,你不禁深吸一口气,心里感慨着:"嗯,好香啊!"再缓缓吐出。

也可以想象眼前是一桌你最爱吃的美味佳肴,总之只要是能调动你想深深闻一下的情境都可以用来想象和练习。

训练提示:闻花香吸气时要感觉气息沿后脊柱向下吸入肺底,后腰部有向两侧打开撑住的感觉。保持几秒后,再缓缓呼出气体。

2. 抬重物

情境设计:开学了,你拖着大大的行李箱走到宿舍楼下,面对眼前的楼梯,你深吸一口气,搬起箱子上楼。

训练提示:人在准备抬起重物的时候总要深吸一口气,保持住力量,此时腰部、腹部的感觉和胸腹联合式呼吸时吸气最后一刻的感觉相近。

3. "半打"哈欠

半张着嘴打哈欠,进气最后一刻的感觉和胸腹联合式呼吸时吸气最后一刻的感觉相近。

(二) 呼气情境练习

呼气主要练习快吸慢呼的能力。要求迅速进气,缓慢呼气,训练目的是延长呼气控制时间。

下面的练习是按由无声到有声、由易到难的顺序编排的,1、2是无声练习,3是由气到声的过渡练习,4之后是元音、字、词、段的练习,应按照顺序循序渐进。

口鼻同时进气,吸到肺底,一步到位,这就是快吸的感觉。用快吸的气息开始下面的呼气练习。

1. 吹粉笔灰

情境设计:今天你是值日生,课间在讲台上擦完黑板正要擦讲台,可是没有抹布,于是你深吸一口气,准备把讲台上落得满满的粉笔灰吹干净,吹的时候又要避免吹到前排同学,所以要轻轻地吹……

训练提示:在轻吹的时候体会气息均匀、舒缓地呼出。气息较缓慢、量小而集中。要训练气息呼出的集中感,可以在练习呼气的时候将手掌放在距离嘴巴 20 厘米左右的位置,掌心朝内,撮口呼气,感觉气流打在手心上而不是整个手掌上。

2.吹纸条

训练提示:要直观看到气流的作用,可以吹纸条。将 A4 纸裁成一条 2 厘米宽的纸条,用手捏住一端,垂放在面前,呼气吹纸条。要求纸条被吹起一个角度,并持续保持在这个角度,不要大起大落(如图 6-6)。

图 6-6　吹纸条

3.持续发"si"音

情境设计:回忆一下自行车胎或皮球漏气的声音,假设自己在给漏气声做配音,缓慢持续地发出 si 的声音。

训练提示:先按照吸气练习的方法吸气,一口气持续发音的时间尽量长,可以计时。发音时声带不颤动,控制好音量的大小。还可以用"嘘(xu)"音做这个练习(如图6-7)。

4.单元音延时发音

情境设计:对面较远处有你的六个朋友,等待着你的呼唤,你要一口气喊出他们的名字(a、o、e、i、u、ü),用气均匀、力度一致。于是你吸足气,大声喊道:

a——o——e——i——u——ü——

训练提示:这是呼气和发声结合的第一个练习。可以视发声能力先一个音一个音地训练,最后再组合发出 a——o——e——i——u——ü——几个单元音的延长音。练习时要尽量打开口腔,刚开始声音可以较弱,等气息稳定后逐渐放大、加强,舌根、喉部放松,气流集中打到硬腭前部。

图 6-7　计时发 si 音

5.数数

情境设计 1:生日的时候你收到了很多礼物,你对每一件都爱不释手,翻来覆去又满心欢喜地一遍一遍数,约一秒一个数:1、2、3、4、5、6、7、8、9、10……数越多代表你收到的祝福越多。

情境设计 2:你和同学们参加韵律操比赛,表演开始,你负责喊操:"12345678,22345678,32345678,42345678……"

训练提示:数数的练习是用来体会气息有力度、有节奏地呼出,中途不换气、不补气。练习时不要强憋着多数几个数,要保证语音规整、声音质量和音色前后一致。气不够就停下来,练习时要循序渐进。

不断重复以上的练习,以延长呼气时间,力求达到呼出一口气可以持续30秒以上。

6.喊人名

情境设计:想象朋友们一起爬山,你先爬到了山顶,这里空气清新、绿树成荫,你愉快地呼唤远处的伙伴们快点上来,"小兰……大宝……阿毛……"(如图6-8)

训练提示:以发音响亮的音节组成的人名都可以做喊人名的练习。练习时可以设想对方和你的距离,用远近、大小、高低不同的声音呼喊。锻炼呼吸肌肉群的调节能力,使气、声自然结合。

图6-8 呼喊练习

7.数葫芦

情境设计:瞧,农家院儿里的葫芦架上长满了大大小小的葫芦,到底有多少个葫芦呢?我们可以这样数:

1个葫芦、2个葫芦、3个葫芦、4个葫芦、5个葫芦、6个葫芦、7个葫芦、8个葫芦、9个葫芦……

训练提示:数葫芦的要求类似于数数练习,一般达到一口气数15~20个葫芦即可。由于数葫芦接近说话状态,难度较大。但是,练好了更容易结合话筒前用声用气的控制状态。

8.唱抒情歌曲

训练提示:唱舒缓、抒情的歌曲,随歌曲旋律的延长锻炼呼吸发声的能力。唱歌对气息控制的要求很高,我们可以通过歌唱来锻炼气息。歌唱时用本声、中低音,接近于通俗唱法练习。可选择一些悠扬的草原歌曲,如《美丽的草原我的家》,融入京韵大鼓元素的《前门情思大碗茶》,台湾歌手蔡琴的《你的眼神》等。

美丽的草原我的家

前门情思大碗茶

```
| 1 2 i  1 6 5 (1 2 3 2  1 2 6 5) | 3 3 2  3 5 5  6 5 6 i  3 5. | 1 1 2  3 5  i 6 5 6 |
  啦啦啦  啦啦              世上的 饮料有千 百种,   也许它 最廉价,

| 0 5  3 5 5 0  6 i i | 0  i i i 2  3 3  2 i i  i 3.  3 - |
{ 可 谁知道, 谁知道,   谁 知道它 醇厚 的  香  味儿,
  可 为什么, 为什么,   为 什么它 醇厚 的  香  味儿,

| 6 6 5  i 3  3 5 6  5.(6 7 2 | 6 5 3 2  5.) 5  2 2 0 5 | 3 - 2 i 6 5  5 i 2 |
  饱含着 泪 花,           它饱含 着      泪         花.
  直传到 天 涯,           它直传 到
```

  i - - - ‖ 3 5 3 2 i 6 5 5 i 2 i - - - ‖ i 0 0 0 0 ‖
                天   涯.

你的眼神

1=F 4/4   苏 来 词曲
中速

```
| 6 5  6 7 i | 4 i 7 - | 7  7 6  #5 3  3 7 | 7 6  6 - - |
  像 一阵细 雨 撒落我心底,  那  感觉 如此   神   秘.

| 6  6 5  6 7 i | 4.  i i  o i | 2.  2 7 7  5 | 6 - - - |
  我 不禁 抬起头 看  着你,    而  你并不 露 痕迹.

| 0 0 0 0 6 | i. 7 6. 3 | 3 2 2 - 0 i | 2 - 2. i 2 |
           虽 然 不 言 不 语,      叫 人 难 忘

| 2 6 6 - | 3. 2 3 2  i 6 | 2 i 2 7 6 | i. 7 i. i |
  记.     那 是你的 眼神     明亮又 美丽, 啐  有

| 2. i i 2 | 0 2 i 2 | 0 5 6 6 - - ‖ 5 6 - - ‖ 6 - 0 0 ‖
  情天 地     我满心   欢 喜.           喜.     D.S.
```

(三)换气训练

换气既是生理需求,更是出于表情达意的需要。换气时要兼顾生理和心理,在表达时找到合适的"气口"进行换气。也就是说,需要打破书面语言的标点,按照逻辑重新组织语言。不能看见标点就换气,看不见标点就一气读下去,这是不符合有声语言表达规律的。

1.绕口令

情境设计:周末和同学相约去郊外打枣,到了山脚下,抬头一看,呵,好大一片枣林啊!

打枣儿

出东门,过大桥,大桥底下一树枣儿,青的多,红的少,拿着竿子去打枣儿。一个枣

儿、两个枣儿、三个枣儿、四个枣儿、五个枣儿、六个枣儿、七个枣儿、八个枣儿、九个枣儿、十个枣儿;十个枣儿、九个枣儿、八个枣儿、七个枣儿、六个枣儿、五个枣儿、四个枣儿、三个枣儿、两个枣儿、一个枣儿。这是一个绕口令,一口气说完才算好。

训练提示:这个绕口令可以只在句号和分号处换气,如果气息够用也可以减少换气次数。

情境设计:放假回了趟乡下老家,老家的新鲜事可真不少,件件都和"黑"字有关,不信,我说给你听听——

十道黑

一道黑,两道黑,三四五六七道黑,八道九道十道黑。我买了一个烟袋乌木杆儿,我是掐着它的两头那么一道黑;二兄弟描眉来演戏,瞧着他的镜子那么两道黑;粉皮墙,写川字,横瞧竖瞧三道黑;象牙桌子乌木腿儿,把它放在那个炕上那么四道黑;我买了一只母鸡不下蛋,把它搁在那个笼里捂到黑;挺好的骡子不吃草,把它牵着在那街上遛到黑;买了一头小驴不拉磨,把它配上它的鞍鞯骑到黑;二姑娘南洼去割菜,丢了好的镰刀拔到黑;月窠儿的小孩得了病,团几个艾球灸到黑;卖瓜子儿的打瞌睡,哗啦啦撒了这么一大堆,他的笤帚簸箕不凑手,那么一个一个拾到黑。

训练提示:这个段子训练的时候应注意节奏感,可以打着拍子练习。熟练后可以带有一些表演性,声情并茂,说得越热闹、越好玩效果越好。

2.贯口词

贯口是对口相声的一种表现形式,"贯"字是一气呵成,一贯到底的意思。相声演员学艺时,常用来训练唇齿喉舌和气口的基本功。说的时候,必须注意语气的徐急顿挫、语调的婉转悠扬,要快而不乱、慢而不断,以免引起观众的心理紧张。在说贯口时,要特别注意掌握好"气口",明确在哪里换气能使听众觉得情绪连贯而不断线。如果"气口"找不准,在比较长的贯口里,就会把演员憋得脸红脖子粗,影响演出的艺术效果。

情境设计:大年三十晚上,一家人老老小小围坐在一起吃年夜饭,晚辈们敬酒时都要说说吉祥话,这可难不倒你,你拿起酒杯说——

贺 词

祝大家:东成西就、南通北达、左右逢源、上下皆宜、财源广进、生活幸福、家庭美满、身体健康、万事如意!

祝大家:身体好、心情好、家庭好、事业好、前程好、运气好、生活好,人生旅途样样都好! 一愿人长健,花长好,月长圆。二愿亲无间,惜有缘,情更深。三愿福如海,人如松,水长流。

祝大家:一飞冲天、二龙腾飞、三阳开泰、四季平安、五福临门、六六大顺、七星高照、八方来财、九转功成、十全十美!

情境设计：花博会开幕了，作为讲解员，你对这些花了如指掌。面对问东问西的游人，你清清嗓子、笑容满面地介绍道——

报花名

这里的花儿有：君子兰、广玉兰、米兰、剑兰、凤展兰。白兰花、百合花、茶花、桂花、喇叭花。长寿花、芍药花、芙蓉花、丁香花。扶郎花、蔷薇花、荷花、樱花、金钟花。花中之王是牡丹花，花中皇后月季花。凌波仙子水仙花，月下公主是昙花。清新淡雅吊兰花，浪漫多彩杜鹃花。芳香四溢茉莉花，金钟倒挂灯笼花。一花先开的金银花，二度花、三莲花。四季海棠、四季花，五彩的梅是五彩的花。六月雪开的是白花，七星花是个大瓣花。八宝花是吉祥的花，九月菊是仲秋花。日月红、百合花，千日红本是变色花。万年青是看青不看花。

情境设计：你是中华老字号酒家的金牌服务员，热情周到、业务熟练，客人落座，你上前问道——

报菜名

2-1

甲：欢迎您来到我们餐厅，想吃点什么？
乙：您这儿都有什么菜？
甲：我们有——蒸羊羔、蒸熊掌、蒸鹿尾儿、烧花鸭、烧雏鸡、烧子鹅、卤猪、卤鸭、酱鸡、腊肉、松花、小肚儿、晾肉、香肠儿、什锦苏盘、熏鸡白肚儿、清蒸八宝猪、江米酿鸭子、罐儿野鸡、罐儿鹌鹑、卤什件儿、卤子鹅、山鸡、兔脯、菜蟒、银鱼、清蒸哈士蟆，烩腰丝、烩鸭腰、烩鸭条、清拌鸭丝、黄心管儿、焖白鳝、焖黄鳝、豆豉鲶鱼、锅烧鲤鱼、锅烧鲶鱼、清蒸甲鱼、抓炒鲤鱼、抓炒对虾、软炸里脊、软炸鸡、什锦套肠儿、麻酥油卷儿、卤煮寒鸦儿、熘鲜蘑、熘鱼脯、熘鱼肚、熘鱼骨、熘鱼片儿、醋熘肉片儿、烩三鲜、烩白蘑、烩全饤儿、烩鸽子蛋、炒虾仁儿、烩虾仁儿、烩腰花儿、烩海参、炒蹄筋儿、锅烧海参、锅烧白菜、炸开耳、炒田鸡、桂花翅子、清蒸翅子、炒飞禽、炸什件儿、清蒸江瑶柱、糖熘芡实米，还有拌鸡丝儿、拌肚丝儿、什锦豆腐、什锦丁儿、糟鸭、糟蟹、糟鱼、糟熘鱼片、熘蟹肉、炒蟹肉、清拌蟹肉、蒸南瓜、酿倭瓜、炒丝瓜、酿冬瓜、焖鸡掌、焖鸭掌、焖笋、烩茭白、茄干晒炉肉、鸭羹、蟹肉羹、三鲜木樨汤。

还有红丸子、白丸子、熘丸子、炸丸子、南煎丸子、首蓿丸子、三鲜丸子、四喜丸子、鲜虾丸子、鱼脯丸子、咯吱丸子、豆腐丸子、氽丸子，一品肉、樱桃肉、马牙肉、红焖肉、黄焖肉、坛子肉、烀肉、扣肉、松肉、罐儿肉、烧肉、烤肉、大肉、白肉、酱豆腐肉、红肘子、白肘子、水晶肘子、蜜蜡肘子、酱豆腐肘子、扒肘子、炖羊肉、烧羊肉、烤羊肉、煨羊肉、涮羊肉、五香羊肉、炮羊肉、氽三样儿、爆三样儿、烩银丝、烩散丹、熘白杂碎、三鲜鱼翅、栗子鸡、煎氽活鲤鱼、板鸭、筒子鸡、烩长脐肚、烩南荠、盐水肘花儿、锅烧猪蹄儿、拌瓢子、炖吊子、烧肝尖儿、烧连帖儿、烧肥肠儿、烧宝盖儿、烧心、烧肺、油炸肺、酱蘑饤、龙须菜、拌海蜇、玉兰片、糖熘咯吱、糖腌钱莲子、拔丝山药、拔丝肉、鳊目鱼、八代鱼、黄花鱼、海鲫鱼、鲥鱼、鲑鱼、扒海参、扒燕窝、扒鸡腿儿、扒鸡块儿、扒鱼、扒肉、扒面筋、扒三样儿、红肉锅子、白肉锅子、什锦锅子、一品锅子、菊花锅子，还有杂烩锅子！

训练提示：这段"报菜名"选用的是马三立先生自创的"马派"版本。可在网上搜索马三立长子马志明的演出视频作为学习参照。（B站视频代码：BV1ax411974J）

3. 名单

情境设计：以下是中国共产党第十九届中央委员会委员名单。想象你是《新闻联播》播音员，正在节目中播读这份名单。注意调动大脑里储存的电视新闻图像，读出庄重感、权威感。

中国共产党第十九届中央委员会委员名单（204名）

（按姓氏笔画为序排列）

2-2

乙晓光、丁来杭、丁学东、丁薛祥、于伟国、于忠福、万立骏、习近平、马飚（壮族）、马兴瑞、王宁（武警）、王军、王勇、王晨、王毅、王小洪、王正伟（回族）、王东明、王东峰、王尔乘、王志民、王志刚、王沪宁、王国生、王建军、王建武、王晓东、王晓晖、王家胜、王蒙徽、尤权、车俊、尹力、巴音朝鲁（蒙古族）、巴特尔（蒙古族）、艾力更·依明巴海（维吾尔族）、石泰峰、布小林（女，蒙古族）、卢展工、白春礼（满族）、吉炳轩、毕井泉、曲青山、朱生岭、刘奇、刘雷、刘鹤、刘万龙、刘奇葆、刘国中、刘国治、刘金国、刘结一、刘振立、刘家义、刘赐贵、刘粤军、齐扎拉（藏族）、安兆庆（锡伯族）、许勤、许又声、许达哲、许其亮、阮成发、孙志刚、孙金龙、孙绍骋、孙春兰（女）、杜家毫、李屹、李希、李斌（女，国家机关）、李强、李干杰、李小鹏、李凤彪、李玉赋、李传广、李纪恒、李克强、李作成、李尚福、李国英、李桥铭、李晓红、李鸿忠、李锦斌、杨学军、杨洁篪、杨振武、杨晓渡、肖捷、肖亚庆、吴社洲、吴英杰、吴政隆、邱学强、何平（解放军）、何立峰、应勇、冷溶、汪洋、汪永清、沈金龙、沈晓明、沈跃跃（女）、沈德咏、怀进鹏、宋丹、宋涛、宋秀岩（女）、张军（国家机关）、张又侠、张升民、张庆伟、张庆黎、张纪南、张国清、张春贤、张晓明、张裔炯、陆昊、陈希、陈武（壮族）、陈豪、陈文清、陈吉宁、陈全国、陈求发（苗族）、陈宝生、陈润儿、陈敏尔、努尔兰·阿不都满金（哈萨克族）、苗圩、苗华、苟仲文、范骁骏、林铎、尚宏、金壮龙、周强、周亚宁、郑和、郑卫平、孟祥锋、赵乐际、赵克志、赵宗岐、郝鹏、胡和平、胡泽君（女）、胡春华、咸辉（女，回族）、钟山、信春鹰（女）、侯建国、娄勤俭、洛桑江村（藏族）、骆惠宁、秦生祥、袁家军、袁誉柏、袁曙宏、聂辰席、栗战书、钱小芊、铁凝（女）、倪岳峰、徐麟、徐乐江、徐安祥、高津、郭声琨、郭树清、唐仁健、黄明、黄守宏、黄坤明、黄树贤、曹建明、龚正、盛斌、雪克来提·扎克尔（维吾尔族）、鄂竟平、鹿心社、谌贻琴（女，白族）、彭清华、蒋超良、韩正、韩卫国、韩长赋、傅政华、谢伏瞻、楼阳生、蔡奇、蔡名照、雒树刚、黎火辉、潘立刚、穆虹、魏凤和、马正武（2019年10月四中全会递补）、马伟明（2019年10月四中全会递补）

训练提示：《新闻联播》中播音员的名单播报共用时7分3秒，可作为训练时的参考。在央视影音客户端搜索"中国共产党第十九届中央委员会委员名单"可观看播出视频。（以上版本为最新版，与播出版略不同）

三、气息控制综合训练

(一)耳语法气息训练

耳语就是说悄悄话,说悄悄话时声音很轻微,声带几乎不振动,完全依靠气流和咬字发出能让人分辨意义的字音。这个练习就是根据日常生活中悄悄话的状态,进行夸张的训练,要求"无声胜有声",不出声也要让人听见我们在说什么。这对气息强度的要求很高,在进行练习时会明显感觉到气沉丹田、小腹的控制力加强,训练一会儿小腹有酸累感。这个练习对于找不到小腹气息控制感的人尤其适用。[①]

情境设计:你正在宿舍上网看综艺节目《世界真奇妙》,边看边感慨:"大千世界无奇不有啊!"正想着,室友回来了,你急忙拉住她,因为还有其他室友在午休,你只能悄悄对她说:

稀奇稀奇真稀奇,麻雀踩死老母鸡。蚂蚁身长三尺六,八十岁的老头躺在摇篮里!

用同样的方式,练习下面两首《颠倒歌》绕口令:

打起喇叭吹起锣,听我唱支颠倒歌。黑夜做了个白日梦,梦见个小孩胡子多。书本扔在狗窝里,扑克装进文具盒。七点半上课八点走,急急忙忙倒着挪。下课问了一声老师早,上课他比老师说话多。站起答题累出汗,还说三九天太热。对着地图头挠手,缩缩眼睛挤挤脖:长白山在广东省,辽宁有个大渡河,江心骆驼下了个蛋,山顶乌龟做了个窝。耳朵看了直流泪,眼睛听了直打嗝。老师气,直拿眼镜擦手绢;同学笑,书桌狠劲敲胳脖。

太阳从西往东落,听我唱个颠倒歌。天上打雷没有响,地上石头滚上坡。江里骆驼会下蛋,山上鲤鱼搭成窝。腊月炎热直流汗,六月寒冷打哆嗦。妹照镜子头梳手,门外口袋把驴驮。

训练提示:悄悄话练气息可以练词语、绕口令、段子。注意练习时要绘声绘色,以调动气息运动。训练不要贪多求全,只要方法正确,哪怕每天练同一句话,效果也是一样的。关键是要达到训练量,比如上面的绕口令,每天练五十遍,很快就能找到小腹的控制感。

(二)诗词的呼吸控制训练

在呼吸训练中,为了体会有意识的呼吸控制,可以先从强控制入手。强控制发声时,声带紧张度增加,气息压力较大。广播电视语言一般以弱控制为主,因此,训练就是要从"下意识的纯自然"—"有意识的强控制"—"下意识的强弱控制自如(以弱控制为主)"。广播电视语言追求亲切、自然,接近生活语言。但是,接近不是等同,而要高于生活语言。强控制是弱控制的基础,弱控制是强控制弱化后的精细控制,纯自然的低能状态与弱控制有着本质的区别。

[①] 耳语法可详见殷亚敏:《21天掌握当众讲话诀窍》,机械工业出版社2011年版。

1.强控制训练

江城子·密州出猎
〔北宋〕苏　轼

老夫聊发少年狂,左牵黄,右擎苍,锦帽貂裘,千骑卷平冈。为报倾城随太守,亲射虎,看孙郎！

酒酣胸胆尚开张,鬓微霜,又何妨！持节云中,何日遣冯唐？会挽雕弓如满月,西北望,射天狼！

沁园春·雪
毛泽东

北国风光,千里冰封,万里雪飘。望长城内外,惟余莽莽;大河上下,顿失滔滔。山舞银蛇,原驰蜡象,欲与天公试比高。须晴日,看红装素裹,分外妖娆。

江山如此多娇,引无数英雄竞折腰。惜秦皇汉武,略输文采;唐宗宋祖,稍逊风骚。一代天骄,成吉思汗,只识弯弓射大雕。俱往矣,数风流人物,还看今朝。

将进酒
〔唐〕李　白

君不见黄河之水天上来,奔流到海不复回。
君不见高堂明镜悲白发,朝如青丝暮成雪。
人生得意须尽欢,莫使金樽空对月。
天生我材必有用,千金散尽还复来。
烹羊宰牛且为乐,会须一饮三百杯。
岑夫子,丹丘生,将进酒,杯莫停。
与君歌一曲,请君为我倾耳听。
钟鼓馔玉不足贵,但愿长醉不复醒。
古来圣贤皆寂寞,惟有饮者留其名。
陈王昔时宴平乐,斗酒十千恣欢谑。
主人何为言少钱,径须沽取对君酌。
五花马,千金裘。
呼儿将出换美酒,与尔同销万古愁。

2.弱控制训练

假如生活欺骗了你

〔俄〕普希金

假如生活欺骗了你,
不要悲伤,不要心急!
忧郁的日子里需要镇静。
相信吧,快乐的日子将会来临。
心儿永远向往着未来;
现在却常是忧郁。
一切都是瞬息,一切都将会过去;
而那过去了的,就会成为亲切的怀恋。

无怨的青春

席慕蓉

在年轻的时候,如果你爱上了一个人,
请你,请你一定要温柔地对待他。
不管你们相爱的时间有多长或多短,
若你们能始终温柔地相待,那么,
所有的时刻都将是一种无瑕的美丽。
若不得不分离,也要好好地说声再见,
也要在心里存着感谢,
感谢他给了你一份记忆。
长大了以后,你才会知道,
在蓦然回首的刹那,
没有怨恨的青春才会了无遗憾,
如山冈上那轮静静的满月。

雪花的快乐

徐志摩

假如我是一朵雪花,
翩翩地在半空里潇洒,
我一定认清我的方向——
飞扬,飞扬,飞扬,——
这地面上有我的方向。

不去那冷漠的幽谷,
不去那凄清的山麓,
也不上荒街去惆怅——
飞扬,飞扬,飞扬,——
你看,我有我的方向!
在半空里娟娟地飞舞,
认明了那清幽的住处,
等着她在花园里探望——
飞扬,飞扬,飞扬,——
啊,她身上有朱砂梅的清香!
那时我凭借我的身轻,
盈盈的,粘住了她的衣襟,
贴近她柔波似的心胸——
消溶,消溶,消溶,——
溶入了她柔波似的心胸!

(三)篇章训练

1. 新闻

(1)《中华人民共和国香港特别行政区维护国家安全法(草案)》已由委员长会议提请18日召开的十三届全国人大常委会第十九次会议审议。这个法律草案是贯彻落实第十三届全国人民代表大会第三次会议通过的《全国人民代表大会关于建立健全香港特别行政区维护国家安全的法律制度和执行机制的决定》精神和要求的重要立法项目,法制工作委员会负责人向会议作了关于法律草案的说明。其中,草案对防范、制止和惩治发生在香港特别行政区的分裂国家、颠覆国家政权、恐怖活动、勾结外国或者境外势力危害国家安全等四类犯罪行为的具体构成和相应的刑事责任,作出了明确规定。

(2020年6月18日《新闻联播》)

(2)中非抗疫特别峰会由中国和非洲联盟轮值主席国南非、中非合作论坛共同主席国塞内加尔共同发起,以视频方式举行。南非总统拉马福萨、塞内加尔总统萨勒和埃及总统塞西、刚果(金)总统齐塞克迪、阿尔及利亚总统特本、加蓬总统邦戈、肯尼亚总统肯雅塔、马里总统凯塔、尼日尔总统伊素福、尼日利亚总统布哈里、卢旺达总统卡加梅、津巴布韦总统姆南加古瓦、埃塞俄比亚总理阿比以及非盟委员会主席法基出席。联合国秘书长古特雷斯、世界卫生组织总干事谭德塞作为特邀嘉宾与会。

(2020年6月18日《新闻联播》)

训练提示:新闻中常有长句或较长的外国人名、地名,需要气息够用、托送有力。注意气流"被动进入"的感觉,在小腹快速"一松一紧"的刹那"补气"。找准气口,把意思播清楚。

(3) 中央气象台继续发布台风橙色预警,预计今年第6号台风"烟花"将于明天(7月25日)下午到夜间在浙江舟山到三门一带沿海登陆,登陆强度为台风级或强台风级。各地各部门加强防范,应对台风可能带来的影响。水利部门加紧排水,进一步降低太湖及周边河网水位,腾出库容。交通运输部从23日20时起启动防御台风Ⅱ级响应。今天,浙江暂停沿海191条客船航线,上海浦东虹桥机场取消航班513架次。24日起到29日,杭深铁路宁波至温州段、金温铁路等旅客列车采取临时停运措施,首批停运方案涉及112趟旅客列车以及1趟缩短运行区间旅客列车。

(2021年7月24日中央广播电视总台《新闻联播》)

(4) 中央气象台监测显示,今年第二号台风鹦鹉的中心距离广东省阳江市东南方约510公里,中心附近最大风力有八级,预计鹦鹉将以每小时15至20公里的速度向西北方向移动,强度逐渐加强,将成为今年首个登陆我国的台风。台风鹦鹉将带来较强风雨天气。今明两天,南海中部和西北部海域、广东西部沿海将刮起八至九级的大风,鹦鹉中心经过的附近海域风力有十级,阵风可达十一至十二级,今天夜间至15号,广东西部和沿海地区、广西东南部等地有大到暴雨,局地大暴雨。气象专家提醒,广东、广西及海南等地提前做好防台风应急准备工作。前期,广东、广西刚经历过持续的强降雨天气,部分地区土壤含水量极高,接下来又将面临台风考验,需加强防范山洪泥石流滑坡等次生灾害。

(2020年6月13日《新闻直播间》)

训练提示:这两条消息是在强台风逼近时中央气象台发布的预警。这种消息重在服务性,在播读时要让人听得清楚明白,以便做好准备工作。要特别注意时间、距离、地点等内容的处理,在车次、线路的位置选好气口,衔接流畅。

(5) 本台刊播国际锐评,题目是《究竟谁在全球到处欺侮恫吓他人?》。

锐评说,美国100名所谓对华强硬派人士最近污蔑中国推行"扩张主义""利用综合国力欺侮和恫吓他人",声称"在美国的政治体制中,政治是常态,战争是例外,而中国恰恰相反",这一观点荒唐得令人喷饭。

中国最新发布的《新时代的中国国防》白皮书明确"永不称霸、永不扩张、永不谋求势力范围"是新时代中国国防的鲜明特征。反观美国,自1776年新中国成立至今,200多年里有90%以上的时间在打仗。2018年美国军费支出超过6400亿美元,高居世界第一,是排在其后8个国家军费的总和。

美国如此好战,却反诬中国"不是和平政权",如果美国某些政客抱着霸权思维不放,奉行强权政治、到处欺负恐吓他人,充当"搅屎棍",那么迟早要被21世纪全球化文明社会所抛弃。

(2019年7月25日《新闻联播》)

(6)本台今天刊播国际锐评:《将经贸问题政治化的企图必将失败》。

锐评指出,美国副总统彭斯19日把香港问题与中美经贸协议直接挂钩,是赤裸裸地将经贸问题政治化,公然干涉中国内政,企图增加施压和遏制中国的筹码,用心极其险恶!彭斯副总统应该去补一补历史课,拿《中英联合声明》这份过时无效的文件干涉香港事务与中国内政,不仅让自己沦为国际笑柄,也令美国国家形象蒙羞。

锐评说,美方一些人近来之所以变本加厉、采取种种拙劣手法施压中国,其背后是对华贸易战久攻不下的气急败坏,以及对美国经济衰退风险上升的焦虑担忧。但是,极限施压对中国根本没用。中方愿意在平等和相互尊重的基础上与美方进行磋商,但在重大原则问题上决不让步。彭斯副总统等人对此不要再有任何战略误判,不要在错误的道路上越滑越远。

中国绝不会以牺牲别国利益为代价来发展自己,也决不放弃自己的正当权益,任何人不要幻想让中国吞下损害自身利益的苦果,任何将经贸问题政治化的企图必将失败。

(2019年8月20日《新闻联播》)

训练提示:新闻评论要求观点鲜明、态度明确、逻辑严密、论证有力、以理服人。评论播音似"河水中激流",要注意分寸得当、重音坚实、节奏稳健、张弛有致。这对于气息控制提出了较高的要求,训练时注意调整气息状态,展现评论的鲜明态度与逻辑力量。

2.颁奖词

2003年《感动中国》年度人物杨利伟

那一刻我们仰望星空,或许会感觉到他注视地球的眼睛。他承载着中华民族飞天的梦想,他象征着中国走向太空的成功。作为中华飞天第一人,作为中国航天人的杰出代表,他的名字注定要被历史铭记。成就这光彩人生的,是他训练中坚忍执着,飞天时的从容镇定,成功后的理智平和。而这也正是几代中国航天人的精神,这精神开启了中国人的太空时代,还将成就我们民族更多更美好的梦想。

2-3

2003年《感动中国》年度人物巴金

穿越一个世纪,见证沧桑百年,刻画历史巨变,一个生命竟如此厚重。他在字里行间燃烧的激情,点亮多少人灵魂的灯塔;他在人生中真诚地行走,叩响多少人心灵的大门。他贯穿于文字和生命中的热情、忧患、良知,将在文学史册中永远闪耀着璀璨的光辉。

2-4

2005年《感动中国》年度人物王顺友

他朴实得像一块石头,一个人一匹马,一段世界邮政史上的传奇,他过滩涉水,越岭翻山,用一个人的长征传邮万里,用20年的跋涉飞雪传心,路的尽头还有路,山的那边还是山,近邻尚得百里远,世上最亲邮递员。

2007年《感动中国》年度人物钱学森

《感动中国》推选委员陈章良,在推荐钱学森老人的时候这样写:他不仅以自己严谨和勤奋的科学态度在航天领域为人类的进步做出卓越的贡献,更以淡泊名利和率真的人生态度诠释了一个科学家的人格本质。

现在我宣读《感动中国》组委会授给钱学森的颁奖词:在他心里,国为重,家为轻,科学最重,名利最轻。5年归国路,10年两弹成。开创祖国航天,他是先行人,披荆斩棘,把智慧锻造成阶梯,留给后来的攀登者。他是知识的宝藏,是科学的旗帜,是中华民族知识分子的典范。

2012年《感动中国》年度人物何玥

面对何玥,《感动中国》推选委员时文朝说:12岁的小女孩坦然面对生死已属难能,在病痛中还不忘善济他人。这一场生命最后的告别,不知敲动了多少人的心灵,平凡善举,可以开启一个有爱的未来。推选委员阿来说:今天,当我们怀着悲伤提起这个名字的时候,却又怀着欣喜,为她的生命与另外的生命合二为一,仍在这个世界上熠熠生辉。

现在我宣读《感动中国》组委会寄予何玥的颁奖词:正是花样年华,你却悄然离开。你捐出自己,如同花朵从枝头散落,留得满地清香。命运如此残酷,你却像天使一样飞翔。你来过,你不曾离开,你用平凡生命最后的闪光,把人间照亮。

2013年《感动中国》年度人物高秉涵

悲莫悲兮生别离。海峡浅浅,明月弯弯。一封家书,一张船票,一生的想念。相隔倍觉离乱苦,近乡更知故土甜。少小离家,如今你回来了,双手颤抖,你捧着的不是老兵的遗骨,一坛又一坛,都是满满的乡愁。

2-5

2015年《感动中国》年度人物屠呦呦

青蒿一握,水二升,浸渍了千多年,直到你出现。为了一个使命,执着于千百次实验。萃取出古老文化的精华,深深植入当代世界,帮人类渡过一劫。呦呦鹿鸣,食野之蒿。今有嘉宾,德音孔昭。

2-6

2019年《感动中国》年度人物中国女排

几十年拼搏不息,几代人热泪盈眶。在低谷中奋起,从不放弃,面对强敌出手,永不言败。你们的身影是民族性格的缩影,你们的脚步是一个国家成长的历程。奏国歌,升国旗,你们超越了体育,是国家的英雄。

2020年《感动中国》年度人物张桂梅

63岁,云南丽江华坪女子高级中学校长。2000年,在云南儿童之家工作的张桂梅看到了很多农村贫困家庭的不幸,她希望创办一所免费女子高中,彻底解决山区贫困问题。2007年,张桂梅成为党的十七大代表,她向公众讲述了自己的梦想,引起了社会广泛关注。2008年,华坪女子高级中学成立,这是全国唯一一所免费女高,专门供贫困家庭的女孩读书。学校建校12年以来,已有1645名大山里的女孩从这里走进大学完成学业,在各行各业做贡献。

颁奖辞:烂漫的山花中,我们发现你。自然击你以风雪,你报之以歌唱,命运置你于危崖,你馈人间以芬芳。不惧碾作尘,无意苦争春,以怒放的生命,向世界表达倔强。你是崖畔的桂,雪中的梅。

训练提示:2002年开始播出的《感动中国》被媒体誉为"中国人的年度精神史诗",节目的颁奖词更是以升华的激情和斐然的文采深深打动了观众,体现出语言特有的魅力。颁奖词的宣读应庄重大气、饱含深情。练习前应先了解人物事迹,以利于对颁奖词的深刻理解。

3. 影视剧台词

电视剧《大宅门》白景琦台词片段

我,白景琦,生于光绪六年,自幼顽劣,不服管教,闹私塾,打兄弟,毁老师,无恶不作。长大成人更肆无忌惮,与仇家女私订终身,杀德国兵,交日本朋友,终被慈母大人赶出家门;从此闯荡江湖,独创家业。一泡屎骗了两千银子,收了沿河二十八坊,独创"泷胶""保生""九宝""七秀"三十二张秘方,济世救民,兴家旺族;为九红,我坐过督军的大牢,为槐花,坐过民国的监狱,为香秀,得罪过全家老少,越不叫我干什么,我偏要干什么!除了我妈,我没向谁低过头,没向谁弯过腰!如今,日本鬼子打到了咱们家门口,逼死了三老太爷,我立誓,宁死不当亡国奴!我死以后,本族老少如有与日本鬼子通同一气者,人人可骂之!我死以后,如有与日本鬼子通同一气者,人人可诛之!我死以后,……如有与日本鬼子通同一气者……照着我这口刀说话!

立遗嘱人:白景琦。

训练提示:白景琦是郭宝昌《大宅门》中的人物形象,这是一个个性张扬、天马行空、聪敏绝顶,具有强烈反叛精神的人。他敢爱敢恨,敢作敢当,是个顶天立地的大男人。

电影《哈姆雷特》哈姆雷特台词片段

生存还是毁灭?这的确是个问题。究竟哪样更高贵,去忍受那狂暴的命运无情的摧残,还是挺身去反抗那无边的烦恼,把它扫一个干净。死亡,沉睡,结束一切,如果沉睡能了结心灵之痛和肉体无法承受的千百种痛苦,那正是我求之不得的天大的好事。死亡,沉睡,沉睡,也许还有梦!唉,问题就在这儿,在死亡般的睡眠中将会出现什么梦呢?当我们甩掉这皮囊之后总是会有顾虑,正是这个缘故,人们才甘心困于患难之中。谁愿意忍受人世的鞭打和嘲弄,压迫者的凌辱、傲慢者的冷眼和那失恋的痛苦,法庭的迁延,官吏的暴敛和辛勤劳作却换来小人的鄙视。他只需用匕首就可以将自己解脱了。谁愿意容忍这一切,在生活的重压下呻吟!如果不是对不可知的死亡的恐惧,害怕未知的世界,从来没有人从那里返回过,世人犹豫了,宁愿忍受眼前的厄运也不愿投入未知的苦难。重重顾虑驱使我们完全变成了一个懦夫,而我们原来所具有的决心却被这思虑蒙上了一层灰色,极为勇敢而伟大的冒险精神也因为这思虑而改变了方向,失去了行动的意义。

训练提示:《哈姆雷特》是世界著名悲剧之一,也是莎士比亚最负盛名的剧本,具有深刻的悲剧意义、复杂的人物性格以及丰富完美的悲剧艺术手法,代表着整个西方文艺复兴时期文学的最高成就。剧中叔叔克劳迪斯谋害了哈姆雷特的父亲,篡取了王位,并娶了王后葛簌特;王子哈姆雷特因此为父王向叔叔报复,复仇的故事中交织着爱恨情仇。这段独白选自1996年肯尼思·布拉纳导演的同名电影,由徐涛配音。哈姆莱特在极度困惑、不知所措的心情下,谈到了生与死、思考与行动、报复与宽容等人生中的永恒矛盾,批判了现实世界的黑暗,富有深刻的哲理意味。

本章小结

1.气息控制是发声训练中的重点和难点。发声能力的强弱主要取决于气息的控制。没有良好的呼吸控制能力,就难以获得有表现力的声音。

2.气息训练要和发声训练结合进行,不能声是声、气是气,将两者机械地割裂成"两张皮"。练习气息控制不仅仅是要把气练得长、练得强,关键是要在此基础上灵活控制、能换(气)会用(气)。

3.气息训练要做好打持久战的准备,这不是一朝一夕就能完成的。许多成名的艺术家依然坚持每天练声练气,因为有声语言艺术创作靠的就是"一口气"。气息控制得好的人,进行艺术创作往往更得心应手,艺术生命也更加长久。

思考题

1.播音发声对气息控制有什么特殊要求?
2.播音发声主要采用哪种呼吸方法,为什么?
3.简述胸腹联合式呼吸法的原理。
4.胸腹联合式呼吸法吸气和呼气的要领是什么?

第七章 口腔控制——语音的"制造场"

■ **本章提示**
1. 播音发声对吐字的要求
2. 重要的咬字器官
3. 口腔的基本状态——提打挺松
4. 吐字归音

吐字是播音员主持人的一项重要基本功。字是意义与情感的载体,因此吐字是传情达意的重要途径。

我国传统戏曲说唱艺术对吐字功力非常重视,有"千斤念白四两唱"的说法,强调"说"比"唱"还需要功力,不可轻视。古代乐论《乐府传声·声各有形》一文曾这样论述:"然声亦必有气以出之,故声亦有声之形……如东钟韵:东字之声长,钟字之声短,风字之声扁,宫字之声圆,踪字之声尖,翁字之声纯。江阳韵:江字之声阔,藏字之声狭,堂字之声粗,将字之声细。"明代昆腔大师魏良辅在《曲律》里说:"曲有三绝,字清为一绝,腔纯为二绝,板正为三绝。""字清"不仅指字音要清晰,还要清扬,也就是优美动听。

字在口腔内形成,吐字的实质就是口腔控制。播音员主持人需要强化口腔控制训练,使其适应大众传播、艺术创作的需求。

第一节 播音主持发声对吐字的要求

"字正腔圆"是对播音员的吐字要求和衡量标准。具体可以概括为:准确、清晰、圆润、集中、流畅。[1]

一、准确

准确指的是字音准确、规范,即"字正",是对播音员主持人发音的基本要求。播音员

---

[1] 徐恒.播音发声学[M].北京:中国传媒大学出版社,2006:97.

主持人必须按照普通话的语音规律吐字发音。准确主要包括发音部位准确、发音方法正确，同时还强调在生活中人们发音时不太注意的细微差别。比如发"z、c、s"时易出现"嘶嘶"的杂音，发"j、q、x"时易出现的尖音等，这些杂音通过话筒后都会影响到发音的准确性。所以，准确就是要求播音员主持人在符合语音规律的前提下，发音要比一般人更动听、更悦耳。

二、清晰

字音清晰是播音员主持人发音的一大特点，也是成为播音员主持人的必备条件。声音好听、吐字不清晰，无法胜任播音主持工作；相反，声音条件中等、吐字却很清晰，则可以从事播音主持工作。同时，由于播音员的声音通过电声设备传播会有损耗，吐字清晰显得尤为重要。

可见，清晰是传播特点对吐字提出的要求，具体指发音过程中唇舌力度、舌位变化等方面的要求。比如声母"h"，发音部位在舌根，发音方法为清擦音，发音时舌根接近软腭，气流冲击舌根和软腭的接近处形成擦音。未经过专业训练的人在气流成阻时，舌根与软腭空隙过大会造成擦音不清晰的问题，比如将"胡(hú)"音发成"吴(wú)"音。

三、圆润

圆润指有较为丰富的共鸣，即"腔圆"，是对播音员主持人发音的审美要求。"吐字如珠"是对吐字圆润的形象比喻。圆润的对立面是扁涩。吐字扁而干涩，不饱满、不悦耳，缺乏美感，不易吸引受众。练习者要想获得圆润的声音，应在把握韵母发音的舌位动程、调整口腔腔体、运用共鸣器官上下功夫。比如发"tiān"这个音，声母舌尖中音 t 要位置准确，迅速与 i 相拼形成字头 ti 后过渡至 a 并归音到前鼻音 n，舌位动程变化鲜明，过渡流畅、柔和，从而达到圆润的要求。

四、集中

声音集中，既是发声的审美要求，也是播音员主持人对吐字的特殊要求。集中的声音易于入耳，听上去精神饱满。相反，声音散漫，不但影响字音的清晰度，而且给人漫不经心的感觉。话筒收音是有定向性的，如果播音员主持人声束集中，就可以用较小的力气得到很好的发声效果。因此，我们在训练吐字时，应使声音沿着口腔"中纵线"，做到"声挂前腭"。

五、流畅

"字"存在于语流中。播音员主持人吐字必须轻快流畅，语流顺畅无阻，不能"蹦字"，也不能把字咬得太死。吐字训练中为了纠正不良的发音习惯，常把音节拆分成一个个音素进行训练，目的是纠正、解决发音问题。在实际运用中，拆分的音素、音节、字词、短语，都要在语流中连接起来，如春水淙淙。这就需要把握好个体与整体的关系，发音时既不生硬,又能保证表达过程中的清晰流畅。

以上这些要求层层递进、相辅相成。总体来说,播音员主持人的吐字要颗粒饱满,轻快连贯;字字皆入耳,声声皆入心;播而不费力,听而有美感。

第二节　咬字器官的认识

喉部经声带震动后发出的声音,经咽腔到达口腔,在口腔内受到各种节制而形成不同的字音。这个受节制的过程就是咬字的过程,那些对声音起节制作用的器官就是咬字器官,包括唇、齿、舌、腭。

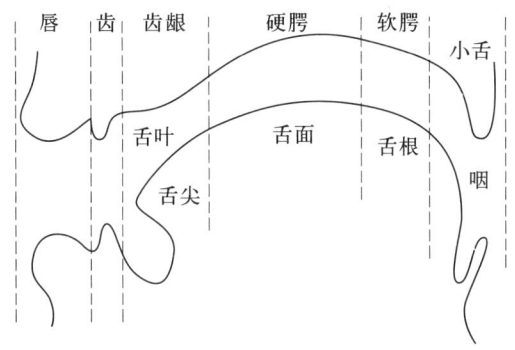

图 7-1　咬字器官示意图

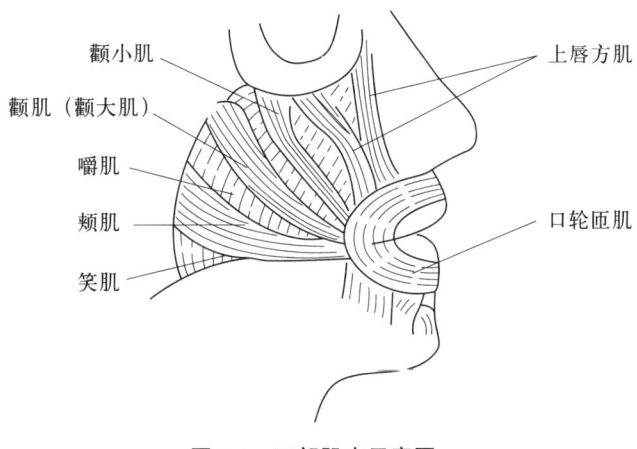

图 7-2　口部肌肉示意图

一、唇

唇分为上唇和下唇,是声音的主要出口、吐字的重要器官。唇的控制对吐字质量影响明显。唇在发音中应始终有所控制,不能过于松散、随意。汉语音节发音时,有许多音都是以唇的活动为主体,例如声母 b、p、m、f,韵母 u、iu、ao、ou 等,唇形的圆展变化是语音学划分"四呼"的依据。唇的作用还表现在:唇的收摄使声音清亮、集中;唇的动作会影响笑肌、颧肌、颊肌的状态,进而影响整个口腔的共鸣状态;唇是控制气息的大门。

二、齿

齿包括前门齿和后槽牙两个部分。前门齿是舌尖前音成阻的部位。上下门齿的运动是由于口腔两侧的后槽牙开合引起的。牙关是一个主动灵活的控制器官。牙关打开，声束由咽腔通道进入口腔，使咽部的共鸣充分发挥，声音通畅响亮；牙关紧咬，口腔容积变小，共鸣减弱，声音会闷涩扁狭，同时由于声束不能顺畅前行，还容易冲上鼻腔产生不必要的鼻音。为了使字音清晰圆润，这就要求舌的活动幅度加大，必须适当打开牙关，为舌的活动创造条件。

三、舌

舌是发音过程中活动最积极、影响最大的咬字器官。舌头可以影响整个口腔的状态，并决定字音的准确度、清晰度、圆润度。舌分为舌尖、舌叶、舌面、舌根。舌体上、下、前、后的不同变化及着力点的位置，决定字音的形成，改变口腔的共鸣状态。舌的弹动力越强，声母发音越清晰；舌如果绵软，阻气乏力，字音就较模糊。元音的舌高点越鲜明，元音音色越清晰；如果力量分散，声音也就散漫。

舌是口腔体积与表面积较大的肌肉组织，它的状态对整个口腔的状态都有的影响。发声时舌面后部以平展状态为佳，舌后部提高或后退都使口咽狭窄而不利于声束的通过和共鸣的产生，压舌根则会导致舌部肌肉紧张。舌如果比较韧挺，音波被吸收得少，声音就会响亮些；反之，舌头松软，声音就会闷暗。

四、腭

腭，俗名口盖，像一个"隔板"分割口腔与鼻腔。腭分前后两部分，前三分之二是硬腭，后三分之一是软腭。硬腭中纵线由前及后明显突起，叫腭中缝。软腭是由肌、肌腱和黏膜构成，能升降，两侧咽腭弓能互相接近。腭像一个可以变化大小的穹窿体，口腔的共鸣状态和腭密切相关。适当提起软腭能较好发挥后声腔的共鸣作用，使声音宽厚、结实。硬腭前部是发音的主要内感区，在感觉声束达到这里时能提高发音效率及声音的明朗度，产生良好的口腔共鸣。

第三节 口腔的"静态控制"——提打挺松

口腔是语音的制造场，吐字的过程就是各个咬字器官互相配合协调的过程。为达到播音主持发声对吐字的要求，需要打开口腔，使口腔"立"起来。这种口腔状态要保持相对稳定，并贯穿吐字过程的始终，构成发音动作的基础，可以称为口腔的"静态控制"。

吐字过程中，口腔的总状态可以概括为两句口诀："唇舌灵活力集中，口盖提起如穹窿。"

一、唇舌灵活力集中

唇舌灵活是语音流畅、自如的前提,如果达不到这一标准,就会出现吃字(音节含混不清)、滚字(音节间"粘连")、走音(俗称"拐调")和语流滞涩等现象。

因此,舌要灵活有弹性,发音时主要取"收势",加强舌中部收拢上挺的训练。唇要展撮灵活,唇齿相依,要有很强的集中于上唇三分之一的收撮力。特别注意,开口呼的开口度不要太大,齐齿呼唇形不要太扁,合口呼不要向前突出(等于唇齿之间加了一个"嘴子",声音沉闷,容易被包在口中),撮口呼要"撮起两角用中间"。

力集中主要指以下四种力:牙关的开合咬嚼力、腭的挺起升降力、舌的顶弹滑动力、唇的喷闭收撮力。这些力量要靠相关肌肉的拮抗取得,力量集中的练习应以字词为主。

二、口盖提起如穹窿

这是形容打开口腔的状态。要使字音圆润饱满,必须有一个好的口腔状态。口腔要有一定开度,口盖要有提起感,成为一个较坚韧的圆顶,有利于字音的共鸣。打开口腔不等于张大嘴。张大嘴时口腔后部窄前部宽,形成三角形的喇叭口,实际是前开后不开。打开口腔要求前后都打开,软腭上挺、下颌放松,呈扁圆形,即"后开前有力"。打开口腔是通过"提颧肌、打牙关、挺软腭、松下巴"实现的。

(一)提颧肌

提颧肌是抬起上腭前部的动作。颧肌微提,鼻翼微张,上唇微展,上齿微露。提颧肌会使面部呈现类似微笑的表情,初学者可以通过这个表情体会提颧肌的动作。但提颧肌不是一味咧嘴做美滋滋的微笑状,更不是皮笑肉不笑。正确的提颧肌,肌肉走向应向上提起,是发音应保持的一种状态。提颧肌可以使唇齿相依,唇的运动由此有了依托,较之于唇齿分家更容易把握咬字力度,提高声音的亮度和字音的清晰度。

提颧肌图　　　　　　不提颧肌图

图 7-3　提颧肌对比图

(二)打牙关

上下颌之间的关节俗称牙关,打开牙关是抬起上腭中部的动作。张口时槽牙上提,类似于半打呵欠,闭口时上门齿下扣,类似于啃苹果。牙关打开,口腔内部空间加大,有利于舌体运动和口腔共鸣。由于播音发声对口腔开度的特殊要求,我们必须有意识地进行打牙关的训练。在所有音节中,开口度最大的是带有"a"的音节。以开带闭、以宽带窄,是体会和掌握打牙关的有效方法。当然,开与不开是相对的,没有绝对的量化标准。在实际发声中,应根据需要灵活掌握。

(三)挺软腭

软腭在上腭后部,用舌尖抵硬腭后探会感觉到它的具体位置。不说话时,软腭松软下垂,发音时,软腭上挺,一方面加大口腔后部空间,改善音色;另一方面缩小鼻咽入口,避免气息大量进入鼻腔造成过重的鼻音。挺软腭可以通过小舌与舌根的距离来判断。如果在打开牙关、舌体平放的情况下,还不能看见小舌或小舌没有与舌体后部保持一定的空间距离,则说明软腭没有挺起或挺立得不够。挺软腭的感觉可以通过夸张吸气或半打呵欠来体会,也可以通过某些字音(如"hǎo")发音时口腔后部开口度较大来带动其他音节,达到更好的挺软腭发音的效果。但要注意,挺软腭的动作不能僵化,挺得太过反而会使后声腔肌肉发紧、发硬,不利于发声。

(四)松下巴

打开口腔的前三个要领,都要求加强肌肉的力量与控制训练,只有松下巴不需要训练力度,只需要放松。播音发声中,很多人喜欢通过下巴用力来辅助发声。尤其对于唇舌无力的人,为了追求字音清晰,往往喜欢下巴用劲儿代替舌体发音,结果导致下巴"铲字",发音难以持久,还会造成喉部肌肉紧张。发音中,下巴的动作应该是被动的,咬的力量主要集中在口腔上半部。下巴自然内收,即可做到放松。

松下巴图

掉下巴图

图 7-4 松下巴对比图

三、"声挂前腭"字形成

在口腔打开的前提下,还应讲究声音发出的路线和字音的着力点。由喉咽部发出的声束沿上腭中纵线向硬腭前部流动的过程中,受到舌、腭、唇等相应部位的节制,产生了字音"挂"于上口盖的感觉。以硬腭前部为字音的着力点,可以明显改变音色,在弱控制时,可以使声音小而不塌。发音合乎这一要求,声音就会有由上透出口外的感觉,音色明朗集中;否则,声音容易发散,音色闷暗不清。

第四节 口腔的"动态控制"——吐字归音

吐字归音是我国戏曲艺术中传统的咬字法,它是根据汉语的音节结构把一个音节的发音过程分为几个阶段(出字、立字、归音),并对这几个阶段的发音做具体要求,使音节发音不仅准确而且优美的方法。吐字归音强调的是吐字的动态控制,是对发音动作过程的控制。

一、汉语的音节结构

当代语言学家从音节结构的角度分析字音的头、腹、尾:

字头=声母+韵头(介音);

字腹=韵腹(主要元音);

字尾=韵尾(尾音)。

表 7-1 普通话字音结构表①

例字(类型)	字头	字腹		字尾
	声母	韵母		
		韵头	韵腹	韵尾
变(头腹尾全)	b	i	a	n
班(头腹尾全)	b		a	n
烟(头腹尾全)		i	a	n
安(无字头)			a	n
别(无字尾)	b	i	e	
巴(无字尾)	b		a	
阿(无字头、字尾)			a	

音节发音的"头腹尾说"是吐字归音的精髓。由于汉语音节只有主要元音(字腹)不

---

① 张颂:《中国播音学》,中国传媒大学出版社2003年版,第122页。

可或缺,零声母音节无声母,开尾音节无韵尾,因此,并不是每个音节都有头腹尾。但是,作为一种吐字动作过程,以发音器官动作作为划分字头、字腹、字尾的标准,就不存在无字头、无字尾的音节了。零声母音节开头的元音在实际发音中是带有摩擦性质的半元音,声音和发音动作接近辅音,可以视作有字头;而开尾音在字腹之后会有一个喉部闭拢的结束动作,可以觉察到收音动作。如"西安"一词,如果不用喉塞音作为 xi 的结束和 an 的开始,就容易发成"先(xiān)"字。因此,无论有没有声母和韵尾,发音时都应做到头、腹、尾俱全。

二、吐字归音的要领

在吐字过程中,对字头、字腹、字尾的处理,分别叫作出字、立字、归音。

(一)出字:部位准确、叼住弹出

字头是一字之头,对它的处理影响整个音节的质量。咬得无力,有字无声;咬得过狠,字拙而滞。字头有阻气和蓄气的作用,"字正"首先要靠字头部位的准确。

出字的两个阶段是"叼住"和"弹出"。"叼住"指声母的成阻和持阻阶段,也叫咬字阶段。要做到:①咬字要有一定力度,阻气有力;②力量要集中在相应部位的中纵部,而不是满口用力;③唇形要合适,特别是"齐、合、撮"三呼;④"叼"要有巧劲,不能过紧或过松,戏剧界有"擒字如擒虎"的说法,叼字像大老虎叼着小老虎过山涧,不能把小老虎咬死,也不能让小老虎掉下去。

"弹出"指声母的除阻阶段,也叫吐字阶段。只有"叼住"才能"弹出",出字时要有力而富于弹性,但吐字不是简单的"喷吐",不应过分使用外向力。播音主持工作使用话筒距离较近,过分强调外向力容易喷话筒,会造成字散、气竭等问题。因此,要做到叼而不拙、弹而不喷、轻而不松、快而有力。

(二)立字:拉开立起、字润珠圆

对字腹的处理影响到字音的圆润、饱满。字是随着字腹的拉开而在口腔中"立"起来的,因而称为"立字"。出字后,口腔随字腹的到来而拉开到适当的开度,感觉字音随上腭的提起而立起。在牙关打开的前提下,这个开度略大于生活语言的字腹开度,以取得较清晰的音色和较丰富的共鸣。

立字中,要注意几类韵母:①字腹是较窄元音 i、u、ü、e 的,口腔拉开、加强动程,做到"窄音宽发";②韵母 uei、uen 中的主要元音 e,拼写时省略了 e,发音时不能省略;③韵母是 ian、uan 的,不要把 a 音吃掉,如把"宣(xuān)传"发成"熏(xūn)传"。

立字不能矫枉过正,口腔过大、音素过渡缓慢(特别是三合复韵母)都不利于发声,应做到立而不撑、拉而不咧、开而有度、圆润如珠。

(三)归音:到位弱收、趋向鲜明

字尾归音是指字尾部位应发音完整,不能虎头蛇尾。归音的过程是力渐松、气渐弱、口渐闭、声渐止的过程,与出字、立字相比,掌握的难度更大。

在吐字方面,最容易犯的毛病就是不归音,造成"半截字",听起来不完整。"到位"是针对不收而言,意思是尾音要归到应有的位置上。充当尾音的有元音i、u(o),鼻辅音n、ng。归音时,舌的有关部位要趋向接近或轻微接触腭的前后部。"弱收"是针对强收而言。有人把尾音收得重而紧,违反音节发音的生理规律,不自如、僵硬呆板。在归音时干净利索,舌要趋向鲜明,口腔有个渐闭的过程。同时,也不能拖泥带水留尾巴。

吐字归音三阶段有以下要领。

出字要做到:气息饱满,部位准确,叼住弹出,力度适中,
　　　　　　圆唇扁发,扁唇圆发,短促敏捷,清晰自如。
立字要做到:气息均匀,音长音响,拉开立起,饱满圆润,
　　　　　　窄韵宽发,宽韵窄发,前音后发,后音前发,
　　　　　　舌行远程,唇走近路,承上启下,过渡流畅。
归音要做到:尾音轻短,完整自然,避免生硬,弱收适度,
　　　　　　归音到位,送气到家,干净利落,趋向鲜明①。

(四)"枣核形"

"枣核形"是说唱艺人对吐字过程形象化的描述,字头叼住弹出,字腹拉开立起,字尾到位弱收,合起来形成一个两头小中间大的"枣核"。它涉及音节各部分口腔的开合度及所占时值的长短。

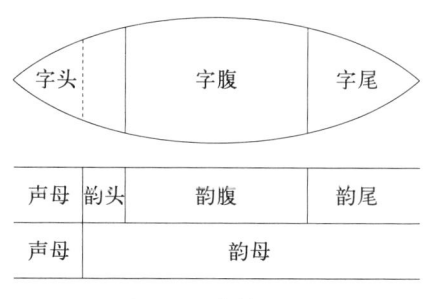

图 7-5　枣核形图

"枣核形"也就是吐字"玉润珠圆"的状态,体现着字音的清晰圆润、颗粒饱满。要形成"枣核形"必须有气息的支撑,吐字时口腔内部有所控制,这样字音才能结实、有光泽,不能只张嘴而口中无气息流出。"枣核形"是一个整体,整个字音的发音要有滑动感、整

---

① 吴弘毅.普通话语音和播音发声[M].北京:北京广播学院出版社,2002:308.

体感,不能分解字音。

"枣核形"不是一成不变的,而是随着音节的疏密、情感的要求而变化。吐字归音与其他声音技巧一样,都是为表达思想感情服务的,要根据不同的内容、形式、对象等条件而灵活运用,不能本末倒置,为了追求"枣核形"的完整而形成"一字一拍"的固定腔调。

第五节 口腔控制训练

吐字的综合感觉可以归纳为五个字:拢、弹、滑、挂、流。即发音着力点向口腔的中纵部集中;吐字轻快灵活;唇舌有滑动感;字音挂于硬腭前部;气息带动字音向前流动。

一、唇舌训练

(一)唇舌肌肉基础训练:口部操

要使咬字器官灵活有力,需要通过一些训练达到。口部操是咬字器官的"热身运动",包括唇、舌、颊等部位的训练。下面,介绍几节比较实用的口部操。

1. **唇的训练**

"喷":双唇紧闭,堵住气流,突然放开发"po"音。注意力量集中在唇中三分之一处,不要裹唇,气由丹田出。

"撮":先把双唇闭紧,噘起,然后嘴角用力,向两边伸展,反复进行。

注意这个练习是"撮""展"两个动作完成的,训练的核心是收撮力,不是向前噘嘴。

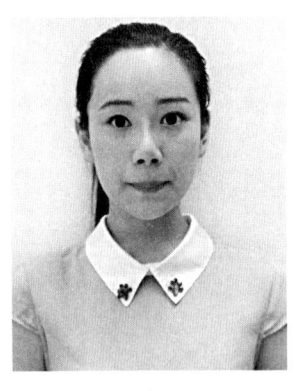

喷　　　　　　　　撮唇　　　　　　　　展唇

图 7-6　唇的练习示意图

"撇":先把双唇闭紧,噘起,然后向左歪,再向右歪,交替进行。注意不是左右咧嘴。

"绕":先把双唇闭紧,噘起,然后左转 360°,再右转 360°,交替进行。

2. **舌的训练**

"伸":口大开,提颧肌,努力把舌头往外伸,收束舌体,舌尖越尖越好,伸完后往回缩,反复进行。

伸舌正例　　　　　　　　伸舌反例

图 7-7　伸舌示意图

"刮":舌尖抵下齿背,舌面隆起,向外挺舌。舌体用力,用上门齿从舌尖刮到舌面。

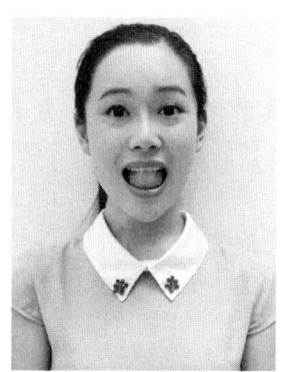 

刮舌正例　　　　　　　　刮舌反例

图 7-8　刮舌示意图

"顶":闭唇,用舌尖顶左、右内颊,交替进行。

"转":闭唇,把舌尖伸到齿前唇后,向顺时针方向转 360°,再向逆时针方向转 360°,交替进行。

"立":先把舌自然平放在下齿槽中,然后向左、向右翻立,交替进行,锻炼舌的力量左右平衡。

"弹":把力量集中在舌尖,抵住上齿龈,堵住气流,然后突然打开爆发出"te"音,反复进行。声音越有力越好。

3.打牙关的训练

"咬":先咧嘴,舌体后缩,打开后槽牙,用力做咀嚼咬合的动作,可使颊部肌肉有力。

根据经验,较容易出现问题的动作有"绕""刮""立"。"绕"应做到"先撮后绕",使唇始终保持撮起的状态,而不能只是闭住;动作幅度要尽量大;不能只往一边绕,顺时针、逆时针方向都应进行练习。"刮"应注意收束舌体,舌面隆起,舌体两边不要探出口外。

"立"的动作很多初学者都无法掌握,立不起来。"立"一定要用舌尖抵住下齿背,有了支点才容易用力。实在无法完成这个动作时可以用手帮忙,把舌头摆在立起的位置,感受立起来的舌体是哪部分肌肉在用力,有助于找到"立"的感觉。

初学者需要准备一面小镜子,对着镜子练习往往较容易对照出唇舌动作的问题使唇舌动作标准规范。

图 7-9　对镜练习

口部操的训练不能仅仅满足于会做,而要常做、多做,这样才能达到强化肌肉的目的。这就像运动员每天训练前都要热身和做基础训练一样,需要反复进行,达到一定量的积累。

口部操的训练量可以由少到多,视个人情况而定。如喷的练习,初学者每次做 15 个,之后可以做 30 个,三周后可以达到 50 个。

(二)唇舌使用提升训练:灵活度与力量

播音吐字要轻快有力,这和唇舌的力量、灵活度密切相关。发音含混不清往往是因为唇展撮无力或舌头松懒造成的。下面的训练从唇和舌两方面分别训练灵活度和力量。

1.唇的灵活度训练

训练提示:唇的训练宗旨是"明确唇形",按照四呼的发音特点,强化唇形的圆展、齐撮,使所有的字头唇形明确到位。

情境设计:你是一名小学语文老师,正在课堂上给二年级的同学朗读新学的字词,并要求学生跟着你读。你需要特别注意唇形的变化、动作到位,以便小朋友们都能看清你的唇形。

杂乱	蚕农	桑榆	补习	排序	马术	敷衍
袋鼠	塔钟	内幕	来去	占卜	传递	纱布
人工	句法	举牌	洗漱	改换	康复	和煦
衣服	母鸡	福气	礼物	桌椅	手机	蜘蛛
气球	西部	哭泣	淤泥	玉器	褴褛	书面
其余	冰雪	约定	编剧	批阅	票据	秘诀
棉絮	挑选	体恤	鸟雀	年均	玲珑	鲤鱼
几率	境遇	契机	抢掠	洗浴	信用	氤氲

2.唇的力量训练

[音节练习]

训练提示:所有声母与 a、i、u 相拼,要求有轻快弹动感。

ba—bi—bu　　　pa—pi—pu　　　ma—mi—mu

fa—fu
da—di—du　　ta—ti—tu　　　na—ni—nu　　la—li—lu
ga—gu　　　　ka—ku　　　　ha—hu
jia—ji—jiu　　qia—qi—qiu　　xia—xi—xiu
zha—zhi—zhu　cha—chi—chu　sha—shi—shu　　ri—ru
za—zi—zu　　 ca—ci—cu　　 sa—si—su

[词语练习]

播报　褒贬　奔跑　八百　版本　报备　鞭炮
帮忙　表明　排版　炮兵　爬坡　铺排　泼皮
偏僻　泡沫　篇目　瞒报　麦片　膜拜　目标
门派　名篇　蟒袍　蒙骗　密码　民办　明媚

[情景语句]

法国动画片《巴巴爸爸》中开头是这样介绍巴巴一家的：这就是巴巴爸爸、巴巴妈妈、巴巴祖、巴巴拉拉、巴巴利波、巴巴伯、巴巴贝尔、巴巴布莱特、巴巴布拉伯！

3.舌的灵活度训练

训练提示：舌的灵活度主要可以通过一些绕口令或贯口段子来练习。这时的训练和学习普通话语音声母、韵母时练习绕口令的要求不尽相同。语速可以尽量加快，绕口令也要选择难度较大、比较拗口的。比如将绕口令《八百标兵》的每个字后面加"了"，用越来越快的语速读出来，注意字音清晰准确。

八百标兵

八了百了标了兵了奔了北了坡，
炮了兵了并了排了北了边了跑，
炮了兵了怕了把了标了兵了碰，
标了兵了怕了碰了炮了兵了炮。
酸的甜的苦的辣的香的臭的都有了，
爸爸妈妈爷爷奶奶哥哥姐姐都吃了，
蓝花绿花黄花红花黑花白花都开了，
亮了暗了艳了素了美了丑了都齐了。

喇嘛和哑巴

打北边来个哑巴，腰里别着个喇叭。
打南边来个喇嘛，手里提拉着五斤鳎目。

南边提拉鳎目的喇嘛要拿鳎目换北边别喇叭的哑巴的喇叭,

哑巴不乐意拿喇叭换喇嘛的鳎目,

喇嘛非要换别喇叭的哑巴的喇叭。

喇嘛抡起鳎目抽了别喇叭的哑巴一鳎目,

哑巴摘下喇叭打了提拉鳎目的喇嘛一喇叭。

也不知提拉鳎目的喇嘛抽了别喇叭的哑巴一鳎目,

还是别喇叭的哑巴打了提拉鳎目的喇嘛一喇叭。

喇嘛炖鳎目,哑巴嘀嘀嗒嗒吹喇叭。

4.舌的力量训练

训练提示: 舌的力量练习以字词为主,体会舌体收拢上挺,力量集中在舌的中纵线。

情境设计: 想象口鼻前方不远处有一个小洞,每一个字音都像小钢珠一样一颗一颗打入这个小洞中。

(1)发"嘀嘀嘀……嗒嗒嗒……"。要求每个字清楚不粘连,速度越快越好。这个练习可以加强舌的力量,解决字音不集中的问题。

(2)反复发"ga、ka、ha、jia、qia、xia、da、ta、na、la",发音部位由后至前全面锻炼舌的力量。

二、口腔的"静态"训练

口腔"静态"训练的重点就是要找到口腔控制的总体感觉,做到提、打、挺、松,并能在发音中始终保持这种正确的口腔状态。

(一)口腔静态调整训练

每个人说话都有长期形成的口腔状态,要改变习惯、矫治问题需要一个过程。这部分训练要求练习者"摆"出正确的姿势,以利于发音。方法是通过照镜子,观察自己的颧肌、唇舌、上口盖、下巴的状态。

(二)生理感受调整训练

体会哈欠快打完时的感觉,下颌微收、牙关尚未闭合,这时声腔打开的状态最符合口腔控制的要求。保持这种状态,在口腔闭合时再体会"啃苹果"的动作,上口盖进行积极的咬合。这就是"开口如打呵欠,闭口如啃苹果"的感觉。

(三)心理状态调整训练

打开口腔的状态不应该是被动僵硬的,而应是主动积极的。当你由衷地发出一声赞叹、愉快高声地和朋友谈天说地时,口腔一定是"打开"的。心理状态兴奋、愉悦,精神状态饱满、热情,口腔的肌肉和神经形成积极反射,这时的口腔状态就"活"起来了。

(四)"a"音专项训练

元音 a、o、e、i、u、ü 在普通话语音中有特殊的位置和作用,被称为有声语言艺术发声的"六根柱子"。以此为基础进行打开口腔的训练是由"静态"控制到"动态"控制的过渡阶段,也是必经阶段。尤其是"a"音,可以说应贯穿发声练习的始终,甚至"怎么练习都不为过"。下面以"a"音为例,进行重点训练。

1.叹词"啊"的训练

情境设计:根据下面的提示自己联想语境,用语气词"啊"表达各种感情,注意声调、语气、情感的变化。练习时,应反复体会口腔的控制状态,反复练习,形成感觉记忆。

啊　ā:啊呀,这花真美呀!(表示赞叹或惊异)

啊　á:啊,你说什么?(表示疑问或反问)

啊　ǎ:啊,这是怎么回事?(表示疑惑)

啊　à:啊,好吧!(表示应诺。音较短)

啊,我这才明白过来!(表示醒悟。音较长)

啊,亲爱的祖国!(表示赞叹。音较长)

2.带"a"音的词语训练

训练提示:下面这组词语的第一个音节都含"a"音,容易打开口腔。朗读时以第一个音节打开口腔的感觉代发后面的音节,使后面的音节尽可能打开口腔开度发音。

情境设计:以舞台朗诵或话剧演员台词独白的方式做下面的练习,尽量用恰切的情感和声音来表现词组描述的情境、态度、意义等。

海阔天空	包罗万象	超群绝伦	浪子回头	牢不可破	刀山火海
广开言路	高风亮节	老生常谈	朗朗上口	强人所难	两袖清风
班门弄斧	旁敲侧击	满园春色	开天辟地	花前月下	载歌载舞
抛砖引玉	乔装打扮	泛滥成灾	防患未然	放虎归山	光明磊落
来龙去脉	来日方长	狼狈不堪	板上钉钉	道貌岸然	调兵遣将
高瞻远瞩	豪情壮志	江河日下	矫枉过正	娇生惯养	慷慨激昂
长年累月	山高水低	燃眉之急	假公济私	乔迁之喜	小家碧玉
藏龙卧虎	大动干戈	条分缕析	拿来主义	搬弄是非	沾沾自喜
冒名顶替	脑满肠肥	扬长而去	老当益壮	鸟语花香	庞然大物
相安无事	相辅相成	招摇过市	浩如烟海	响彻云霄	逍遥法外
量力而行	燎原烈火	遥相呼应	咬牙切齿	耀武扬威	张冠李戴

三、口腔的"动态"训练

(一) 吐字(字头)训练

[音节练习]

开口呼：

ba pa ma fa da ta na la ga ka ha zha cha sha za ca sa
de te ne le ge ke he zhe cha she re ze ce se
zi ci si zhi chi shi ri

齐齿呼：

bi pi mi di ti ni li ji qi xi

合口呼：

bu pu mu fu du tu nu lu gu ku hu zhu chu shu ru zu cu su

撮口呼：

nü lü ju qu xu

[词语练习]

b：	把柄	败北	卑部	奔波	辨别	标榜	裱褙	标本	禀报	病变	蚌埠
p：	澎湃	批判	偏旁	品牌	琵琶	偏颇	匹配	铺排	瓢泼	拼盘	频频
m：	美满	牧民	磨灭	麦苗	曼妙	猫咪	冒昧	弥漫	面貌	梦寐	门楣
f：	芳菲	仿佛	非凡	肺腑	奋发	夫妇	风范	佛法	蜂房	丰富	浮泛
d：	对答	大典	歹毒	怠惰	导弹	道德	等待	掂掇	跌宕	顶端	独断
t：	妥帖	颓唐	图腾	推脱	铁蹄	倜傥	体统	饕餮	忐忑	淘汰	坍塌
n：	恼怒	牛腩	忸怩	泥泞	男女	农奴	拿捏	能耐	奶奶	袅娜	泥淖
l：	裸露	罗列	沦落	掳掠	笼络	留恋	凛冽	领略	琳琅	来临	劳碌
g：	果敢	干戈	更改	尴尬	杠杆	高歌	故宫	瓜葛	骨骼	肱骨	冠盖
k：	开阔	坎坷	慷慨	矿坑	可靠	空旷	瞌睡	旷课	夸口	克扣	刻苦
h：	火红	鸿鹄	呼唤	浑厚	惶惑	回纥	海涵	浩瀚	呵护	豪华	航海
j：	岬角	急遽	饥馑	家境	急救	肩胛	孑孓	胶卷	荆棘	雎鸠	狷介
q：	茕茕	清癯	亲切	乔迁	前驱	愆期	弃权	祈求	崎岖	蹊跷	全球
x：	嬉戏	喜讯	形象	遐想	唏嘘	闲心	血腥	馨香	星宿	刑讯	宣泄
zh：	战争	忠贞	征兆	招赘	踯躅	茁壮	庄重	真挚	执掌	拙著	周章
ch：	驰骋	彻查	茶匙	超产	踌躇	戳穿	怵场	彳亍	惆怅	橱窗	秤锤
sh：	闪烁	潸潸	伤神	赏识	神圣	声势	审慎	施舍	兽首	述说	税收
r：	冉冉	扰攘	荏苒	仍然	容忍	荣辱	柔韧	濡染	软弱	如若	柔润
z：	造作	总则	栽赃	走卒	咂嘴	罪责	自尊	藏族	自在	遭罪	簪子

c：苍翠　曹操　残存　蚕茧　猜测　层次　葱翠　粗糙　璀璨　催促　措辞

s：缫丝　飒飒　羧酸　诉讼　琐碎　搜索　洒扫　瑟缩　思索　松散　色素

[绕口令练习]

训练提示： 字头要叼住弹出，蓄气有力，除阻干净利落，才能带动其后的发音。

(1) 双唇音

掰棒子

黄胖子，白胖子，背筐比赛掰棒子。黄胖子掰白棒子，白胖子掰黄棒子。黄胖子不能掰白胖子的黄棒子，白胖子也不能掰黄胖子的白棒子。俩胖子掰了棒子剥棒子，剥了棒子搬棒子，搬了棒子摆棒子。掰棒子，剥棒子，搬棒子，摆棒子，累得俩胖子，分不清黄胖子该掰白棒子，还是白胖子该掰黄棒子。

补皮裤

上刺儿山，砍刺儿树，刺儿树扯破我皮裤。皮裤破，补皮裤，皮裤不破不必补皮裤。

冰棒碰瓶

半盆冰棒半盆瓶，冰棒碰盆，盆碰瓶，盆碰冰棒盆不怕，冰棒碰瓶瓶必崩。

小猫摸煤

小猫摸煤，煤飞小猫满毛煤。

大猫毛短

大猫毛短，小猫毛长。大猫毛比小猫毛短，小猫毛比大猫毛长。

(2) 唇齿音

一条裤子七道缝儿

一条裤子七道缝儿，横缝儿上面有竖缝儿，竖缝儿上面有横缝儿。缝了横缝儿缝竖缝儿，缝了竖缝儿缝横缝儿。

黄幌子方幌子

老方扛着个黄幌子，老黄扛着个方幌子。老方要拿老黄的方幌子，老黄要拿老方的黄幌子。老方老黄不相让，方幌子碰破了黄幌子，黄幌子碰破了方幌子。

黑化肥　灰化肥

灰化肥发黑，黑化肥发灰。黑化肥掺灰化肥，灰里发黑，黑里发灰。

(3) 舌尖前音

做早操

早晨早早起,早起做早操,人人做早操,做操身体好。

乐生灾

曾仔自在乐生灾,贼钻财柜索钱财。曾仔醉卧总不醒,罪犯携脏走塞外。警方纵横千百里,围追阻截擒贼来。

(4) 舌尖中音

吊刀

楼头倒掉短单刀,单刀刀倒楼头吊,盗贼楼头盗单刀,对对单刀掉到道。

妞妞和牛牛

牛牛要吃河边柳,妞妞赶牛牛不走。妞妞护柳扭牛头,牛牛扭头瞅妞妞。妞妞怒牛牛又扭,牛扭妞妞拗拧牛。

老龙闹老农

老龙恼怒闹老农,老农恼怒闹老龙,农怒龙恼农更怒,龙恼农怒龙怕农。

刘兰柳

蓝衣布履刘兰柳,布履蓝衣柳兰刘,兰柳拉犁来犁地,兰刘牵牛来拉耧。

(5) 舌尖后音

四和十

四是四,十是十,十四是十四,四十是四十,四十加上四,就是四十四。四、十、十四、四十四,要是说错了,就要误大事。

晒柴菜

大柴和小柴,帮蔡爷爷晒柴菜。大柴晒柴小柴晒菜,大柴晒柴比小柴晒菜快,小柴晒菜紧紧追大柴。大柴晒柴不怕烈日晒,小柴晒菜烈日下不怕晒。晒干了蔡爷爷的柴和菜,大伙都夸大柴和小柴。

山羊上山

山羊上山,山碰山羊角,水牛下水,水没水牛腰。

钻砖堆

长虫围着砖堆转,转完了砖堆钻砖堆。

小阿妹想情郎

小阿妹想情郎,日也想,夜也想,饭不吃,肉不想,人见瘦,容颜黄。一支山歌扔过墙,柔情融融诉衷肠。

(6)舌面音

氢气球

氢气球,气球轻,轻轻气球轻擎起,擎起气球心欢喜。

娇娇嫁金桥

娇娇嫁金桥,起轿请舅瞧。清酒鸡鸭齐,七舅七姐到。紧衣裙,俏襟袄,娇娇娇又俏。喜鹊叫,喜气绕,轿过斜街,巧过桥。

青豆角儿

青豆角儿两头儿尖,尖尖豆角儿青又鲜,鲜鲜豆角儿青青豆,青鲜豆角儿大又满。

戏台演戏

戏台演戏,细看戏台西也演戏。戏台演新戏喜新春,戏台西演旧戏借新席。看一眼戏台演新戏,看一眼戏台西演旧戏,看新戏听旧戏,看旧戏听新戏,戏迷欣喜笑嘻嘻。

田建贤回家

田建贤前天从前线回到家乡田家店,只见家乡变化万千,繁荣景象呈现在眼前。连绵不断的青山,一望无边的棉田,新房连成一片,高压电线通向天边。

(7)舌根音

哥哥捉鸽

哥哥过河捉个鸽,回家杀鸽来请客。客人夸哥吃鸽肉,哥哥请客乐呵呵。

老爷堂上一面鼓

老爷堂上一面鼓,鼓下一只花老虎。老虎抓破堂上鼓,拿块黄布往上补。只见过布补裤,没见过布补鼓。

荷 花

荷花开花花粉红,粉红荷花会春风。风中蝴蝶翻飞舞,舞中蝴蝶附花红。

大哥和二弟

大哥上课刻苦学习,二弟下课开垦荒地。大哥和二弟互相鼓励,困难和坎坷都会过去。

(二)立字(字腹)训练

训练提示:这部分以四呼分类进行训练。口腔适度打开,唇形准确。字腹拉开立起,气息通畅平稳,声音响亮,圆润饱满。

1.开口呼

情境设计:院子的各个角落栽满了柳树。只有字腹拉开,才能读出"满"的多与繁茂。朗读时要有推进感,让人感觉满院满眼,绿树繁花,目不暇接,美不胜收。

小柳树

小柳树,满院栽,金花谢,银花开。

情境设计:小草无声无息,但是也有生命、有情感。用小草的语气完成这段小草的内心独白,感情充沛真挚。

小 草

没有花香,没有树高,我是一棵无人知道的小草。
从不寂寞,从不烦恼,你看我的伙伴遍及天涯海角。
春风啊春风,你把我吹绿,阳光啊阳光,你把我照耀。
河流啊山川,你抚育了我,大地啊母亲,把我紧紧拥抱。

等 待

岸,送走了渡船;城,变换了容颜。
出走是生命的张扬,归来是心灵的栖息。
当落日坠入长河,当炊烟袅袅升起,
当晚风抚响柳笛,我在这里等你。

2.齐齿呼

竹 林

雨洒过时一起滋润,风吹过时一起低吟。
争相拔节又一起成长,如此坚韧又如此虚心。
你可曾见过一根的孤竹,我生来的名字就叫竹林。

白 雪

像柳絮,像飞碟,
情绵绵,意切切。
我爱这人间最美的花朵,
白雪飘飘,飘飘白雪。
看她那晶莹的花瓣,
铺满了天边的原野;
看她那轻盈的舞姿,
催开了红梅的笑靥。
啊,白雪飘飘,飘飘白雪。

她赠给大地一片皎洁,
她洒向人间多少欢悦。
是她用纯真的爱情,
滋润着生命的绿叶。
是她把热烈的追求,
献给美好的季节。
啊,白雪飘飘,飘飘白雪。
她带给人间多少向往,
她纵情欢呼新的岁月。

3.合口呼

红 松

当一粒松子偶然入土,信念就藏进灵魂深处。忍受山火与雷电的凌辱,不屈地走过漫长的路。献出生命才叫人看见红心,甚至甘愿粉身碎骨。

4.撮口呼

泉的足迹

哪里寻找泉的足迹,听,处处有叮咚的旋律,结成紧密的集体,股股细流在一起汇聚。奔腾的生命永不停息,决不留恋身旁的花红柳绿,向着江河,向着大海,坚定的信念忠贞不渝。

(三)归音(字尾)训练

训练提示:字尾要归音到位,余气托送,干净利落,趋向鲜明,避免收得太急过于生硬或拖腔拖调。

这部分的练习参照语音训练部分的"十三辙"。朗读古诗时对韵尾归音的要求较高,易于体会吐字归音的感觉。训练时应注重展现押韵呈现出的声音美感,找准归音的不同部位。同时要明确每首诗的意涵和基调,用恰切的情感予以表达。

(四)"枣核形"训练

看不见的声音可以通过"枣核形"的意象,体现在出字、立字、归音的过程中,有利于把握各部分口腔控制。表达时,"枣核"可以根据内容的需要,进行或圆、或扁、或大、或小、或长、或短的改变。

训练提示：下面采用"记录新闻"的方式进行训练。"记录新闻"就是以记录的速度播新闻，要求播读的速度可以使听新闻的人用纸笔一字一句快速记录新闻内容。

习近平出席投运仪式并宣布北京大兴国际机场正式投入运营

凤凰展翅，/逐梦蓝天。/在新中国成立70周年之际，/北京大兴国际机场/投运仪式/25日上午/在北京举行。/中共中央总书记、/国家主席、/中央军委主席/习近平/出席仪式，/宣布机场正式投运/并巡览航站楼，代表党中央/向参与机场建设/和运营的/广大干部职工/表示衷心的感谢、/致以诚挚的问候。

习近平强调，/大兴国际机场/能够在不到5年的时间里/就完成预定的建设任务，/顺利投入运营，/充分展现了/中国工程建筑的/雄厚实力，/充分体现了/中国精神/和中国力量，/充分体现了/中国共产党领导/和我国社会主义制度/能够集中力量办大事的/政治优势。/新中国70年，/何等辉煌！/中国共产党/领导中国人民/实现了/一个又一个/"不可能"，/创造了/一个又一个/难以置信的奇迹。/奇迹是干出来的，/社会主义是干出来的。/中国共产党/和中国人民/有雄心、/有自信/继续奋斗，/朝着实现/"两个一百年"/奋斗目标、/实现中华民族伟大复兴的/中国梦/奋勇前进。/实践充分证明，/中国人民/一定能，中国一定行。

(2019年9月25日《新闻联播》)

习近平嘉奖参加庆祝中华人民共和国成立70周年阅兵全体人员

中央军委主席/习近平/签署通令，/嘉奖参加/庆祝中华人民共和国/成立70周年/阅兵全体人员。

嘉奖令指出，/在伟大的/中华人民共和国/成立70周年/盛大庆典活动中，/受阅部队/作为共和国武装力量的代表，/以威武雄壮的/强大阵容、/昂扬奋进的/崭新风貌、/一往无前的/磅礴气势，/光荣地接受了/党和人民的检阅，/奉献了一场/富有中国气派、/体现时代特色、/展示强军风采的/阅兵盛典。/受阅部队/精彩出色的表现，/集中宣示了/人民军队永远听党指挥的/鲜明立场，/集中展示了/新时代国防/和军队建设发展/的辉煌成就，/集中彰显了/我军捍卫国家主权、/安全、/发展利益的/决心实力，/极大振奋了/民族精神、/激发了/爱国热情、/汇聚了/强大力量，/更加坚定了/全党全军全国各族人民/决胜全面建成/小康社会、/夺取新时代/中国特色社会主义/伟大胜利、/实现中华民族/伟大复兴/中国梦的/信心意志。

嘉奖令指出，/阅兵任务胜利完成，/是参阅部队/坚决贯彻党中央、/中央军委决策指示，/牢记使命重托，/精心筹划组织的结果。/广大受阅官兵/挑战自我、/追求卓越，将军士兵/勠力同心、/并肩战斗，/保障人员/密切协作、/默默奉献，/为阅兵工作顺利推进/作出了应有贡献。/阅兵实践中，/全体人员表现出/听党指挥、/绝对忠诚的/政治品格，/捍卫祖国、/能打胜仗的/责任担当，/崇尚荣誉、/不辱使命的/价值追求，/争创一流、/敢于胜利的/进取精神，/不畏艰苦、/顽强拼搏的/优良作风，/立起了/新时代革命军人的/好样子。

嘉奖令号召,/全军部队/要向参阅部队学习,/不忘初心、/牢记使命、/接续努力,/干好本职工作,/完成好担负任务。/全军部队和广大官兵/要坚持以/习近平新时代/中国特色社会主义思想/为指导,/深入贯彻/习近平强军思想,/深入贯彻/新时代军事战略方针,/增强"四个意识"、/坚定"四个自信"、/做到"两个维护",/贯彻军委主席负责制,/坚持政治建军、/改革强军、/科技兴军、/依法治军,/聚力备战打仗,/强化改革创新,/狠抓工作落实,/为实现/党在新时代的/强军目标、/把人民军队/全面建成世界一流军队/不懈奋斗!

(2019年10月1日《新闻联播》)

证监会:券商基金公司取消外资股比限制提前至明年执行

证监会/今天公布,/将于2020年1月1日起,/陆续取消/期货公司、/证券公司/和基金公司/外资持股的/股比限制。

证监会/将于2020年1月1日、/2020年4月1日/和2020年12月1日起,/分别取消/期货公司、/基金管理公司、/证券公司的/外资股比限制。/早在2018年/博鳌亚洲论坛上,/我国就对/进一步扩大/金融业对外开放的/具体措施/和时间表/作出了规划,/其中包括/将证券公司、/基金管理公司、/期货公司、/人身险公司的/外资持股比例上限/放宽至51%,/三年后不再设限。/今年7月20日,/国务院金融稳定发展委员会办公室/宣布了11项/金融业进一步对外开放的/政策措施,/按照"宜快不宜慢、/宜早不宜迟"/的原则,/将原定于/2021年取消证券公司、/基金管理公司/和期货公司外资/股比限制的时点/提前到2020年。

(2019年10月11日《新闻联播》)

国家发展改革委:深化煤电价格机制市场化改革

国家发展改革委/今天公布/《关于深化/燃煤发电上网电价/形成机制改革的/指导意见》,/进一步对/燃煤发电上网电价/形成机制/进行市场化改革。

根据意见内容,/燃煤发电上网电价机制/将从现行标杆价/改为"基准价+上下浮动"的/市场化价格机制,/基准价按各地现行/燃煤发电标杆上网电价确定,/浮动幅度范围为/上浮不超过10%、/下浮原则上不超过15%。

同时,/为保障居民用电/和农业用电,改革明确/居民用电和农业用电/将继续执行现行目录电价/并确保价格水平稳定。

(2019年10月24日《新闻联播》)

国家新闻出版署下发《关于防止未成年人沉迷网络游戏的通知》

近日,/国家新闻出版署/下发《关于防止未成年人/沉迷网络游戏的通知》。/《通知》提出,/所有网络游戏用户/均需使用有效身份信息/方可进行游戏账号注册;/规定网络游戏企业/每日22时到次日8时/不得为未成年人/提供游戏服务,/法定节假日/每日不得超过3小时，/其他时间/每日不得超过1.5小时；/要求网络游戏企业/采取有效措施，/限制未成年人/使用与其民事行为能力不符的/付费服务；/探索实施/适龄提示制度，/对网络游戏/予以适合不同年龄段用户的提示。

(2019年11月6日《新闻联播》)

习近平向中国-阿拉伯国家政党对话会特别会议致贺信

中国-阿拉伯国家/政党对话会特别会议/由中共中央对外联络部主办。/会议为期3天，/主题为/"携手共建/新时代中阿命运共同体"。/毛里塔尼亚总统/加兹瓦尼，/巴勒斯坦/法塔赫主席、总统阿巴斯，/叙利亚复兴党总书记、总统巴沙尔，/摩洛哥/公正与发展党总书记、首相欧斯曼尼/等6位阿拉伯国家领导人/向会议致辞，/阿拉伯国家/60余位主要政党领导人参加。/阿方领导人表示，/完全赞同习近平总书记/对阿中战略伙伴关系的/积极评价；/高度赞赏/中国党和政府/在抗疫斗争中始终坚持/"人民至上"/的执政理念，/并秉持人类命运共同体理念，/积极参与和推动/国际抗疫合作；/感谢中方一贯支持阿拉伯国家/捍卫主权和独立，/认为香港、新疆等事务/是中国内政，/反对外部势力/干涉中国内政；/愿同中国共产党一道，/加强战略沟通/和理念互鉴，/携手共建新时代阿中命运共同体。

(2020年6月22日《新闻联播》)

北斗三号最后一颗全球组网卫星发射成功 北斗全球系统星座部署完成

6月23日9时43分，/我国在西昌卫星发射中心/用长征三号乙运载火箭，/成功发射北斗系统/第五十五颗导航卫星，/暨北斗三号/最后一颗全球组网卫星，/至此/北斗全球卫星导航系统/星座部署全面完成，/建成了我国迄今为止/规模最大、覆盖范围最广、/服务性能要求最高、/与百姓生活关联最紧密的/全球卫星导航系统。

(2020年6月23日《新闻联播》)

美国多地持续举行反种族主义抗议

28日，/美国纽约、芝加哥、旧金山等多地民众/继续举行抗议活动，/反对种族歧视/和警察暴力执法。/自美国非洲裔男子弗洛伊德/遭白人警察/暴力执法后死亡以来，/美国多地/游行示威不断，/并掀起移除邦联标识等/争议纪念物的行动。

当天，/密西西比州议会/表决通过一项/更换州旗法案，/新的州旗/将去除内战时期/南方邦联旗帜图案，/这一图案/当今在美国/通常被视作/蓄奴制度和种族主义的象征。/密西西比州/现有州旗/是美国目前唯一/含南方邦联战旗图案的州旗。/不过该州全部公立大学/以及多个市、县已停止悬挂州旗。

(2020年6月29日《新闻联播》)

◼ **本章总结**

1.口腔控制是有声语言形成的重要一环,字音的清晰准确、圆润集中都依赖于口腔的有效控制。因此,口腔控制是语音发声的基础和训练的重中之重,必须投入大量的精力和时间练习。

2.本章的"静态"与"动态"控制是相对而言的。口腔控制不存在纯粹的"静态",吐字归音是一个动程,在这个动态过程里,口腔应该始终有意识地保持"静态"时所强调的提、打、挺、松的状态。可以说是动中有静、静中有动。

3.口腔控制不能僵化。要善于运用各种感觉器官的刺激、协调能力,根据稿件或语境来调整情感变化,使和口腔相关的肌肉产生主动的反应,在情感的驱动下对口腔进行控制。

4.口腔控制训练会经历一个"纯自然—强控制—弱控制—自然"的过程。这是一个符合认知和训练规律的过程,所以在训练时不要操之过急。

5.注意生活中对语言的控制。不能只在训练时才有意识地控制,不练就又回归到"纯自然"的状态,这样只能事倍功半。

◼ **思考题**

1.播音发声对吐字的要求是什么?
2.口腔的"静态控制"包括哪些内容?有什么具体要求?
3.吐字归音的要领是什么?
4.什么是出字、立字、归音?
5.什么是艺术语言发声的"枣核形"?
6.声音发出的路线是什么?
7.字音的着力位置在哪里?

第八章 喉部——声音的"发源地"

■ **本章提示**
1. 重要的喉部器官
2. 喉部控制的要领
3. 嗓音保护的基本常识

人体中,介于咽和气管之间的部分称为喉,肺呼出的气流由喉部通过时声带发生振动,形成供共鸣器官调制音量、音色,供咬字器官加工语音的"原始材料"——喉原音。

喉部构造决定了一个人的声音特质,但是发声方法不同,声音的质量会有很大差异。没有经过发声训练的人往往存在着喉部控制的问题,比如挤压喉部、紧张用力,声音难以持久、过实过虚等。有人稍有不适就"停声",还有人因为长期用嗓不当引发喉部疾病,这都是因为缺乏对喉部生理构造及发音机制的认识所导致的。我们只有了解它,才能更科学地使用喉部,提高发音效率。

第一节 喉的结构

喉由软骨支架、肌肉、韧带和纤维组织膜等构成,位于颈的中前部,声带是喉的一部分。

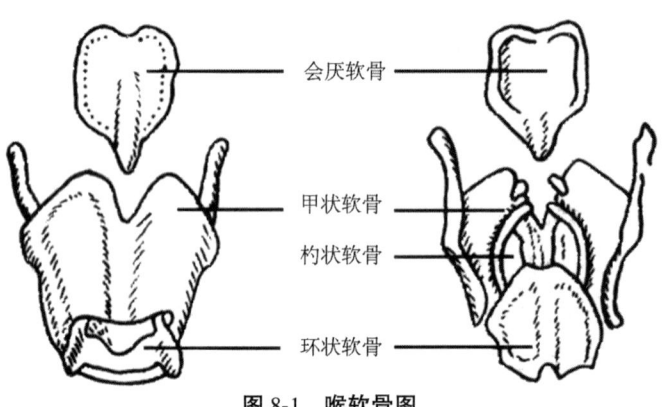

图 8-1 喉软骨图

一、喉部软骨

喉软骨主要有五块:环状软骨、甲状软骨、杓状软骨(一对)和会厌软骨。环状软骨像一枚指环,前窄后宽,是喉的基座。甲状软骨像一本张开的书的"书脊",从外形上观察就是我们所说的喉头,也称"喉结",男性呈51°~90°,女性呈80°~114°。杓状软骨的底前角是声带突,一对声带就附着在这里。这对软骨可开可拢,对声门的开闭起关键作用。会厌软骨像一片树叶,通过韧带附于甲状软骨。它负责在吞咽时遮蔽喉口,使食物无法进入气管,在呼吸及发声时则打开。

二、喉部肌肉

两条声带间的区域叫声门,负责声门的开合与松紧的是喉部肌肉。从对声带的作用看,喉部肌肉可以分三组:声门闭合肌(环杓侧肌、杓肌),收缩时声门闭合;声门外展肌(环杓后肌),收缩时声门开启;声带张肌(甲杓肌、环甲肌),负责声带的长短、松紧。简言之,喉内肌负责声门的启闭、声带的张力;喉外肌的作用相当于帐篷的绳子,控制声带的长短与松紧。

三、声带

声带位于喉室中央,前端在甲状软骨的内下方,后端在杓状软骨的软骨突上。声带呈瓷白色、无血管附着,声带边缘光滑整齐。成年男性的声带18毫米~24毫米,成年女性的声带14毫米~18毫米。声带上有黏膜,像水的波纹一样对称振动叫黏膜液。声带光滑闭合完好,声音才能干净,闭合不好声音就会暗哑。

声带是人体发声的声源,它的振动状况直接影响发出的声音。声带的松紧和气流冲击所产生的振动频率使声门的大小发生变化,决定声音的音色。发音时,声门打开,声带不振动,完全是气流摩擦音,发出的是气声;发音时,声门开度略大,气流摩擦音大于声带振动的乐音成分,发出的是虚声;发音时,声门轻松闭合或半闭合,声带振动以乐音成分为主,略带少部分摩擦音,就是柔和的虚实声;发音时声门紧闭,声带振动没有气流摩擦音,发出的是明亮的实声,也就是所谓的"金属音"。

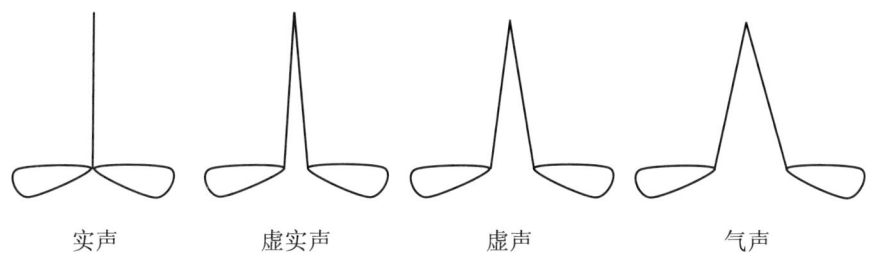

图 8-2 声带示意图

第二节　喉部控制的要领

一、喉头相对稳定

发音时,喉部整体要保持稳定,不要大幅度运动。需要避免提喉发音(喉头位置偏高),使声音像被"捏挤"出来;压喉发音(喉头位置偏低),声音发"空",影响吐字清晰度。喉头相对稳定是获得自然、通畅的声音的基础。发声时,要结合自己的声音特质找到合适的用声位置,不要刻意模仿和改变。

二、喉部相对放松

发音时,两声带不是紧密闭合,而是轻松靠拢,感觉喉部是放松的。这种情况下,喉部肌肉活动自如灵活,能较好地与呼出的气息协调动作。喉部放松是发音控制的基本感觉。当然,这种放松是相对而言的,并不是要声带肌失去张力。

喉部放松有利于产生泛音共鸣丰富的乐音,如果喉部用力,影响声带的自然振动,会对发声不利,甚至出现噪音。喉部放松,用较小的气流就能使声带振动,发音效率高。如果喉部用力,冲开紧闭的声带需要增加气息力度,发出的声音"硬",声带也容易疲劳。

喉部放松的感觉可以这样获得:用吸气的状态发音。张嘴吸气,两声带轻松张开,喉部有上下松开的感觉,尽量保持这种状态发音。当然,发音时两声带不可能是打开的,但尽量以这种状态发音,声带就能轻松靠拢,而不是紧紧闭合。这种方法,我们称之为"放松发音法"。

用这种发音法发出的声音是以乐音为主的虚实声,其特点是:保证嗓音持久,不易疲劳;泛音丰富,音色丰满、柔和;声道通畅;声门开闭灵活、虚实变化自如、富弹性;接近日常说话的发音状态,亲切自然。

三、喉部控制与呼吸控制、口腔控制结合

发声的过程是各发声器官协同完成的,喉部控制不能脱离呼吸控制和口腔控制单独进行,三者必须密切配合。喉部控制与呼吸控制、口腔控制的配合可以概括为"抓两头,放中间"——"上头"即口腔控制,要提打挺松,"下头"即气息控制,要气沉丹田,"中间"指的就是喉部控制,要解放喉部。三者配合的目的就是实现喉部的相对放松。

由于声门控制状态不同,使声音呈现出高低、强弱、明暗、虚实等变化,这些变化的产生都离不开气息的支撑。喉部控制的一个要领就是,使声带闭合力和气息压力产生一个最佳的配比关系。在实际用声中,往往出现声音已经变化了,而气息状态却僵死不变的情况。这样的声音变化是通过不当挤压喉部获得的,长期这样用声会导致声带的病变。另外,喉部控制和呼吸控制的结合还体现在气息和声带的闭合在时间上要配合好,做到

气到声闭。如果声带先闭合,气流冲击声门就要增加压力,致使喉部紧张,发音"僵、直";如果气流到了声带还未闭合,会造成声带漏气,发音"杂、沙"。

对喉部的保护核心就是放松。声音运用不好往往首先是气息不支持,没有气息就只能拼嗓子,用喉部发力。同时,不同音色的喉原音在口腔内受到咬字器官的节制,形成不同的语音。为了使喉部相对放松,除了注意气息的供给,还必须强调和口腔控制的配合。如果发音时唇舌无力、吐字含混,为了加大音强音量,就只能增加喉部的负担,导致喉部处于紧张状态,影响声音质量。

第三节　嗓音保护

一、不良发声习惯的克服

不良的发声习惯往往源于不良的发声心理。比如,超过自身发音器官的负荷能力盲目地追求某种音色,使喉部长时间工作在极限状态。像有些男生追求浑厚的声音,压着喉头发声,就是典型的表现。还有些人在发声时不考虑具体语言环境,以不变应万变,在实践中往往表现为捏挤喉部、声音过虚等。

除了这些情况,还有些人发音时不注意形体动作,仰头、低头、偏头或伸脖子发声,也会对喉室造成压迫感,影响声音。

二、喉部的保健

喉部作为重要的发声器官,语言艺术工作者应科学使用并且悉心保养,嗓子才能经久耐用。那么我们该如何保护嗓子呢?

喉部的保健与健康、饮食、睡眠、情绪都有关系。平时要注重身体锻炼,保持心情舒畅、身体健康;不要过量抽烟、喝酒,过度食用辛辣刺激的食物;保持充足睡眠,不熬夜。生病时应适当停声、注意休息。比如像感冒引起的上呼吸道感染,会造成声带充血等症状,这时如果还要坚持用声,时间长了容易导致声带小结等病变。

从事嗓音工作的人习惯"晨练",这有利于嗓音在经过一夜休息后保持一整天的明亮、圆润。所谓"夏练三伏、冬练三九",并不是说在极端环境下练声更有效果,而更多的是对人的意志力和生理适应力的考验和锻炼。这时练声要注意夏防暑、冬防寒,尤其不要"迎风",应"背风"训练。女性生理期如有不良反应,也不适宜练声。

第四节　喉部控制训练

喉部控制也就是嗓音训练的主要目的,是为了提高喉的发声能力。加强声音在音高、音强、音色等方面变化的适应力,是我们训练的重点。

喉部控制的训练具有一定的特殊性，要因人而异。在训练开始之前，应首先认识自己的嗓音条件，了解自己的声音类型。它主要包括"声部"和"号儿"两个方面。这两个概念引自声乐理论，分别指个体音高变化范围在人声总音域中的位置（男高、男中、男低、女高、女中、女低）和音色的"宽窄"（大号儿、小号儿）。由个体条件所决定的声音类型是客观存在的。确认自己的声音类型，把握其基本的音色特征，在播音发声中，尤其是在挖掘声音潜力的训练中，具有重要意义。

一、喉部放松训练：发气泡音

（一）气泡音

吸气，口腔打开，准备好发单元音"a"的状态，两条声带微闭，感觉一股气流到达喉部振动声带，发出一连串较低的、连续的、像气泡一样的"a"音……

训练提示：发气泡音时，身体放松，喉部声带闭合状态始终如一，气息稳定，气泡大小一致、均匀，颗粒感越明显越好。

发气泡音有两个作用：一方面，可以用来放松和按摩声带，在用声前气泡音好比运动前的热身运动。当用嗓过度、声音过紧时也可以发一发气泡音，使声带放松。另一方面，发气泡音可以检验声带是否处在放松的状态，如果发不出来，说明声带紧张。

如果初学者发不出气泡音可以尝试这些方法。一是轻轻发一个低音"a"，然后减小音量，使"a"音向下滑，声音位置自然下移，到最低处就会出现气泡音。另一种方法是在早晨刚刚睡醒时发气泡音，经过一夜的休息，这时的声带是最为放松的，易发出气泡音。

（二）气泡连音

气泡连音是在气泡音的基础上发出的声音。先发气泡音"aaaaa——"在发音的后半段，由气泡音逐渐过渡为一个正常的音节"ei——"，即"aaaaaa——ei——"。

训练提示：这个训练的重点在于把握住"ei"音的发音状态，它有效地保持了声带放松发音的基本感觉。要好好体会并记住这种感觉，接下来，我们就可以用发"ei"音的状态去进行其他发音训练。

（三）舌位针对性训练

在普通话中，有些音节因为发音部位的关系，容易造成喉部的紧张。一般来讲，舌位靠后的音节在发音时容易压喉，舌位较高的音节则容易挤喉。有上述问题的人可以进行针对性的训练。

1. 舌位靠后的音节练习

主要是含有 g、k、h、ou、ao、ang、eng、ong 的音节。可以用下面的歌词训练。

歌声与微笑

作词：王　健

请把我的歌带回你的家，
请把你的微笑留下。
请把我的歌带回你的家，
请把你的微笑留下。
明天明天这歌声，
飞遍海角天涯，飞遍海角天涯。
明天明天这微笑，
将是遍野春花，将是遍野春花。

让我们荡起双桨

作词：乔　羽

让我们荡起双桨，
小船儿推开波浪，
海面倒映着美丽的白塔，
四周环绕着绿树红墙。
小船儿轻轻飘荡在水中，
迎面吹来了凉爽的风。

训练提示：这两段歌词有利于体会喉部放松的感觉，训练时要朗读不要歌唱。朗读时可以在脑海中回忆歌曲的优美旋律，把旋律当作诵读的配乐，调动情感，或活泼明朗、或悠然舒畅，避免压喉。

2.舌位较高的音节练习

主要是含有 i、ü 的音节。可以用下面的儿歌进行练习。

qī、qī、qī，一二三四五六七；qí、qí、qí，国旗国旗真美丽；qǐ、qǐ、qǐ，大家团结在一起；qì、qì、qì，朋友之间要和气。xī、xī、xī，健康快乐笑嘻嘻；xí、xí、xí，我们大家爱学习；xǐ、xǐ、xǐ，自己的手帕自己洗；xì、xì、xì，朋友们一起做游戏。

小朋友们喜欢吃鱼吗？那么小朋友会钓鱼吗？和爸爸去钓过鱼吗？钓鱼是不是非常好玩呢？让我们一起来唱儿歌去钓鱼吧："爸爸带我去钓鱼，我在岸边看仔细，鱼漂点头沉下去，钓到一条大鲤鱼！"

训练提示：儿歌合辙押韵、节奏明快、语言活泼、寓教于乐，训练时应体会这些特点，用轻松的状态发声，避免挤捏喉部。

练习者还可以结合普通话语音训练部分的相关字词和绕口令来练习，将训练的注意力放在喉部的控制上。

二、音高变化训练：拓展音域

音域是音高变化的能力范围。音高变化训练就是为了拓展音域，戏曲、曲艺艺术称之为"吊嗓"。语言艺术工作者应当有能力驾驭多种类型的稿件，只依赖于自然音域是不能满足表达需求的。普通人的自然音域只有半个八度，经训练后的播音员主持人的音高变化幅度应达到一个半到两个八度。具备的能力必须大于应用的范围，使用起来才能"得心应口"。

(一) 螺旋式上绕、下绕练习

螺旋上绕是从自然音高开始，发"a"音或者"i"音，环形上绕，气息要拉住，小腹逐渐收紧。下绕练习相反，从自然音高开始发音，层层下绕，气息要托起，小腹依然要有支撑。音量、音色注意保持一致，不要忽大忽小、忽明忽暗。

训练提示：上绕的时候身体的感觉好像在"下楼梯"，气沉丹田，越到高音气息越要往下拉。不少初学者训练时感觉却恰恰相反，音越高身体越不由自主往上挺，伸脖子、仰头，甚至扯着嗓子喊，这些都是不正确的。下绕时注意，喉头放松，切忌压喉、憋气，气流哽在喉部。

训练讲究循序渐进，尤其是这个练习，因为能力的拓展需要一定时间一定量的累积。刚开始只能绕几圈，音不够高或不够低都没关系，关键要保证音色的质量。当声音要劈要哑的时候就停下来，不要急于求成。

(二) 阶梯式升高、降低练习

首先可以用单一元音或单一音节，从说话的自然音高中的某一个音开始，一次次地接连发声，一个音阶、一个音阶地逐次升高或降低。

情境设计1：你和朋友分别在操场的两端，距离很远，你叫他，可是他总也听不见，于是你的声音越来越高："哎——哎（高一点）——哎（再高一点）——哎（更高）——哎（最高）——"。

情境设计2：朋友从远处向你走来，你可以按照由远及近的视像感和距离感，发出越来越低的呼唤声："哎（最高）——哎（次高）——哎（中）——哎（较低）——哎（最低）——"。

训练提示：练习时要注意分辨说和唱的区别，避免发出唱声。

(三) 不同音高的朗读练习

情境设计：眼前是一栋高楼，你要用不同的音高将相同的内容朗诵出来，按照一楼、二楼、三楼的顺序，把这些内容"送"到楼里人们的耳中。可以先用词语练习，然后用短语、诗歌练习。比如：

春暖花开　　万物复苏　　山河美丽　　中国伟大　　怒发冲冠　　花好月圆
无边的海洋　浩瀚的星空　广阔的草原　奔腾的骏马　安静的小溪　汹涌的大海

训练提示：按照要求朗读短语，注意内容和情感的表达，情绪饱满、感情充沛，而不是单纯地进行声音高低的机械训练。

三、音强变化训练：调节响度

日常生活中人们在满足交流需要时，声音响度的变化幅度不大，但艺术语言用声为配合表达的需要必须要求音强有相当幅度的变化。特别是播音员主持人有时需要在没有扩音设备或者嘈杂的环境中用声，这就对声音强度提出了更高的要求。在戏曲、曲艺艺术中，音强训练也叫作"喊嗓"。当然，"喊"只是一种形容，并不是要生拼嗓子。声音响度的变化主要取决于气息压力的变化，二者成正比关系。训练时，要特别注意体会气息变化与声门闭合力的配合。

情境设计1：根据听众人数的变化来改变音量，从感觉上调整说话的音量。比如一对十、一对五十、一对百，慢慢加大。可以用下面的句子进行练习：

今天，我们荣幸地邀请到中央电视台著名节目主持人、新闻评论员白岩松和大家进行交流，掌声有请……

设想的场景可以是：在研究生课堂上（十人左右）、小型学术沙龙（几十人）、小礼堂（几百人）、大操场（上千人）上……

训练提示：在没有话筒等电声设备的情况下，我们必须根据现场人数调节声音大小。这种音强训练不要简单地理解为"小点声""大点声"，要感觉自己是在对着具体的人群，这样才能有目标感和对象感。

情境设计2：根据听众距离的远近来改变音量。可以两人面对面练习，两人的距离从5米、10米、20米逐渐增加，在空间感觉的引导下调节音量。

锣鼓喧天辞旧岁，爆竹动地迎春回。

我们代表中央电视台"心连心"艺术团赴新疆生产建设兵团慰问演出的全体演职人员，对新疆生产建设兵团成立50周年表示热烈的祝贺、亲切的问候，并致以崇高的敬意！

训练提示：这个练习的训练内容不限，可以根据个人情况选择字词、句段练习。距离远时，注意运用气息托送，不要喊。声声响亮、字字如珠，让对面的人听得清楚不费力。

情境设计3：利用不同的语言方式（或语体）来练习音量变化。比如下面的句子：

活着还是死去，这是个问题。

分别用自言自语、谈心、朗读、演讲或舞台朗诵的不同方式、语体来处理，要求有不同的音量变化。

训练提示：有声语言不同的表达方式，其音量变化幅度也不同。绝大多数人依照交谈式—播讲式—播报式—宣读式—朗诵式逐次加大。日常训练中，我们可以选择短稿，按以上方式进行训练。

一般人的发声习惯都是大声说话音就高,小声说话音就低。训练时则应小音量高音练习,大音量低音练习。

很多人对声音的大小判断不敏锐,这往往是因为听觉受到了不同程度的损伤。所以,在日常使用耳机听音乐、听广播的时候要调低音量,保护听觉,这对语言艺术工作者尤其重要。

四、音色变化训练:虚实结合

声音色彩的变化主要表现为虚实变化。就生理机制而言,实声是声带较为紧密靠拢时发出的声音,虚声是声带较为松弛、声门适度开启时发出的声音。丰富的虚实变化与多层次的音高、音量、音长变化的配合,形成了多姿多彩的声音样式。应该明确,播音主持是"以实为主、虚实结合"的音色为基本声音色彩的,这样的声音听起来结实而不过分明亮,柔和又不显得虚空。在声带张弛适度的情况下,最容易获得这样的音色。下面就通过 a 音的练习来体会这种基本音色。

情境设计:今天是母亲节,将对妈妈无限的爱和感激之情,用热情饱满的"a"音抒发出来:"a……"这时发声需要用自然的音高、音量,宽窄适度,用实声。

接着,回想母亲的辛苦操劳,青丝染白,心中涌起阵阵柔情,在基本状态不变的情况下,稍稍放松力气,声音渐柔,发出带有少许"回音"感觉的"a"音。此时,便获得了"以实为主、虚实结合"的音色。

训练提示:这个训练是体会实声向虚实声的过渡。播音中的虚声和生活中的"气声"不同,这种虚声中依然保有实声的成分,声带振动、有一定的共鸣,称之为"虚实声"。发声时,注意体会声带张弛适度的感觉。注意气息与声音的结合,在取得基本音色的确定印象后,再进行下面的虚实对比练习。

[音节练习]

a(实)—a(虚)　　　i(实)—i(虚)

a(虚)—a(实)　　　i(虚)—i(实)

a(实)—i(虚)　　　i(实)—a(虚)

[词语练习]

大海(实)—大海(虚)　　　故乡(实)—故乡(虚)

[情景语句]

大(实)—海(虚实)—啊(虚),故(实)乡(虚实)!

微波浩渺(虚实)的海面上,霎(虚)时间(虚实)洒(实)满了银光(虚实)。

[诗词练习]

训练提示:以诗歌、散文等思想感情运动幅度较大的文学作品作为练习材料较为适宜。根据内容和思想感情表达的需要,进行虚实音色的变化。

卜算子·咏梅

毛泽东

风雨　送春归,飞雪　迎春到,已是　悬崖百丈冰,犹有　花枝俏。
(实)→(虚)　(虚)→(实)　(虚)→(实)　(实)→(虚)

望庐山瀑布

〔唐〕李　白

日照　香炉　生　紫烟,　遥看　瀑布　挂　前川。
(实虚)→(虚)→(实)→(虚)　(虚实)→(实)→(虚)→(实)
飞流　直下　三　千尺,　疑是　银河　落　九天。
(实虚)→(虚)→(实)→(虚)　(虚实)→(实)→(虚)→(实)

上面的举例只是粗线条的表示,也只是表现方式的一种。音色虚实的变化基于情感的变化,每个人的理解不同,处理方式也有差异,不必强求一致。只要这种处理方式准确传达了稿件的感情内容并契合听众的审美心理,就可以接受。

本章小结

1.喉部控制主要训练两方面内容,一是喉部的稳定和放松,二是发声能力的提高。两者相比,喉部的稳定放松是基础,没有喉部的放松就不会有发声能力的持续提高。因此,喉部控制要先从喉部的"不控制"入手训练。能力的拓展可以慢慢训练,但是喉部放松的感觉必须尽早掌握。

2.专业语言艺术工作者的喉部机能一般都优于普通人,但是,仅仅凭借较好的天生条件和自然能力,是不能满足工作需要的。因此,不能忽视对喉部的训练和保护。所谓"会用声的人使利息,不会用声的人使本钱"说的就是这个道理。

3.嗓音的训练切忌盲目,训练中应注重自如声区的稳定和加强,在此基础上逐渐加大训练强度,避免极限运动。

思考题

1.简述喉部的结构。
2.喉部控制的要领是什么?
3.为什么发声时要保持喉部的相对稳定和相对放松?
4.如何保护嗓音?

第九章 共鸣——声音的"扩音器"

■ **本章提示**

1. 播音发声对共鸣控制的要求
2. 重要的共鸣器官
3. 共鸣控制的要领

声带发出的喉原音很微弱,在经过共鸣后得到扩大、美化,形成不同的语音音色和声音色彩。共鸣的作用除了形成字音外,还能美化声音,使声音泛音丰富、清晰圆润。播音主持发声对共鸣的控制,是区别于其他艺术语言的独具特色的一环。

一个人的发声器官是天生的,无法改造,而共鸣的调节却是可以经过后天训练改善的。如果把人的共鸣器官比作一整套"音响设备",再好的"音响"如果不会调节也难物尽其用;而普通的"音响"经过精心的调试后,却可以带给人物超所值的享受。可以说,掌握共鸣的调节方法是改善声音质量的重要环节。

第一节 播音主持发声对共鸣控制的要求

播音主持发声的共鸣是以口腔共鸣为主,以胸腔共鸣为基础的声道共鸣方式。如果把共鸣腔比作喇叭,那么胸腔是低音喇叭,咽腔和喉腔是中音喇叭,鼻腔是高音喇叭,这三个喇叭最后都汇聚到口腔,所以说,播音共鸣是一种上下贯通的混合共鸣。在实际用声中,我们强调发音的时候三个喇叭要一起响。

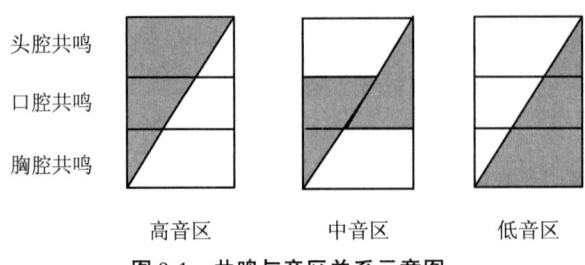

图 9-1 共鸣与音区关系示意图

播音主持发声对共鸣的要求有以下三点。

一、字音为首，嗓音次之

这是播音主持发声共鸣的原则。要以字带音、以字行腔，强调字音与嗓音的配合。播音员主持人在广播电视节目中使用的语言作为一种公务性语言，字音清晰、表意准确是第一位的。共鸣的运用要以字正腔圆为基础，绝不能不顾传播的需要，单纯追求某种特定的音色而"玩共鸣""玩声音"。

二、保证字音清晰条件下的美化

第一，以口腔共鸣为主，保证字音清晰、字正腔圆。共鸣应服从内容、吐字的需要。

第二，泛音共鸣适量。共鸣不是越强越好，如果共鸣过量，会产生"音包字"的现象，影响字音的清晰度，是播音发声的大忌。

三、声音朴实、自然、大方

首先，要会灵活调整比例，不能过度依赖一处共鸣。播音员主持人应该根据节目的形式、内容、对象、场合灵活运用各种共鸣方式，不宜像声乐工作者那样以某一种共鸣方式为主，形成特殊的声部特色。

其次，胸腔共鸣适量。在自然音域中，播音员主持人运用最多的是中间偏低的部分，需要有胸腔共鸣这个扎实的基础作为"底座"。这点对男播音员尤其重要。缺乏胸腔共鸣，声音显得轻飘无分量；而胸声共鸣过多，则会使声音沉闷，影响字音清晰度。

最后，要有微量的鼻腔共鸣，使声音听起来明亮。软腭提起靠近后咽壁而不完全接触，可以使声音明亮、发音省力。但播音时不需要高位置共鸣，比如类似唱高音时的"头声"色彩，这种色彩的声音过于尖利、不够柔和。根据播音主持工作属性的要求，播音员主持人的声音应朴实、自然、大方。

第二节　共鸣器官的认识

声道是人类发声的共鸣器官，喉以上有喉腔、咽腔、口腔和鼻腔，喉以下的胸腔也起着重要的共鸣作用。下面，对这些共鸣器官做一些简要的介绍。

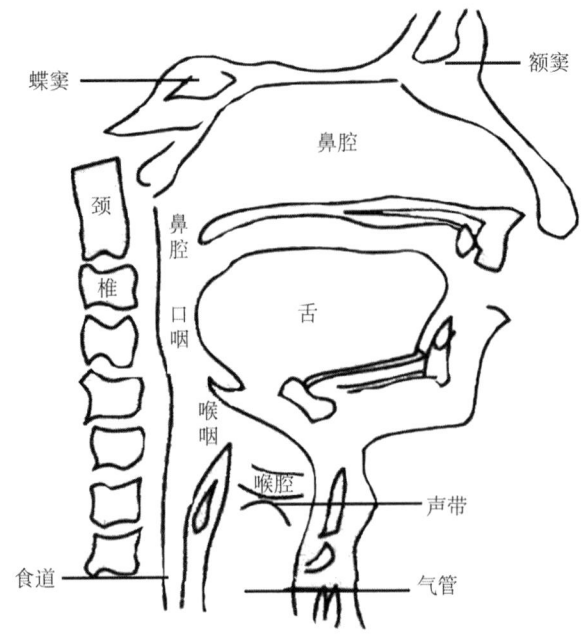

图 9-2 共鸣腔示意图

一、喉腔

喉腔指位于声带与假声带之间的喉室以及位于假声带之上的喉部前庭。喉腔是共鸣腔体中腔内空间最小的,但喉腔是喉原音形成后经过的第一个共鸣腔,它的状况直接影响声音的质量。喉头可在一定幅度内上下运动。升高时声道缩短,有利于高频泛音共鸣;下降时声道拉长,有利于低频泛音共鸣。播音中要求喉部放松、相对稳定,以保证喉原音的质量。

二、咽腔

咽腔也叫咽管,包括喉咽、口咽、鼻咽三部分。咽腔容积较大,管体较长,和口腔、喉腔相通,是声波必经的管道和三岔路口。咽腔对声音的扩大有主要作用,是重要的可调节共鸣腔体。在播音发声中要保证咽管的通畅,咽后壁直而不弯,并保持一定的坚韧度,同时强调软腭抬起、舌根降低。软腭抬起可以保证口咽弯道通畅,舌根降低可以保证声波顺利流向口腔。

三、口腔

口腔共鸣又称"中音共鸣""中部共鸣",口腔是变化最灵活的一个共鸣腔体。口腔的共鸣主要通过唇、齿、软腭的变化来调节。播音发声以口腔共鸣为主,其他腔体共鸣必须在口腔取得良好共鸣的基础上获得。口腔既是共鸣器官,又具有咬字器官的功能,应结合吐字运用口腔共鸣,做到"提颧肌、打牙关、挺软腭、松下巴",声挂前腭。

四、鼻腔

鼻腔属于上部共鸣腔体,也是容积较大、不可调节的固定腔体。发音时,依靠软腭的挺与垂来改变鼻腔的共鸣状况。如果鼻音过重,则需要挺软腭,减少气流进入鼻腔。鼻腔共鸣的获得一方面是通过气流进入鼻腔,另一方面是声波冲击口腔硬腭,由骨传导而产生的鼻腔共鸣。鼻腔共鸣具有较强的修饰色彩,适量使用可以使声音明亮、有光泽。鼻腔以上的共鸣被称为"头腔共鸣",播音员主持人发声中较少使用,不需要刻意追求。

五、胸腔

胸腔容积大,低频共鸣明显,也叫"低音共鸣"或"下部共鸣"。胸腔共鸣不参与语音的制造,是一个纯粹的"美声区"。发声时要求两肋打开,在腹壁站定时能自由开合。胸部在发音时的振动是沿着胸骨上下移动的:随着声音由低到高,振感集中点由胸骨的下缘上移至喉的下方。比如发一个夸张的带有疑问色彩的阳平调"啊",可以明显感觉到振感点的上移。我们把这种胸部的振感点叫胸部响点或胸部支点。胸腔共鸣能使音量增加,声音听起来洪亮、浑厚而有力。

第三节 共鸣控制的要领

一、把握发音的整体感觉

发音的整体感觉:气息下沉,两肋打开,喉部放松,声音像一根弹性的声音带,由胸部的支持垂直向上,经口咽处流动向前,沿上腭中纵线前行,"挂"于硬腭前部,透出口外。共鸣控制应在此基础上进行。

二、保持饱满的精神状态

发声时的精神状态要饱满,口腔各部分舒展积极,这样才有利于加强声波的反射。初学者常见的问题是不能很好地调动情绪,对状态的把握受到音量的影响,音量大时情绪就饱满、状态就积极,音量小时就口腔松软、不易调动情感。这都会影响共鸣的发挥。因此,应尽量摆脱音量对表达的影响,通过调整精神状态的方式更好地进行共鸣控制。

三、协调共鸣动作

第一,脊背直而舒展,颈部不要前探或后坐,颈前部肌肉放松,以保证咽管的通畅。

第二,胸部放松。不要故意挺胸,也不要吸气过满。否则容易造成胸廓的僵硬,不利于灵活调节胸腔共鸣,使声音有闷闭感。发音时感觉声音从胸部响点透出,这有利于增加胸腔共鸣的色彩。

第三,适当打开后槽牙,使槽牙之间有一定的距离,像咬着橡皮糖,下颌活动灵活,而不要"咬着牙"发音。这样才能有利于声音通畅,取得较丰富的口腔共鸣。

第四,感觉口咽出来的声束,沿上腭中纵线前行,向硬腭前部流动冲击,声音明朗润泽,发音省力。

四、理顺共鸣与呼吸的关系

共鸣与呼吸控制密切相关,共鸣调节只有通过气息的调节才能实现。较强的共鸣需要足够的气量;高泛音共鸣需要空气柱有较高的密度与压力,小腹控制较紧;低音共鸣需要一定的气量,小腹控制较松;中音共鸣则比较省力,但空气柱也需要一定的密度和流量,才能把声音送到口腔前部,发挥口腔共鸣的作用。气流过强过弱都不利于共鸣的调节。总的来说,播音共鸣需要的气量不大,但要控制灵活。

第四节　共鸣控制训练

播音发声对共鸣的控制是一种综合的控制过程,要保证呼吸控制、口腔控制、喉部控制与共鸣控制的协调一致、互相支持。

一、共鸣状态

任何一种声音的发出都少不了高、中、低三种共鸣的协调配合,它们的差别仅仅在于分配比例的多少而已。采用混合共鸣,发出的声音自然、均匀、流畅,为练习者扩展音域、丰富自身语言表现力,打下良好的基础。

(一)单元音练习

用不同的音高(如高、中、低)发6个单元音 a、o、e、i、u、ü 的延长音,体会不同声区共鸣的变化。

训练提示:这个训练主要是体会不同声区共鸣成分的变化带来的声音变化。发音时,可以用手轻按前胸上部和两颊,感受振动。同时注意口腔打开,前后音色保持一致。

(二)"拔音滑音"练习

由最低拔向最高发 a、i、u 音,由最高滑向最低发 a、i、u 音。

训练提示:这是由低到高的拔音和由高到低的滑音练习,训练时应保持气息和声道的通畅,发"a"音时应有一定的夸张度,注意音强和音长。口腔应保持静止状态,不要随音高变化而开合;气息保持稳定,不要提气。

二、加强胸腔共鸣

不少初学者常常为自己"没有胸腔共鸣",声音显得单薄细弱而苦恼。所谓"没有胸腔共鸣"并不是真的没有,而是在日常生活中说话较少使用胸腔共鸣,不习惯打开这个"低音喇叭"而已。改善这个问题,首先要找到胸腔共鸣的位置,即胸部支点。

用手轻按胸部上方,用较低的声音发"哈"(ha)音。可以从高到低、从实声到虚声,体会哪一段声音上胸腔振动强烈,这里就是胸部支点。在这一声音段(多使用这种共鸣状态发出的声音)做胸腔共鸣练习。

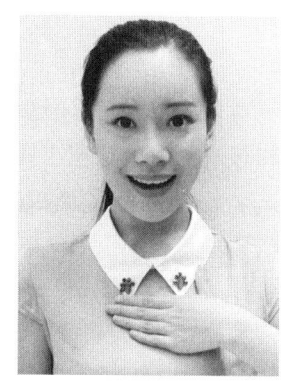

图9-3 寻找胸部支点

训练提示:一般来说,较低而柔和的声音易于产生胸腔共鸣。发音时声音不要过亮,应感觉声音是从胸腔发出的,有浑厚感,如果感觉不明显可以逐渐降低音高并加大音量。

[词语练习]

训练提示:下面几组词口腔开度较大,易于产生胸腔共鸣。训练时注意气息的配合,要先有两肋打开的状态。

暗淡　反叛　散漫　干旱　狡猾　到达　白发　出嫁
淡雅　畅游　傍晚　朝阳　宝藏　苍茫　婵娟　长征
百忙之中　宝刀不老　八方风雨　才貌双全　沧海桑田
大家风范　飞黄腾达　海纳百川　鹏程万里　开怀畅饮

[绕口令练习]

训练提示:下面这组韵母为 ang、iang、uang 的绕口令对于找到胸腔共鸣的感觉很有帮助,可以反复训练。

帆布黄

长江里船帆帆布黄,
船舱里放着一张床,
床上躺着两位老大娘,
她俩亲亲热热唠家常。

大和尚、小和尚

大和尚常常上哪厢?
大和尚常常过长江。
过长江为哪厢?
过长江看小和尚。
大和尚原籍襄阳姓张,

小和尚原籍商乡姓蒋,
大和尚和小和尚有事常商量。
大和尚说小和尚强,
小和尚说大和尚棒。
小和尚煎汤请大和尚尝,
大和尚奖赏小和尚檀香箱。

[诗词练习]

训练提示:下面这首诗是被誉为"古今七言律第一"的旷世之作,是诗人杜甫56岁时在极端困窘的情况下写成的。朗诵时,要体会诗人忧国伤时、老病孤愁的苍凉,通过加强胸腔共鸣的方式,表现沉郁而悲壮的基调。

登 高

〔唐〕杜 甫

风急天高猿啸哀,渚清沙白鸟飞回。
无边落木萧萧下,不尽长江滚滚来。
万里悲秋常作客,百年多病独登台。
艰难苦恨繁霜鬓,潦倒新停浊酒杯。

三、改善口腔共鸣

口腔是人体可调节的最重要的共鸣腔,口腔共鸣的调整应结合字音进行训练,口腔控制部分的训练也同时适用于口腔共鸣。可以说,只要按照口腔控制的要求练习,做到标准到位,就可以取得良好的口腔共鸣。口腔共鸣不好往往和口腔状态不积极、口腔动作不规范有关,比如口腔塌陷、舌体松软、不提颧肌等。

(一) 调节共鸣点

训练提示:字音要在口腔中取得良好共鸣,除了做好口腔的静态控制,字音共鸣的着力点也很关键,要打在硬腭前部、透出口外。这对改善声音"出不来"的问题十分有效。

[音节练习]

训练提示:打开牙关,发下面的复韵母,体会声束沿上腭前行,"挂"于硬腭前部的感觉。

ai ei ao ou iao iu ian ui

[诗词练习]

题菊花
〔唐〕黄　巢

飒飒西风满院栽,蕊寒香冷蝶难来。
他年我若为青帝,报与桃花一处开。

(二) 改善音色

改善音色的训练首先是要消除消极音色。有的人发音时习惯嘴角下垂,不利于表现积极的感情色彩。应注意嘴角上抬,结合"提颧肌"进行训练。

对于带有 ü、u、o 音的字,嘴唇不要过于突起,这样音色会发暗、沉闷。发音时应将唇齿靠近、减少突起,从而改善音色。

除了上面几个音,还有些人无论发什么音都习惯于翘唇,音色也会较暗而且混浊。发音时注意收紧双唇、唇齿贴近,有助于提高声音明亮度。

训练提示:下面的成语和诗词都是表达喜悦、兴奋、轻松、愉快的心情,利于调动情感。训练时注意提颧肌、唇齿相依,体会音色的变化。

[词语练习]

喜笑颜开　心花怒放　喜出望外　眉开眼笑　扬眉吐气　神采奕奕
其乐融融　欢欣鼓舞　满面春风　心旷神怡　欢呼雀跃　兴致勃勃
得意洋洋　手舞足蹈　笑容可掬　乐不可支　纵情高歌　兴趣盎然

[诗词练习]

早发白帝城
〔唐〕李　白

朝辞白帝彩云间,千里江陵一日还。
两岸猿声啼不住,轻舟已过万重山。

江畔独步寻花
〔唐〕杜　甫

黄四娘家花满蹊,千朵万朵压枝低。
留连戏蝶时时舞,自在娇莺恰恰啼。

四、调节鼻腔共鸣

鼻腔共鸣的调节主要是通过软腭的下降和挺起来实现的,软腭抬起,鼻腔共鸣减少,反之则增加。

(一)体会鼻腔共鸣

用 a、i 两个元音来体会软腭的不同状态。交替发出两个元音的口音和鼻化元音,通过软腭下降将元音部分鼻化。

a——ã　　i——ĩ

情境设计:假设你给动画片配音,要扮演一个三岁的小孩子,台词是受了委屈后,奶声奶气地叫"妈妈——",对着家里的宠物猫叫"咪咪——"

训练提示:这个情境的设计有助于找到鼻化元音的发音状态,因为小孩子说话的特点是鼻音较重、发音偏前。模拟练习时,可以减小音量,不要捏嗓子。

(二)鼻腔共鸣练习

1.增加鼻腔共鸣

鼻腔共鸣少的人可以做这个练习,但切忌鼻腔共鸣过多导致鼻音色彩过重。可用 m、n 开头的音来体会鼻腔共鸣,然后再发其他音。

买卖	弥漫	奶奶	南宁	男女	美满	呢喃	蒙古
猫咪	门面	木讷	牦牛	闽南	每年	农民	纳闷
阴谋	隐瞒	戏迷	分秒	妇女	困难	温暖	接纳

2.减少鼻腔共鸣

鼻腔共鸣过多形成习惯鼻音的人可以做这个练习。首先,要确定自己的鼻音是否过多。可以用手轻捏鼻子,发下面的音,如果鼻腔从元音开始就振动,表明鼻腔共鸣过度,应减少元音的鼻化。也就是元音不振动,到鼻尾音归音时才振动。

黄昏　光芒　荒凉　渊源　牵强　简短　湘江　中央　想象　广场

五、综合共鸣:共鸣与声调

汉语声调的实质是音高的相对变化,每个人的发声器官不同,能发的最低音到最高音的能力也有所不同。日常说话时,声调的音高变化幅度不大,在播音时由于节目要求、稿件内容的需要,声调的音高幅度相对比生活中大。据实验,在情绪饱满地大声朗诵时,一个去声的音域跨度可达两个八度,因此播音员主持人的声调音高变化与共鸣调整有极其密切的关系。

(一)阴平的共鸣

普通话的阴平调,调值是55,是声调中音高相对最高的,因此它需要较好地与中部共鸣贯通的上部共鸣。特别是在发高强音及句尾气息不足时,更应该调整好共鸣,否则声音易劈裂、喑哑,调值下降,达不到理想的音高。

1.阴阴

冰雕	拼音	摸黑	飞天	租金	磋商	蓑衣
丁香	添加	拈阄	拉丁	珍珠	穿梭	商标
扔出	鞠躬	区分	勋章	公关	刊登	徽章

2.阴阳

波澜	摸排	喷泉	纷繁	增援	猜谜	搜寻
多元	通达	捏合	拉闸	庄园	抄袭	珊瑚
君王	丘陵	轩昂	耕耘	昆虫	欢迎	安然

3.阴上

标点	摸索	飘舞	风采	宗旨	仓储	松柏
雕版	推理	捞取	知己	出版	书本	拘捕
曲解	虚拟	乖巧	夸口	花朵	邀请	英语

4.阴去

波浪	篇目	蒙骗	方寸	资讯	参拜	缩略
冬至	梯队	捏造	拉力	专利	抽样	生态
居住	倾诉	香皂	规范	康复	欢聚	烟雾

(二)阳平的共鸣

普通话的阳平调,调值为35,音高由中音向高音上升,要保持整个发音过程的共鸣效果,需要使共鸣由中音为主渐调至高音(头腔)为主。因此,口咽腔、鼻咽腔的内壁肌肉要从较松弛状向较紧张状调整,使内壁光滑,少吸收高频谐音,否则声音易飘或易劈裂,特别是窄元音,如 i、ie。

1.阳阴

别针	盘剥	眉梢	焚香	责编	蚕桑	随机
敌区	投标	农耕	流星	直观	纯真	时区
人参	菊花	秦腔	旋梯	国标	葵花	湖泊

2.阳阳

白杨	平原	描眉	扶持	足球	辞呈	随行
嫡传	驼铃	牛黄	螺旋	卓绝	偿还	石油
容颜	角逐	潜伏	循环	国防	魁梧	河渠

3.阳上

| 博览 | 频谱 | 毛毯 | 拂晓 | 族谱 | 磁铁 | 随感 |

毒品　投保　泥土　伦理　竹笋　垂柳　什锦
荣辱　夹袄　群岛　学养　国宝　魁伟　恒久

4.阳去

白桦　频道　眉目　伐木　足迹　层次　随意
独奏　团聚　浓淡　炉灶　植被　崇拜　时尚
容貌　决策　渠道　玄奥　国粹　狂乱　环绕

(三)上声的共鸣

普通话的上声,调值为214,音高变化复杂,由半低音降到最低音再转而升高,是许多人发不好的声调。要发好上声,首先是声音下行时,中部共鸣向下部共鸣(口腔共鸣向胸腔共鸣)滑动要畅通,胸腔共鸣音色要渐多、明显,否则声音易噎。其次当音高降到底之后又由低向高提高时,需注意尽快从下部共鸣向中部、上部调整,比阳平声调音高的变化幅度还要大些。因此,上声发音,胸部响点的上下滑动是很明显的,也只有上、中、下部共鸣都贯通才能使用自如,否则声音不是下不去噎住了,就是上不去"飘""劈"了。

1.上阴

捕捉　普通　满仓　俯冲　组装　草编　损伤
典章　统一　暖冬　理工　嘱托　闯关　审批
乳胶　卷曲　取消　选修　感恩　凯歌　缓冲

2.上阳

匾额　品牌　满足　否决　总裁　草鞋　索赔
赌博　椭圆　袅娜　柳条　转达　揣摩　守恒
冗长　解决　巧合　雪莲　鼓楼　恐龙　谎言

3.上上

北斗　普选　母语　反响　走访　草本　索引
典礼　铁轨　扭转　脸谱　整点　尺码　水彩
荏苒　久远　曲谱　小品　鼓点　傀儡　火腿

4.上去

笔墨　朴素　买办　反串　子夜　草案　扫荡
抵抗　挑战　纽带　旅伴　缜密　储备　省略
忍耐　窘迫　抢救　响彻　谷穗　孔雀　毁谤

(四)去声的共鸣

普通话的去声,调值为51,音高是单纯的由高到低的下行,由于音高幅度大,由最高到最低需较好的高音、中音、低音的贯通,如果胸腔共鸣与咽腔共鸣脱节,声音下行到低音时常常被噎住,也会出现哑音。声调音高的变化与共鸣调整的关系是汉语的特色,应引起足够的重视。

1. 去阴

变通　配音　面纱　奋发　座钟　簇拥　散播
旦夕　炭疽　闹钟　立春　驻扎　创收　社区
日出　嫁接　窃听　袖珍　故都　快餐　焕发

2. 去阳

布局　票房　脉搏　奉还　灶台　措辞　素描
洞穴　跳棋　嫩芽　论坛　仲裁　串联　试图
润滑　救援　趣闻　血缘　雇员　矿泉　户籍

3. 去上

并轨　迫使　木马　附属　字典　凑巧　色彩
盗版　退伍　逆耳　料理　撰写　臭氧　试管
入党　剧本　确保　宪法　挂彩　控股　豁免

4. 去去

必备　瀑布　墨绿　复制　奏效　促进　隧道
待业　退化　内讧　路况　注册　赤道　释放
日历　校队　切中　谢幕　挂号　客栈　话剧

(五)综合训练稿件

2021年中央广播电视总台春节联欢晚会开场主持词

任鲁豫: 玉鼠追冬去,金牛送春来。

尼格买提: 全国和全世界的观众、听众朋友们,随着辛丑牛年的款款来临,中国中央广播电视总台2021年春节联欢晚会在这里和您见面啦!

李思思: 即将辞别的旧岁,极不平凡,我们在风雨中前行,经历了太多太多。

张　韬: 这一年我们哭过、笑过、拼过,这一年,我们每个人都了不起。

龙　洋: 浮云难蔽日,雾散终有时。

任鲁豫: 今晚在这阖家团圆、辞旧迎新的时刻,我们要向所有的中国人,深情地道一声:你们

众人齐: 辛苦了!

李思思: 朋友们,我们的晚会正在通过央视综合频道、综艺频道、中文国际频道、国防军事频道、少儿频道、农业农村频道、4K超高清频道和8K超高清试验频道,以及央广音

乐之声、经典音乐广播、文艺之声、中国交通广播、华语环球广播和大湾区之声、南海之声等同步直播。

尼格买提：与此同时，央视频、央视新闻新媒体、央视网、央广网、国际在线、云听等新媒体平台同步播出。总台英语、西班牙语、法语、阿拉伯语、俄语频道和43种外语新媒体将联动全球170多个国家和地区的600多家媒体对春晚进行直播和报道。

龙　洋：通过这些传播平台，我们晚会的盛况将在同一时刻传遍神州大地，传遍五洲四海。

张　韬：通过这些传播平台，我们要向全国各族人民、向港澳台同胞、向全世界的华侨华人送去新春的祝福。

任鲁豫：大家

众人齐：过年好！

本章小结

1.播音的共鸣调整是在保持播音员主持人个人声音特色前提下的美化，不是追求某种统一的音色，训练时要从个人声音特点出发进行有针对性的训练，不要盲目模仿。

2.共鸣训练时，应学会用细微的肌肉动作控制共鸣腔体的大小变化和腔壁的密度、弹性，使声音变化多样、层次丰富。

3.播音发声的音色特征是朴实大方、圆润集中。朴实大方就是通过中音偏实的音域来体现的，圆润集中是通过"声挂前腭"的口腔共鸣实现的。因此口腔与胸腔共鸣作为训练的重点，应下大力气练好。

4.良好的共鸣能保证声带发出的声波发挥最大的发声效应，减轻声带的负担，永葆声音的艺术青春。

思考题

1.人体主要的共鸣器官有哪些？

2.播音发声的共鸣方式是怎样的？

3.播音发声对共鸣的要求需要注意哪些问题？

4.结合自己的声音特点，分析在共鸣方面还存在哪些问题，并提出训练方案。

第十章　声音弹性——声音的"调色板"

■ **本章提示**
1. 声音弹性的概念
2. 播音发声对声音弹性的要求
3. 如何获得声音弹性
4. 情、声、气的结合

当前,广播电视节目类型五花八门、内容千差万别,为了准确表达语言内容及其蕴含的感情色彩,播音员主持人应当具有丰富的声音变化能力以适应表达情境的需要。如果播音员主持人在新闻节目、综艺节目、影视配音中都是"一个味儿",就说明其"声音弹性差、适应面窄",不利于有声语言艺术创作工作。

第一节　什么是声音弹性

一、声音弹性的重要性

声音弹性是指声音对人们变化着的思想感情的适应能力,简单地说就是声音随情感变化而产生的伸缩性、可变性。这个借用于物理学的概念,形象地比喻了看不见、摸不着的声音所能呈现出的多样性。人的思想感情总在不停息地运动变化着,或风平浪静、或微波涟漪、或暗流汹涌、或浊浪排空……生命不息,变化不止,这种思想感情的运动状态是有声语言表达创作的内在动力。

广播电视有声语言表达要求播音员主持人的声音对变化着的思想感情有极强的适应能力、"造型"能力。在表演艺术中,将这称为"声音化装"。虽然播音语言对声音弹性的要求与表演语言的角色化要求不尽相同,但二者对声音的变化性、丰富性、感染力的追求却是一致的。因此可以说,播音发声或其他有声语言艺术训练的一个很重要的目的,就是为了获得声音的弹性。

二、声音弹性的训练目的

声音色彩是感情色彩的外部体现,声音色彩与感情色彩有一定的对应关系。比如人在心情愉悦时声音是明朗的,而在郁郁寡欢时声音就比较暗淡。正是基于这种对应关系,声音才能够传达情感信息。可见感情色彩的变化是声音色彩变化的内在依据。我们坚决反对追求固定声音模式,"情不够、声来凑",而要坚持从理解感受入手、"以情带声""以声传情"的正确表达方式。

感情色彩有积极和消极之分,如爱憎、悲喜、欲惧、急冷、怒疑。由于程度不同和组合变化从而形成一系列的感情色彩,如喜可以有愉快、欣喜、大喜、狂喜等类型,怒可以有愠怒、愤怒、大怒、狂怒等类型。播音员主持人除了体验基本的感情色彩,还应当深刻体会其中细微感情色彩的变化。

播音员的声音就像画家手中的调色板,色彩变化越丰富、越细致,它对感情色彩的适应性就越强。弹性训练的目的就是扩展以声音色彩为主的声音变化能力。

三、声音弹性的特点

(一) 变化性

声音弹性首先表现为声音的可变性,离开了声音各方面的变化,也就不存在声音弹性了。这种变化主要是气息状态和声音色彩的变化,体现在音强、音高、音长、音色这四个物理要素上。根据节目内容、传播目的、语言环境等方面的不同,声音弹性的实现都会不同。

(二) 对比性

声音弹性是在对比当中表现出来的,是相对的。气息的深浅、急徐,声音的高低、强弱、快慢、虚实、明暗、刚柔、厚薄等,都是通过对比体现出来的。

(三) 层次性

在以上的每一个对比项中都可以表现出不同的层次,而层次之间有着细微的差别。控制水平越高,层次越丰富,表达的适应性也就越强。

(四) 复合性

声音弹性不是以单项对比形式出现,而是以各种对比项目的复合形式出现的。比如刚与柔的声音变化,不仅有音色的虚实变化,同时也伴随着音高、音量,甚至音长的变化。这种变化涉及的声音要素和发音器官较多,对声音控制的技巧性要求较高,需要长时间的综合训练才能获得。

第二节　声音弹性的获得

一、获得声音弹性的基础：感情

感情体验与声音弹性有直接的关系。这里所说的感情包括心理学中的情感和情绪两方面内容。情感是较为稳定的心理因素，而情绪较活跃，易受到外界事物的影响。情绪过程在人体内引起各种器官的剧烈变化，如情绪激动时，脉搏、血压会变化，呼吸急促，血液流动加快。发音器官也不可避免地受到情绪变化的影响。这是声音弹性产生的生理基础。如果没有感情体验而要声音变化，这对听众而言只是一种机械的感官刺激，不能传达应有的感情信息。这种声音变化就成为无本之木、无源之水，是不可取的。

二、获得声音弹性的桥梁：气息

气息的变化直接导致声音产生变化，汉语中许多描绘声音的词都与气息有关，如气急败坏、低声下气、趾高气扬等。鉴于气息与感情、声音的密切关系，我们不妨将其称为感情与声音的桥梁，通过这座桥梁，声音与感情被联系起来。

三、获得声音弹性的条件：发声能力

发声能力是指对吐字、呼吸、用声、共鸣等各发声要素的控制能力。学习播音发声的过程，就是要使发声既有控制又有变化。在发声的各个环节上的控制都需要留有余地，这样才有利于声音弹性的产生。在任何一个环节上表现出运动的极限，都是形成声音弹性的障碍。

四、获得声音弹性的途径：情、声、气的结合

在谈到声音弹性时，人们的注意力往往只集中在声音的变化上，但实际上，只有符合思想感情要求的声音变化才是有意义的。从这一点上看，声音弹性包含两个层面：一是声音形式，二是话语所蕴含的思想感情。因此，声音弹性已经不是单纯的声音训练，而是声音与感情变化结合的训练。情、气、声三者的关系可以这样表述：

感情运动———→气随情动———→声随情变

可以说，声音弹性训练的第一步是在内心完成的，播音员要先进行情绪体验，然后再考虑外部声音形式。任何"以声带情"的表达都不是感情土壤中长出的幼苗，而是插在感情土壤上的假花，看似鲜艳，实际上并没有生命力。

第三节　声音弹性训练

声音弹性训练是一种与感情色彩结合的特殊发声训练,在训练中应注意下面几点。

一是,注意声音色彩各要素的对比呈现和分寸把握。

二是,每一组对比训练既相对独立又互相联系,不要割裂理解和训练,否则就违背了声音弹性层次性和丰富性的特点。

三是,声音色彩各要素与感情色彩没有绑定关系,应丰富表达手段。

四是,由于还不是表达阶段的训练,因此不过分强调理解和体验。训练材料宜选择较熟悉的短文或不难理解、易于体验的简单句段。

一、单一声音要素对比训练

以下五组为单一声音要素对比,是声音弹性训练的基础。

(一)高与低

这一声音变化主要表现为音高变化。一般来说,向积极一端发展的感情色彩,如激动、喜悦、紧张,声音呈升高趋势;向消极一端发展的感情色彩,如安静、悲伤、放松,声音倾向低沉。

明显对比的高低变化:

(高)对面是高耸入云的大山,(低)脚下是波涛汹涌的急流。

老人伫立在窗前,(高)他举目遥望苍天,繁星宛若玉色的百合漂浮在澄净的湖面上。(低)老人又低头看着地面,几个比他更加无望的生命正走向它们的归宿——坟墓。

有层次的高低变化:

(高)床前明月光,(次高)疑是地上霜。

(次低)举头望明月,(低)低头思故乡。

(低)奶奶把小女孩抱起来,搂在怀里。(高)她们两人在光明和快乐中飞起来,(更高)她们越飞越高,飞到没有寒冷、没有饥饿的天堂去……

(二)强与弱

这一声音变化主要表现为气流和发音强度的变化,即音量大小变化。在强弱变化中也体现着其他声音要素的变化,比如强往往与高音和明亮音色相联系,而弱往往与较低和较暗音色相联系。

(强)他掏出手枪对准敌人的胸膛"叭叭"就是两枪。("叭叭"声音较强)

(弱)轻轻地我走了,正如我轻轻地来,我轻轻地招手,作别西天的云彩。

(三) 实与虚

这一声音变化表现为音色的明暗变化,它是由声门开闭状态不同造成的。实声响亮扎实,常用于表达严肃、激动、紧张的感情色彩。虚声声音柔和,多用来表达亲切、轻松的感情色彩。对于一般的讲述,适当的虚实变化会使表达更生动。

一是,新闻政论类严肃的稿件,一般用偏实的音色。

(偏实)澳大利亚新南威尔士州的丛林大火21号仍未得到缓解,目前该州已进入为期30天的紧急状态,截至21号早上,还有56处林火未被扑灭,其中12处失去控制。从17号开始的林火目前过火面积已超过4万公顷,大火造成1名男子死亡,200多座房屋被毁。

二是,生活服务等主持人类型的节目,常用偏虚的音色表现亲切、随意、家常的感觉。

(偏虚)悠闲的下午茶时光,感谢您的陪伴,接下来的节目我们就要一起聊聊温泉养生的话题。

三是,根据句子中感情色彩的变化而进行虚实变化。

(实)我轻轻地问:"(虚)大夫来过了吗?"(用虚声表示声音柔和亲切的感情色彩)

(实)从局长办公室出来,余则成的眉头紧锁,陷入深思中:(虚)局长到底发现了什么?(用虚声留下悬念,使人产生兴趣)

(实)这些树有的笔直,像威武雄壮的战士。(虚实之间)有的端庄,像文静的书生。(虚)有的婀娜多姿,像是天上的仙女。(用不同音色加强景物的形象)

(四) 快与慢

这一声音变化表现为发音速度的变化。发音速度的变化可形成声音的节奏,发音缓慢给人松弛、平和之感,发音快则让人感到匆忙、紧张。

(慢)江姐从地上慢慢地站起来,用手捋了捋凌乱的头发,用轻蔑的眼神看了守卫一眼,走出门去。

(快)他放下电话,跑出办公室,登上自行车飞一般地冲出大门。

(慢)一望无际的草原上,只有羊群在静静地吃着草。(渐快)突然,天边出现一团乌云。紧接着,雷声大作,雨点噼里啪啦地掉了下来。

(快)他匆匆跑上楼,用力拉开房门,(渐慢)只见孩子正在床上酣睂着,他的一颗心才算落了地。

(五) 松与紧

这一声音变化表现为吐字力度的对比变化。松散的发音使人有随便之感,工整的吐字使人感到正式和严肃。吐字力度的变化常伴随音量和音长的变化。从整体上看,播音吐字比口语吐字力度要强,但节目类型不同,吐字的规整程度也不一样。

(松)听众朋友,今天我们来谈一个轻松的话题。

(紧)下面播出一条本台刚刚收到的消息。

(松)事情已经过去很长时间了,(紧)但这血的教训却要永远记取。

二、多声音要素对比训练

以下四组是多声音要素对比训练,是声音弹性的进阶训练。

(一) 刚与柔

一般来说,刚的声音多是实声、音量较大、中高音、吐字有力;柔的声音则多是虚声、音量较小、低音、吐字略松。"刚"常用于表达坚定、有力、坚毅、严厉、严肃的语气,"柔"常用于表达轻松、亲切、温柔的语气。

但要注意,"过刚则直,过柔则靡",这些声音要素的使用要以表达的情境与内容为依据进行相应的变化。

1.刚的训练

书愤
〔北宋〕陆　游

早岁那知世事艰,中原北望气如山。
楼船夜雪瓜洲渡,铁马秋风大散关。
塞上长城空自许,镜中衰鬓已先斑。
出师一表真名世,千载谁堪伯仲间。

训练提示:了解历史背景,体会陆游胸中的郁愤之情。

2.柔的训练

山雀子噪醒的江南(节选)
饶庆年

山雀子噪醒的江南,一抹雨烟
到处是布谷的清亮,黄鹂的婉转,竹鸡的缠绵
看夜的猎手回了,柳笛儿在晨风中轻颤
孩子踏着睡意出牧,露珠绊响了水牛的铃铛
扛犁的老哥子们,粗声地吆喝着问候
担水的村姑,小曲儿洒一路淡淡的喜欢
山雀子噪醒的江南,一抹雨烟
我的心宁静的依恋,依恋着烟雨的江南

故乡从梦中醒来,竹叶抖动着晨风的新鲜
走尽古老的石阶,已不见破败的童话
石砌的院落,新房正翘起昂起的飞檐
孩子们已无从知道当年蕨根的苦涩
也不再弯腰拾起落地的榆钱
乡亲们泡一杯新摘的山茶待我,我的心浸渍着爱的香甜
……

训练提示:这首诗表现了家乡的变化和作者对家乡的热爱之情,情感细腻、纯朴。

(二)纵与收

这是指声音的放纵与收束,主要与气息状态联系在一起。纵与高音、强音、实声、语速较快、气息流畅有关,与兴奋、高兴、愤怒、生气等强烈感情色彩相连。收则与低音、弱音、虚声、语速较慢、气息控制较强有关,与沉静、谨慎等弱化感情色彩相连。

1.纵的训练

念奴娇·赤壁怀古
〔北宋〕苏 轼

大江东去,浪淘尽,千古风流人物。故垒西边,人道是,三国周郎赤壁。乱石穿空,惊涛拍岸,卷起千堆雪。江山如画,一时多少豪杰。

遥想公瑾当年,小乔初嫁了,雄姿英发。羽扇纶巾,谈笑间,樯橹灰飞烟灭。故国神游,多情应笑我,早生华发。人生如梦,一樽还酹江月。

训练提示:全词借古抒怀,雄浑苍凉,大气磅礴,笔力遒劲,境界宏阔。

2.收的训练

声声慢
〔宋〕李清照

寻寻觅觅,冷冷清清,凄凄惨惨戚戚。乍暖还寒时候,最难将息。三杯两盏淡酒,怎敌他、晚来风急?雁过也,正伤心,却是旧时相识。

满地黄花堆积。憔悴损,如今有谁堪摘?守着窗儿,独自怎生得黑?梧桐更兼细雨,到黄昏、点点滴滴。这次第,怎一个愁字了得!

训练提示:这首词通过描写残秋所见、所闻、所感,抒发自己因国破家亡、天涯沦落而产生的孤寂落寞、悲凉愁苦的心绪,具有浓厚的时代色彩。

(三)厚与薄

这是与声音的共鸣变化有关的声音形式对比。当气息吸得较深、喉部放松、胸腔共

鸣增强时,会产生厚实的声音;反之,则产生细薄的声音。厚实的声音往往音高偏低、音量较大,常用于深沉、庄重的语气;细薄的声音一般较高、音量较小,多表现轻巧、活泼、欢快的情绪。

1. 厚的训练

《故宫》第一集《肇建紫禁城》解说词

是谁创造了历史？又是谁在历史中创造了伟大的文明？

公元1403年1月23日,中国农历癸未年的元月一日。这一天,生活在这块土地上的人们,依然延续着自古以来的传统,度过他们一年中最重要的节日——农历元旦。

这一年,人们收到的类似今天的贺年卡上,不再有建文的年号了。建文帝四年的统治,在一场史称靖难之变的战争后,成为往事。

公元1403年的大年初一,大明朝第三个皇帝朱棣,正式启用永乐作为自己的年号。这一年为永乐元年。年号的更替,随之带来的将是这个王朝的更多变化。

永乐元年,明朝的首都在今天中国南京。这座六朝古都自东汉时代起就被认为有王者之气。明太祖朱元璋将都城定在这里,并集中国两千年宫殿建筑之精华,建造了皇家宫殿。今天这座宫殿仅留下了这些遗址,但仍不失当年的气魄。

而此时的北京城在大明的版图上,还是朝廷的一个布政司,叫作北平。这里人烟稀少。朱棣11岁时被封为燕王,他和他的旧部们熟悉这里,对这个地方充满着感情。

永乐元年的农历正月十三这一天,朱棣按祖制祭祀完天地回到皇宫。当君臣们相聚一堂时,一个叫李至刚的礼部尚书,提出了一个建议。他说,我以为北平这个地方,是皇上承运龙兴之地。应该遵循太祖高皇帝,另设一个都城的制度,把北平立为京都。永乐皇帝,当即非常高兴地答应了下来。在这之后的几个小时里,将北平升为北京,成为王朝第二个京都的一道圣旨昭告了天下。

这个消息很快传遍了全国,而一座伟大宫殿将由此诞生。

训练提示:大型历史纪录片《故宫》气势恢宏、制作精良,第一次用影视手段比较全面系统地将故宫这一中华历史文化的瑰宝展示给世人。这段配音是整部纪录片的开篇,既有历史的沧桑与厚重感,又有娓娓道来的故事性。

2. 薄的训练

谦虚过度

水牛爷爷是森林世界公认的谦虚人,很受大家的尊重。小白兔夸它:"水牛爷爷的劲最大了!""唉,过奖了,犀牛、野牛劲儿都比我大";小山羊夸它:"水牛爷爷贡献最多了!"它就说:"唉,不能这样讲的,奶牛吃下的是草,挤出来的是奶,它的贡献比我多。"

狐狸艾克很羡慕水牛爷爷谦虚的美名。它想:"我也来学习一下谦虚吧,这谦虚太好学了。"它想:"水牛爷爷的谦虚不就是这两点吗？一是把自己的什么都说小点儿;一是把自己的什么都说少点。嗯,对!就是这样。"

一天,艾克遇到一只小老鼠。小老鼠看到艾克有一条火红蓬松的大尾巴,不禁发出了由衷的赞美:"哎呀,艾克大叔,您的尾巴真大呀!"艾克学着水牛爷爷的口气,歪歪嘴说:"唉,过奖了,你们老鼠的尾巴比我大多了。""啊,什么?"小老鼠大吃一惊:"你长那么长的四条腿,却拖根比我还小的尾巴?"艾克谦虚地说:"哎,不能这么讲了,我哪有四条腿,三条了,三条了。"小老鼠以为艾克得了精神病吓跑了。

艾克的谦虚没有换来美名,倒换来一大堆谣言。大家说:"唉,森林世界出了一条妖怪狐狸,只有三条腿,还拖一根比老鼠还小的尾巴……"

谦虚也要实事求是,不实事求是瞎谦虚,那就不知道该叫什么了。

训练提示:寓言故事《谦虚过度》有水牛爷爷、狐狸艾克、小老鼠等角色,艾克和小老鼠的语言可以用"薄"的声音体现,注意通过声音体现对比变化和角色性格。

(四)明与暗

明朗的声音共鸣的位置略靠前,声音偏高、略紧。暗声共鸣位置略靠后,声音偏低、略松。明朗的声音易于表现开朗、欢快、赞颂等情绪,较暗的声音则利于表现深沉、感伤等情绪。

1. 明的训练

庆祝中华人民共和国成立70周年大会解说词片段

2-9

海　霞:今天是你的生日,我的中国。在这个不同寻常的节日,相信每一位中华儿女都会从心底里说一句:我爱你,中国。

康　辉:70年风雨兼程,天安门广场上的红飘带寓意着红色基因连接着历史、现实与未来。

海　霞:今天的天安门广场是世界瞩目的中心,今天的中国正前所未有地靠近世界舞台中心。

康　辉:长安街上,人民军队精神抖擞。这支曾经穿草鞋、拿梭镖走上征途的队伍,现在已经拥有了自己的航母和新一代隐身战机,正阔步迈向世界一流军队。此时此刻,4名上将,2名中将,100多名少将,近15,000名官兵列队完毕,等待接受统帅的检阅,接受祖国和人民的检阅。

海　霞:长安街两侧,身穿节日盛装的10万游行群众已集结完毕,一个多小时后,他们将组成一个个方阵,从天安门前通过,向全世界展示自由、生动、欢愉、活泼。70年前中国人的平均预期寿命只有35岁,70年后的今天已经达到77岁。70年来不断创造奇迹的中国让世界刮目相看。

康　辉:新中国用短短几十年的时间走过了西方发达国家几百年的工业化历程。70年前的中国满目疮痍,积贫积弱。今天中国已经成为世界第二大经济体,是全球经济发展的第一引擎。

海　霞：长安街始建于明代，寓意长治久安。回望长安大街，它记载着一个国家的兴衰和曾经有过的悲伤挣扎、奋斗喜悦，也记载着我们浴血奋战得解放、披荆斩棘成大道、砥砺奋进新时代的伟大征程。今天走在中国特色社会主义道路上，我们无比自豪，无比自信。

康　辉：黄河长江的浪，长城内外的风，起起伏伏，多少仁人志士上下求索。

海　霞：革命先行者孙中山，凝视着天安门广场，他曾经奋力让黑暗的中国走向黎明。

康　辉：开国领袖毛泽东注视着天安门广场，他让沉睡的东方雄狮昂起了头颅。

海　霞：1949年，一唱雄鸡天下白，中国迈进新纪元。

康　辉：此时此刻，地域不同，口音不同的人们汇聚在这里，有56个民族的兄弟姐妹，有港澳台同胞和海外侨胞，有关心和支持中国发展的外国友人，我们将共同见证历史。

康　辉：中央广播电视总台。

海　霞：中央广播电视总台。

康　辉：这里是中华人民共和国首都北京。

海　霞：我们在这里向全球直播，庆祝中华人民共和国成立70周年大会。

康　辉：一个必将载入史册的国家盛典，即将开始。

训练提示：训练时，应该用较明亮的实声，体现赞颂的情感。

2.暗的训练

十里长街送总理

总理的灵车徐徐开来。灵车四周挂着黑黄两色的挽幛，上面配着大白花，庄重、肃穆。人们怀着沉痛的心情，尾随着灵车移动。灵车所到之处，像是有一个无声的指挥，老人、孩子、青年都不约而同地站直了身体，摘下了帽子，向灵车致敬。哭泣着，顾不上擦去腮边的泪水，舍不得眨一眨眼睛。

训练提示：这段文章表现的场景是周总理的灵车行驶在长安街上，百万群众沿街为他送行。训练时，应该用较为低沉、偏暗的声音，体现沉痛的情感。

三、声音弹性综合训练

（一）诗歌

情境设计：几天后，你作为《长江之歌》合唱的领诵，将在剧场演出。可以按照在家对镜练习、小范围的彩排、正式演出的情境进行逐步训练。

长江之歌

作词：胡宏伟

你从雪山走来，春潮是你的风采；
你向东海奔去，惊涛是你的气概。
你用甘甜的乳汁，哺育各族儿女；
你用健美的臂膀，挽起高山大海。
我们赞美长江，你是无穷的源泉；
我们依恋长江，你有母亲的情怀。
你从远古走来，巨浪荡涤着尘埃；
你向未来奔去，涛声回荡在天外。
你用纯洁的清流，灌溉花的国土；
你用磅礴的力量，推动新的时代。
我们赞美长江，你是无穷的源泉；
我们依恋长江，你有母亲的情怀。
啊！长江。啊！长江。

（二）寓言

情境设计：你来到幼儿园实习，今天的课程是给大班的小朋友讲故事。要求绘声绘色，注意用恰切的声音形式塑造狐狸的形象。

乌鸦与狐狸

〔俄〕克雷洛夫

关于阿谀拍马的卑鄙和恶劣，不知告诫过我们多少遍了，然而总是没有用处，拍马屁的人总会在我们的心里找到空子。

上帝不知怎么赏给乌鸦一小块乳酪。乌鸦躲到一棵枞树上。它好像已经安顿下来，准备享受它的口福了。但是它的嘴半开半闭着，含着那小块美味的东西在沉思。

不幸这时候跑来一只狐狸，一阵香味立刻使它停住了。它瞧瞧乳酪，舔舔嘴。这坏东西跷起脚偷偷走近枞树。它卷起尾巴，目不转睛地瞅着。它那么柔和地说话，一个字一个字都是细声细语的："你是多么美丽呀！甜蜜的鸟！那脖子，唷，那眼睛，美丽得像个天堂的梦！而且，怎样的羽毛！怎样的嘴呀！只要你开口，一定是天使的声音。唱吧，亲爱的，别害臊！啊，小妹妹，说实话，你出落得这样美丽动人，要是唱得同样地美丽动人，在鸟类之中，你就是令人尊敬的皇后了！"

那傻东西被狐狸的赞美搞得昏头昏脑，高兴得连气也透不过来了。它听从狐狸的柔声劝诱，提高嗓门儿，尽乌鸦之所能，叫出刺耳的声调。

乳酪掉下去了！——乳酪和狐狸都没影了！

(三)朗诵稿

钢　铁

第一幕

冬妮娅：保尔，为什么天空的雨水是红色的？

保　尔：冬妮娅，那是你们的军队在城里杀人。我们要去消灭他们！

冬妮娅：消灭我们？我们的过去，也要消灭吗……

第二幕

冬妮娅：那是个夏日的午后，我走在美丽温柔的湖畔，突然岸边扬起一根钓杆儿——"这能钓着鱼吗？"

保　尔：我生气地回过头，看到一双好蓝好蓝的眼睛！——"鱼都让您吓跑了！您还是让开吧！"

冬妮娅：我碍您事儿了吗？那……我走了……

保　尔：别！——要不，您就坐下吧。

冬妮娅：我注视着眼前这个有点粗野的男孩子，他好像故意不看我……

保　尔：我不能看她，可是，从那光滑如镜的水面，我怎么还是能看见她呀！她，居然还对着我笑……

冬妮娅：就在这时，两个阔少爷来了，当着我的面欺负这小伙子。

保　尔：欺负我？想得美。我左腿立住，右腿微弯，用尽全身力气使劲打了出去。

冬妮娅：那一拳打得真漂亮。

保　尔：正中他的下巴，他倒在水里活像一只大花活河蛤蟆。

冬妮娅：哈哈哈！你叫什么名字。

保　尔：保尔·柯察金。

冬妮娅：我叫冬妮娅。我们可以做朋友吗？

保　尔：我该警惕她吗？一个资产阶级的阔小姐？可不知不觉地……

冬妮娅：不知不觉地，他一点一点回答着我。

保　尔：我怎么一点一点都告诉她了……

冬妮娅：他知道多少有意思的事呀？

保　尔：坏了，我得走了，小姐，哦不，冬妮娅。

冬妮娅：嗯，一起走好吗？

保　尔：我是要快跑的，你追不上我……

冬妮娅：敢不敢比赛？

保　尔：你跟我？

冬妮娅：预备，一——二——三！哈哈，来追啊……

保　尔：真快啊！你就是小鸟,我也能追上你！

冬妮娅：从来就没有人能追上我,来追呀。

保　尔：小心,冬妮娅！她下意识地倒在我怀里。——就是这列不偏不倚的火车,挡住了资产阶级的阔小姐——冬妮娅。

冬妮娅：成全了无产阶级的穷小子——保尔。

保　尔：两只冰冷的手紧紧地握在一起。

冬妮娅：两颗炽热的心荡漾在瓦蓝的天空下。

保　尔：飞奔吧,这激情涌动的狂野的车轮。

冬妮娅：歌唱吧,我们美好的青春和爱情！

第三幕

保　尔：冬妮娅,你看见了吗？那是布尔什维克红色的蝴蝶结,像红色的云彩。

冬妮娅：我看不到！我只看到你,保尔,你别走。

保　尔：不,冬妮娅。我要加入布尔什维克,我要和战士们并肩作战！

冬妮娅：你去的是战场,你是去杀人呀！

保　尔：可他们杀死了千千万万的同胞,血债要用血来偿！

冬妮娅：你真伟大！你考虑过我吗？

保　尔：冬妮娅,等我回来,我是那么地放不下你,可只有经历了这一切,我才是真正的保尔,我们的爱才有意义！

冬妮娅：我不让你走！你会受伤的,你会倒下的！

保　尔：我永远不会倒下！如果革命是熔炉,我愿投入火中,炼做钢铁！我们无产者一定要找到属于我们自己的生活！

冬妮娅：保尔！

第四幕

冬妮娅：老先生,下雨了！

保　尔：天空的雨水为什么是红色的？

冬妮娅：您看不见吗？

保　尔：我看见的都写在这里了。

冬妮娅：《钢铁》？是一本写建筑的书吗？

保　尔：不,写的是生命。

冬妮娅：生命？

保　尔：人最宝贵的是生命。生命,每个人只有一次。人的一生应当这样度过,在回首往事时,他不会因为碌碌无为而羞愧,也不会因为虚度年华而悔恨。在临死的时候,他可以说我的整个生命和全部精力,都献给了这世界上最壮丽的事业——为了人类解放而奋斗！这就是我的生命。

冬妮娅：为人类解放而奋斗？老先生,您叫？

保　尔：保尔·柯察金。

冬妮娅：我叫冬妮娅，我们可以做朋友对吗？

保　尔：冬妮娅？冬妮娅……

训练提示：苏联卫国战争期间，涌现出了许多可歌可泣的动人故事，《钢铁是怎样练成的》就是以此为背景创作而成的一部佳作，鼓舞和感召了一代人。这篇朗诵稿选取了小说中的爱情片段进行提炼加工，表现了男女主人公纯真炽热的感情，也赞扬了男主人公为了祖国和民族利益舍弃小我的高尚情操。

在朗诵时，要体现出对话时的现场交流感以及两人在不同年龄、不同时代背景里的声音特质。通过声音弹性的控制、语言表达技巧的运用，使声音充满画面感。

本章小结

1. 声音弹性是表达稿件丰富思想感情的基本条件，它是从播音的声音训练向语言表达过渡的重要中间环节。

2. 发声能力的扩展是获得声音弹性的条件。因此，吐字、呼吸和用声状态的训练是声音弹性训练的前提，它们共同构成声音色彩绚丽变化的基色，这些基色或浓或淡、互相组合，形成丰富的声音表现力。

3. 声音弹性虽然以声音变化为表现形式，但变化的本源是情感，情感永远是第一位的。训练时，切忌脱离情感追求声音。

4. 本章中声音弹性的对比训练只是一些常见的基本类型。训练时，应熟练掌握这些类型。同时，在生活和学习中培养自己的观察力和感受力，努力达到声音与思想感情的统一，做到情声和谐、声情并茂。

思考题

1. 什么是声音弹性？
2. 声音弹性的表现有什么特点？
3. 如何获得声音弹性？
4. 播音发声对情、声、气有哪些要求？
5. 情、声、气的关系应该是怎样的？

第十一章　科学练声与发声问题矫治

■ **本章提示**

1. 练声的重要性
2. 练声的原则与方法
3. 常见的发声问题
4. 矫治发声问题的方法

第一节　练声的原则与方法

练声就是运用系统的方法和专业的材料,使具备一定先天条件的人,开发自身发声器官的潜在能力,以适应专业使用需求的声音训练过程。对播音员主持人而言,熟练掌握科学的吐字发声方法,形成纯正的普通话语音面貌,是锤炼自身语言功力最基础的内容。练声的主要任务就是改正不良用声习惯、挖掘声音潜力、拓展发声能力。科学的练声过程是理论与实践、方法与效果高度统一的过程。

一、练声的原则

(一)整体状态

练声的整体状态应是兴奋、积极又相对从容。兴奋的状态能够充分调动和自身发声相关的肌肉组织与神经组织,从而加强人生理功能方面的反应;积极的状态是指人的心理活动积极主动,精神面貌饱满热情,这都有利于我们快速进入高效的训练状态。训练时,整体状态既兴奋积极,又从容不迫。这样,播音员主持人进行表达时才能做到头脑清晰、有条不紊,在节奏上控纵有度、收放自如。

(二)结合自身条件

每个人的声音条件、训练基础都不同,练习者不要盲目模仿他人,也不应妄自菲薄。

训练虽有标准,但每个人的声音条件却是不尽相同的,所以练习者在练声前,要了解自身条件,针对自身条件制定有针对性的练声方案。

(三) 由易到难、循序渐进

基本功训练看似简单枯燥,却是一切有声语言艺术创作实践的基础。只有夯实基础,才能稳步前进。练习者训练时切记不要好高骛远,应以理论知识为指导,科学系统地进行发声训练。

(四) 超量恢复

练声的过程是机体的训练过程,发声能力的提高是机体不断适应的过程。要使发声能力不断提高,需要采用超量恢复的方式,即要求发声器官承担一定的负荷,不断提高练习强度或增加练习时间产生适度的疲劳。但是,过度疲劳可能对声带造成损伤。练习者要掌握嗓音保护的知识,正确处理使用与保护的关系。

(五) 基本功训练与实际运用相结合

"练"是为了"用",练声的效果应在播读稿件、朗诵、演讲、口语表达等方面得到运用和体现。若在这一过程中体现得不理想,则需要练习者适当调整自身的练声方法。

(六) 持之以恒

练声是一个长期的过程,不要指望一次、两次就能收到立竿见影的成效。初学者需要练声,很多已经成名的语言艺术家为了保持自身的专业水准、延长艺术生命力依然坚持练声。"三天打鱼两天晒网"的训练无法收到好的效果。

二、练声的时间与地点

(一) 练声的时间与时长

练声的时间和时长因人而异。选择什么时间练声和练声的效果并没有必然的联系。那么,为什么很多专业工作者都会选择早起练声,而且还要"冬练三九,夏练三伏"？其实,在极端天气环境里练功更多的是强调对学艺者精神意志的磨炼,要有坚强的毅力和吃苦耐劳的精神才能在艺术道路上学有所成。早起练声除了上面的原因外,主要是因为早上练声后发声器官的能力得到恢复和增强,声音通路"打开"了,可以为一天的声音使用提供保障。而且相对于其他时间,早上练声较少受到干扰、时间相对固定,利于坚持。总之,练声的时间要成为练声者每天作息安排的一部分,天天训练不间断,这是最重要的。

每次练声时间的长短,要根据嗓子的承受能力和效果来定。一般来讲,初学者应遵循"少量多次"的原则,即每次练声时间短,约15~20分钟,一天可以分早中晚多次训练,随着发声能力的增强,可以逐步延长时间并减少次数。

练声的时长还应和练声效果挂钩。初学者在练习时感觉效果明显的话,可以适当延长时间;如果效果不明显、状态不佳,可以适当缩短时间。练声不是为了完成任务,而是为了提高能力。因此,有目的、有计划并注重效果的练声才是有意义的。

(二) 练声的地点

练声的地点要相对固定,并选择噪音小、没有明显回声的地方。固定的地点有稳定的声学特性,便于练习者听辨每次练声时微小的变化;没有明显回声通俗说就是选择声音听上去比较干净的地方。有些人喜欢在浴室唱歌,因为浴室里易于产生回声,混响时间长,声音听上去更好听。但是这样的声音是失真的,不利于练声者的自我判断。操场、河边、录音教室,则是更理想的练声地点。

图 11-1　户外练声图

三、练声注意的问题

(一) 口脑并用,目的明确

每天练声都应有明确的计划,要练什么,每项练习是为了达到什么目的。由于目标明确,练习时就会有的放矢,边练习、边判断、边改进,练起来也会有兴致、有成就感。如果练习者只是拿着练声材料从头到尾读一遍,或是空喊一阵,会增加练声的疲惫感,时间久了更会觉得枯燥无趣、难以坚持。因此,练声的麻木和低效,往往是由于没有"口脑并用"、缺乏目的和计划导致的。

(二) 一错再错,毫无改善

这个问题要分两个方面来解释。与发声有关的问题(比如气息控制、共鸣控制等)可以逐步解决,但不能用错误的方法反复练习,这样做对于发声问题只会毫无改善,练习者需要细心体会,逐步提高。语音问题的矫治必须一步到位,语音只有标准和不标准两种。每次错误的练习,即便是很接近于正确发音,也等于是在重复错误。语音练习就是要抓准问题、各个击破。如果说发声问题的解决是打持久战,语音问题的解决就是要打歼灭战,绝不能重复错误、巩固错误。

(三) 情感丰富,"暖声"为佳

播音中所谓暖声指的是富含情感色彩的声音,而不是冷冰冰的声韵调的组合。练声时遇到具有情感和意义的材料,要学会将示意与表情结合起来,形成深刻体会下的生动表达。练声绝不仅仅是"练习声音",再美好的音色如果没有情感和意义的支撑也是苍白乏味的。因此,练声要注意情声结合、以情带声。

(四)心存顾虑,自我设阻

练声时的训练强度应大于日常使用的强度,这样在工作中才能游刃有余。因此,练声时一定要"放得开"。这不仅仅指声音放得开,也意味着要从心理上突破自我。有的初学者练声时会感到不好意思,遇到有人侧目就不敢放开练习;有的练声者则会给自己设框,觉得个人能力有限,达不到更高的要求。这些都是心理素质不强的表现。初学者在练声时应端正心态、积极乐观,多进行自我鼓励、自我肯定的心理暗示。语言艺术工作者的工作性质决定了我们需要在人前表演和展示,这就需要我们从练声时期就开始培养我们的心理素质与勇气。

四、练声的步骤

练声的步骤并非一成不变,而是因人而异。总体来讲,练声内容应包括增强发声能力的发声训练和纠正美化字音的语音训练,两者在训练时相辅相成。呼吸控制练习、口腔控制练习、音域拓展练习等,都是练声中重要的训练内容;字词、绕口令、诗词等,都是练声中重要的训练素材。下面的练声步骤供练习者特别是初学者进行参考。

练声前的准备:练声前,可以适当活动一下身体(尤其是早晨),使身体肌肉兴奋起来,调动自身积极的精神状态。发气泡音一到两分钟。

(一)口部操

练声初期,初学者可以先做口部操,熟练以后,口部操可以不占用练声时间,平时在去练声场地的路上即可完成,平时也可以见缝插针地练习。

(二)气息训练

气息训练的目的是拓展发声能力,包括声音的高低、大小、长短、音色的训练。

一是,发"啊""吁"音,不必太大声,发声时感觉气息通畅,并延长这种音。由弱到强、由小到大,体会气息下沉的感觉。

二是,数数:发1、2、3、4,每秒2个数字;1、2、3、4(偷气)5、6、7、8(偷气)9、10……此类气息使用与播音时的用气方式较为接近。需要注意在训练时,有节奏变化,感受对气息的弱控制。

三是,发单元音 a、o、e、i、u、ü 的延长音,用高中低音做不同音高的共鸣拓展训练。

四是,扩展音域练习:单音上绕下绕"a"和"i"。单音环行上绕,环行下绕,要接近或达到两个八度。

五是,弹发练习:发"嘿(hèi)"音和"哈(hà)"音。

(三)字音训练

一是,单音节字、双音节词、四音节词等声韵、声调练习。
二是,绕口令练习。
三是,古诗词练习。

(四)综合训练

一是,新闻稿件播读。
二是,文学作品朗诵。
三是,即兴表达训练。

训练提示:练声也有常规练习和特殊练习的区分。上面的步骤属于多数人适用的常规练习。特殊练习则要根据练习者的个人情况和问题进行有针对性的训练,并加大训练强度。练习者要根据学习进度和自身情况做好练声计划,增减练习内容,在常规练习的基础上进行特殊练习。

第二节 发声问题及其矫治

发声问题不单纯指嗓音问题,还包括由字音造成的吐字、共鸣等综合问题。声音和字音是紧密结合的,播音发声既要求字音的清晰准确,也要求声音的圆润饱满。声音是意义的载体,更是字音的依托。因此,判断发声问题,应从声音和字音两方面入手,有助于厘清问题的实质。

在前面的章节中,我们已经介绍过一些发声问题及其解决的方法。本节在此基础上,总结几类较为常见的发声问题,便于初学者进行比对和改善。

一、吐字不清

吐字不清表现为字音扁而黏,颗粒感差,不饱满,字音之间含混不清,甚至有吃字的现象。出现这种问题会直接影响受众的收听效果,最终导致信息无法有效传达,从听感上来讲,这也使得普通话缺失美感。

造成吐字不清的原因主要是口腔控制不够,字头叼不住、字腹没拉开、字尾不归音(或归音不到位)。

要纠正这个问题需要结合吐字归音章节的练习进行改正,并分析自己的问题主要存在于字头、字腹、字尾的哪个部分。练习时由慢到快,在保证字音清晰准确的情况下再加快速度。

二、声音不集中

声音不集中的问题表现为声音发散、暗淡、缺乏力度。这样的声音发声效率低下,不能很好地进入话筒,嗓子还很容易疲劳。

造成这个问题的原因和口腔状态有关,或是发声母时力度过小,造成吐字松散;或是前声腔开度过大,而后声腔没有打开,造成口腔塌陷;也可能是唇舌无力,造成字音在口腔内壁的反射性降低,不能很好地透出口外。

要纠正这个问题就要调整口腔状态,注意口腔开度不要过大、唇齿相依;加强唇舌力度的训练,多做能够使声音集中的喷弹练习,多练习撮口音和合口音。

三、压喉

压喉表现为喉音重,声音压在喉咙里,音色较暗,听上去不自然。压喉的问题多见于男性,这与对声音的审美相关。很多男性认为压喉发出的声音低沉、有质感,似乎更"浑厚"。其实,这是压喉时声音在喉部产生了回响,这种回响并不是科学发声所追求的共鸣。不应以这种回响替代口腔和胸腔共鸣,因为这样用声会增加喉部负担,使嗓子累、干,不能持久发声,长此以往,更有可能导致声带病变。

要解决压喉的问题要做到"抓两头放中间",加强口腔控制和气息控制。一方面使口腔获得良好的共鸣,减少喉部的负担,另一方面调整好气息,使气息充盈、通畅、自如。可以用延长的元音 i 来做训练,发音时声音直抵硬腭前端,先发虚声,体会舌根和喉部放松的感觉,然后逐步转化为实声,这时喉音就会大大减少,从而消除喉音。

四、声音闷暗

声音闷暗的问题表现为音色沉闷、不够明亮,有 u 音的色彩,出现"音包字"的问题。声音闷暗使声音缺乏穿透力、不清晰、缺乏表现力和美感,不容易吸引受众的注意。

造成这一问题的原因主要是咬字器官无力,唇齿不相依,发音时状态不积极、面部表情懈怠。

要解决声音闷暗问题,首先要增强播讲愿望,使情绪饱满,咬字器官积极响应和配合,唇齿相依,加强"出字"的力度,弹发有力而轻巧。其次要适当增强鼻音共鸣,使音色明亮。

五、声音单薄

声音单薄表现为声音窄细、偏高,缺乏低音共鸣,这种声音不易于控制,也不利于情感表现,适应力弱,缺乏庄重感,对不同文体的文稿和不同类型的节目缺乏驾驭能力。

造成这一问题的原因主要是字音偏前,气息浅,没有充分掌握胸腔共鸣,追求高音。身材瘦弱的人往往低音共鸣较差,声音较单薄。

要改善声音单薄的问题,应熟练掌握胸腹联合式呼吸法,吸得深、用得活;注意体能训练,增加肺活量,以获得稳劲的气息支撑;发声时克服字音偏前的毛病,加大后声腔的开度,特别注意调整 a 音的发音位置,使其处在口腔中央或中央偏后的位置(发 ang 音时);注意调节音高,多用偏实的中声。

本章小结

1.练声是语言艺术创作者必经的学习之路。应把练声当成一种习惯。科学的练声方法就像声音的磨刀石,会让声音越磨越耐用、越磨越有光彩。

2.声音会受到语音的影响。来自各个方言区的普通话学习者,语音不同,用声状态也不同。语音的位置会影响口腔的状态、共鸣的位置、气息的深浅等。声音的诸要素中,语音十分重要,要有针对性地进行调整。

3.发声问题的类型有很多,这些问题都和不正确的发声方式有关。很多初学者面对发声问题总摸不着头脑,不知道如何解决。其实,只要认真学习并消化理解本书中各章的发声要领,就不难找到答案。理论是用来指导实践的,而不是枯燥的教条。活学活用,才能学有所成。

思考题

1.练声的意义是什么?

2.如何科学练声?

3.结合本章和本学期学习体会,谈谈自己有哪些发声问题,如何矫治?

第十二章　综合训练材料

■ **本章提示**

1.本章是对语音与发声的综合性训练,训练材料形式丰富,包括笑话、台词、歌词、古诗词、现代诗歌、演讲稿、散文等。
2.训练材料有对表达的要求和设计,内容丰富、情感多样,有幽默的、悲伤的、激昂的、愤怒的……因此,本章也是语音发声训练与语言表达训练的有效过渡。

一、笑话

请人吃饭省事的绝招

给小李打电话:顺路买几个凉菜来,就差凉菜了。
给小王电话:顺路去饭店买两个炒菜,就差两个炒菜了。
给小张打电话:顺路去饭店买个小鸡炖蘑菇(也可以是炖牛肉炖羊肉)。
给小夏打电话:顺路带几瓶啤酒过来,就差酒了。
放下电话去厨房把米饭蒸上再做个汤……

比开饭店还挣钱吧

高中时老师让打架的几个男同学找家长,
这几个人不约而同地都雇了门口饭店老板充当家长。
班主任见到他都崩溃了,说了一句:
我当老师这几年在 n 个班的家长会上都见过你了,
比开饭店还挣钱吧!

你这个叛徒

夸夸自己,能增强自信,每天早上对着镜子微笑。对眼睛说:你真是眉清目秀。对鼻子说:你真是细巧挺秀。对嘴巴说:你真是口齿伶俐。对掉的头发说:你这个叛徒。

学霸的遗憾

面试官问学霸:"你大学四年成绩优秀,奖项也拿了不少,那么读书这些年,有没有留下什么遗憾?"

学霸有点遗憾地说:"有,感情方面。"

面试官好奇地问:"发生了什么?"

学霸无奈地说:"唉!什么都没发生。"

一个人吃这么多呀

今天在饭店见证了邻桌姑娘被搭讪的全程。

一个帅气的男生对她说了两句话,第一句是:你一个人吗?

姑娘矜持地点点头,男生接着说:一个人吃这么多呀?

蜘蛛爱上蝴蝶

蜘蛛爱上了蝴蝶,蝴蝶却拒绝了它,蜘蛛问:"为什么?这是为什么!"

蝴蝶说:"我妈说了,整天在网上混的都不是好人。"

你打错了

某人新装的电话刚好是电影院退租的,所以常常有人打电话询问放映中的电影。刚开始,他总是好言解释这部电话已经不是电影院的了,现在已经是他的,请以后不要再打来。日子一久,他也觉得好烦,于是接到这类电话就简短地说:"你打错了!"这样也省些口水。有一天话筒里又传来熟悉的声音:"请问现在正在上映什么片子?"他照例说:"你打错了!"一阵沉默后,对方答:"是国产片还是洋片呢?"

你的秤有问题吧

小王去菜场赵大爷那里买菜,接过秤好的菜,他觉得有点不对劲。于是小王掏出自己新买的手机放在秤上,看着秤上的数字,小王说道,"赵大爷,我这手机112克,在你秤上却显示150克,你的秤有问题吧?"

"傻孩子,你手机里下载了那么多软件,肯定会变重啊。"

小王一想,是这个理儿,于是就拎着菜回家了。

训练提示:"笑话"是能引人发笑的谈话或故事。这里把笑话作为练声材料,就是希望训练者在讲述这些小段子时不仅能运用好语音与发声,还能够自然鲜活地表达出笑话中的笑点,这有助于语音发声技巧在生活化的语言中自如运用。

二、台词

别以为我什么也不记得,我仍旧跟大家一样有梦想,偶尔我也会想,换一个人生会是什么样。眨眼我就四十、五十、六十岁了。我或许是个白痴,但是,我多半岁月都在努力做对的事——梦想终究只是梦想,不说别的,我认为,我永远都可以回顾过去,然后跟自己说,起码我的人生过得并不乏味。(《阿甘正传》)

你以为我穷,不漂亮,就没有感情吗?如果上帝赐给我美貌和财富,我也会让你难于离开我的!就像我现在难于离开你一样!(《简·爱》)

人有三样东西是无法隐瞒的,咳嗽、穷困和爱;你越想隐瞒越欲盖弥彰。人有三样东西是不该挥霍的,身体、金钱和爱;你想挥霍却得不偿失。人有三样东西是无法挽留的,时间、生命和爱;你想挽留却渐行渐远。人有三样东西是不该回忆的,灾难、死亡和爱;你想回忆却苦不堪言。(《洛丽塔》)

我们每个人都生活在各自的过去中,人们会用一分钟的时间去认识一个人,用一小时的时间去喜欢一个人,再用一天的时间去爱上一个人,到最后呢,却要用一辈子的时间去忘记一个人。(《廊桥遗梦》)

在你感到寂寞无助的时候,你可以去大自然中,你可以从每一棵树、每一朵花上面,感觉生命无处不在,感觉上帝就在我们身边。(《茜茜公主》)

曾经在某一瞬间,我们都以为自己长大了。但是有一天,我们终于发现,长大的含义除了欲望,还有勇气、责任、坚强以及某种必需的牺牲。在生活面前,我们还都是孩子,其实我们从未长大,还不懂爱和被爱。(《与青春有关的日子》)

事业和金钱,一场金融风暴一场商战就可以前功尽弃全部化为乌有;而家,却是不论天塌地陷、世事变迁,都总会有一扇门为你打开着,总会有一些人在里面等着你,还愿意不离不弃地守着你直到生命终止的地方。(《家,N次方》)

你要尽全力保护你的梦想。那些嘲笑你梦想的人,因为他们必定会失败,他们想把你变成和他们一样的人。我坚信,只要我心中有梦想,我就会与众不同,你也是。(《当幸福来敲门》)

很多时候,爱一个人爱得太深,人会醉,而恨得太久,心也容易碎。世间最痛苦的事莫过于等待,我不知道她等了我多久,我一直以为我不会再有机会见到她,突然间,我不知道该怎么开口,不知道怎么讲第一句话,告诉她,我真的很爱她。(《天下无贼》)

只见他在台上来回踱了两步又站定,双手叉腰,怒气难抑。终于,炸雷般的喊声从麦克风里传出:"我的大炮就要万炮轰鸣,我的装甲车就要隆隆开进!我的千军万马就要去杀敌!去拼命!去流血!可就在刚才,有那么一位神通广大的贵妇人,她竟有本事从千里之外把电话要到我这前线指挥所。此刻,我指挥所的电话,分分秒秒千金难买!可那贵妇人来电话干啥？她来电话是让我给她儿子开后门儿，让我关照关照她的儿子！走后门竟走到我流血牺牲的战场上。我不管她是天老爷的夫人，还是地老爷的太太，谁敢把后门走到我这流血牺牲的战场上，没二话，我雷某要让她的儿子第一个扛上炸药包，去炸碉堡！去炸碉堡！"（《高山下的花环》）

训练提示：这些台词，多数来自我们熟悉的影视剧中。有细腻的爱情感悟，有刚烈的直言抨击，有青春感怀，有人生总结……训练时，在理解台词语境的情况下，还原人物本身的语言状态。这一内容是将语音与发声融入不同语境和情感中的针对性训练，有助于语音发声技巧在实际情境中的有效运用。

三、歌词

在那遥远的地方
作词：王洛宾

1-7

在那遥远的地方
有位好姑娘
人们走过她的帐房
都要回头留恋地张望
她那粉红的笑脸好像红太阳
她那美丽动人的眼睛
好像晚上明媚的月亮

我愿抛弃了财产跟她去放羊
每天看着那粉红的小脸
和那美丽金边的衣裳
我愿做一只小羊跟在她身旁
我愿她拿着细细的皮鞭
不断轻轻打在我身上

在那桃花盛开的地方
作词：邬大为　魏宝贵

1-8

在那桃花盛开的地方
有我可爱的故乡
桃树倒映在明净的水面
桃林环抱着秀丽的村庄
啊！故乡！生我养我的地方
无论我在哪里放哨站岗
总是把你深情地向往
在那桃花盛开的地方
有我迷人的故乡

桃园荡漾着孩子们的笑声
桃花映红了姑娘的脸庞
啊！故乡！终生难忘的地方
为了你的景色更加美好
我愿驻守在风雪的边疆
啊！故乡！终生难忘的地方
为了你的景色更加美好
我愿驻守在风雪的边疆

故乡的云

作词：小轩

天边飘过故乡的云
它不停地向我召唤
当身边的微风轻轻吹起
有个声音在对我呼唤
归来吧归来哟
浪迹天涯的游子
归来吧归来哟
别再四处漂泊
踏着沉重的脚步
归乡路是那么的漫长
当身边的微风轻轻吹起
吹来故乡泥土的芬芳
归来吧归来哟
浪迹天涯的游子
归来吧归来哟
我已厌倦漂泊
我已是满怀疲惫
眼里是酸楚的泪
那故乡的风和故乡的云
为我抹去创痕
我曾经豪情万丈
归来却空空的行囊
那故乡的风和故乡的云
为我抚平创伤

野百合也有春天

作词：罗大佑

仿佛如同一场梦
我们如此短暂的相逢
你像一阵春风轻轻柔柔
吹入我心中
而今何处是你往日的笑容
记忆中那样熟悉的笑容
你可知道我爱你想你怨你念你
深情永不变
难道你不曾回头想想
昨日的誓言
就算你留恋开放在水中
娇艳的水仙
别忘了山谷里寂寞的角落里
野百合也有春天
你可知道我爱你想你怨你念你
深情永不变
难道你不曾回头想想
昨日的誓言
就算你留恋开放在水中
娇艳的水仙
别忘了山谷里寂寞的角落里
野百合也有春天

训练提示：这里不同于"气息"一章，用唱舒缓歌曲的方法来训练气息控制，此处练习应以朗读为主。这些歌词简单上口、美妙动人。训练时，应注意情、声、气的结合。

四、诗歌

蜀道难

〔唐〕李　白

噫吁嚱，危乎高哉！蜀道之难，难于上青天！

蚕丛及鱼凫,开国何茫然!
尔来四万八千岁,不与秦塞通人烟。
西当太白有鸟道,可以横绝峨眉巅。
地崩山摧壮士死,然后天梯石栈相钩连。
上有六龙回日之高标,下有冲波逆折之回川。
黄鹤之飞尚不得过,猿猱欲度愁攀援。
青泥何盘盘,百步九折萦岩峦。
扪参历井仰胁息,以手抚膺坐长叹。
问君西游何时还?畏途巉岩不可攀。
但见悲鸟号古木,雄飞雌从绕林间。
又闻子规啼夜月,愁空山。
蜀道之难,难于上青天,使人听此凋朱颜!
连峰去天不盈尺,枯松倒挂倚绝壁。
飞湍瀑流争喧豗,砯崖转石万壑雷。
其险也如此,嗟尔远道之人胡为乎来哉!
剑阁峥嵘而崔嵬,一夫当关,万夫莫开。
所守或匪亲,化为狼与豺。
朝避猛虎,夕避长蛇;磨牙吮血,杀人如麻。
锦城虽云乐,不如早还家。
蜀道之难,难于上青天,侧身西望长咨嗟!

茅屋为秋风所破歌

〔唐〕杜 甫

八月秋高风怒号,卷我屋上三重茅。
茅飞渡江洒江郊,高者挂罥长林梢,下者飘转沉塘坳。
南村群童欺我老无力,忍能对面为盗贼,公然抱茅入竹去。
唇焦口燥呼不得,归来倚杖自叹息。
俄顷风定云墨色,秋天漠漠向昏黑。
布衾多年冷似铁,娇儿恶卧踏里裂。
床头屋漏无干处,雨脚如麻未断绝。
自经丧乱少睡眠,长夜沾湿何由彻?
安得广厦千万间,大庇天下寒士俱欢颜,风雨不动安如山!
呜呼!何时眼前突兀见此屋,吾庐独破受冻死亦足!

长恨歌

〔唐〕白居易

汉皇重色思倾国,御宇多年求不得。杨家有女初长成,养在深闺人未识。
天生丽质难自弃,一朝选在君王侧。回眸一笑百媚生,六宫粉黛无颜色。
春寒赐浴华清池,温泉水滑洗凝脂。侍儿扶起娇无力,始是新承恩泽时。
云鬓花颜金步摇,芙蓉帐暖度春宵。春宵苦短日高起,从此君王不早朝。
承欢侍宴无闲暇,春从春游夜专夜。后宫佳丽三千人,三千宠爱在一身。
金屋妆成娇侍夜,玉楼宴罢醉和春。姊妹弟兄皆列土,可怜光彩生门户。
遂令天下父母心,不重生男重生女。骊宫高处入青云,仙乐风飘处处闻。
缓歌慢舞凝丝竹,尽日君王看不足。渔阳鼙鼓动地来,惊破霓裳羽衣曲。
九重城阙烟尘生,千乘万骑西南行。翠华摇摇行复止,西出都门百余里。
六军不发无奈何,宛转蛾眉马前死。花钿委地无人收,翠翘金雀玉搔头。
君王掩面救不得,回看血泪相和流。黄埃散漫风萧索,云栈萦纡登剑阁。
峨嵋山下少人行,旌旗无光日色薄。蜀江水碧蜀山青,圣主朝朝暮暮情。
行宫见月伤心色,夜雨闻铃肠断声。天旋地转回龙驭,到此踌躇不能去。
马嵬坡下泥土中,不见玉颜空死处。君臣相顾尽沾衣,东望都门信马归。
归来池苑皆依旧,太液芙蓉未央柳。芙蓉如面柳如眉,对此如何不泪垂。
春风桃李花开日,秋雨梧桐叶落时。西宫南内多秋草,落叶满阶红不扫。
梨园弟子白发新,椒房阿监青娥老。夕殿萤飞思悄然,孤灯挑尽未成眠。
迟迟钟鼓初长夜,耿耿星河欲曙天。鸳鸯瓦冷霜华重,翡翠衾寒谁与共。
悠悠生死别经年,魂魄不曾来入梦。临邛道士鸿都客,能以精诚致魂魄。
为感君王辗转思,遂教方士殷勤觅。排空驭气奔如电,升天入地求之遍。
上穷碧落下黄泉,两处茫茫皆不见。忽闻海上有仙山,山在虚无缥缈间。
楼阁玲珑五云起,其中绰约多仙子。中有一人字太真,雪肤花貌参差是。
金阙西厢叩玉扃,转教小玉报双成。闻道汉家天子使,九华帐里梦魂惊。
揽衣推枕起徘徊,珠箔银屏迤逦开。云鬓半偏新睡觉,花冠不整下堂来。
风吹仙袂飘飘举,犹似霓裳羽衣舞。玉容寂寞泪阑干,梨花一枝春带雨。
含情凝睇谢君王,一别音容两渺茫。昭阳殿里恩爱绝,蓬莱宫中日月长。
回头下望人寰处,不见长安见尘雾。惟将旧物表深情,钿合金钗寄将去。
钗留一股合一扇,钗擘黄金合分钿。但教心似金钿坚,天上人间会相见。
临别殷勤重寄词,词中有誓两心知。七月七日长生殿,夜半无人私语时。
在天愿作比翼鸟,在地愿为连理枝。天长地久有时尽,此恨绵绵无绝期。

琵琶行
〔唐〕白居易

浔阳江头夜送客,枫叶荻花秋瑟瑟。主人下马客在船,举酒欲饮无管弦。
醉不成欢惨将别,别时茫茫江浸月。忽闻水上琵琶声,主人忘归客不发。
寻声暗问弹者谁,琵琶声停欲语迟。移船相近邀相见,添酒回灯重开宴。
千呼万唤始出来,犹抱琵琶半遮面。转轴拨弦三两声,未成曲调先有情。
弦弦掩抑声声思,似诉平生不得志。低眉信手续续弹,说尽心中无限事。
轻拢慢捻抹复挑,初为霓裳后六幺。大弦嘈嘈如急雨,小弦切切如私语。
嘈嘈切切错杂弹,大珠小珠落玉盘。间关莺语花底滑,幽咽泉流冰下难。
冰泉冷涩弦凝绝,凝绝不通声渐歇。别有幽愁暗恨生,此时无声胜有声。
银瓶乍破水浆迸,铁骑突出刀枪鸣。曲终收拨当心画,四弦一声如裂帛。
东船西舫悄无言,唯见江心秋月白。沉吟放拨插弦中,整顿衣裳起敛容。
自言本是京城女,家在虾蟆陵下住。十三学得琵琶成,名属教坊第一部。
曲罢常教善才服,妆成每被秋娘妒。五陵年少争缠头,一曲红绡不知数。
钿头银篦击节碎,血色罗裙翻酒污。今年欢笑复明年,秋月春风等闲度。
弟走从军阿姨死,暮去朝来颜色故。门前冷落鞍马稀,老大嫁作商人妇。
商人重利轻别离,前月浮梁买茶去。去来江口守空船,绕船明月江水寒。
夜深忽梦少年事,梦啼妆泪红阑干。我闻琵琶已叹息,又闻此语重唧唧。
同是天涯沦落人,相逢何必曾相识。我从去年辞帝京,谪居卧病浔阳城。
浔阳地僻无音乐,终岁不闻丝竹声。住近湓江地低湿,黄芦苦竹绕宅生。
其间旦暮闻何物,杜鹃啼血猿哀鸣。春江花朝秋月夜,往往取酒还独倾。
岂无山歌与村笛,呕哑嘲哳难为听。今夜闻君琵琶语,如听仙乐耳暂明。
莫辞更坐弹一曲,为君翻作琵琶行。感我此言良久立,却坐促弦弦转急。
凄凄不似向前声,满座重闻皆掩泣。座中泣下谁最多,江州司马青衫湿。

卜算子·我住长江头
〔北宋〕李之仪

我住长江头,君住长江尾。日日思君不见君,共饮长江水。
此水几时休,此恨何时已。只愿君心似我心,定不负相思意。

破阵子·为陈同甫赋壮词以寄之
〔南宋〕辛弃疾

醉里挑灯看剑,梦回吹角连营。八百里分麾下炙,五十弦翻塞外声,沙场秋点兵。
马作的卢飞快,弓如霹雳弦惊。了却君王天下事,赢得生前身后名。可怜白发生!

陋室铭
〔唐〕刘禹锡

山不在高,有仙则名。水不在深,有龙则灵。斯是陋室,惟吾德馨。苔痕上阶绿,草色入帘青。谈笑有鸿儒,往来无白丁。可以调素琴,阅金经。无丝竹之乱耳,无案牍之劳形。南阳诸葛庐,西蜀子云亭。孔子云:"何陋之有?"

岳阳楼记
〔北宋〕范仲淹

庆历四年春,滕子京谪守巴陵郡。越明年,政通人和,百废俱兴。乃重修岳阳楼,增其旧制,刻唐贤今人诗赋于其上。属予作文以记之。

予观夫巴陵胜状,在洞庭一湖。衔远山,吞长江,浩浩汤汤,横无际涯;朝晖夕阴,气象万千。此则岳阳楼之大观也。前人之述备矣。然则北通巫峡,南极潇湘,迁客骚人,多会于此,览物之情,得无异乎?

若夫淫雨霏霏,连月不开;阴风怒号,浊浪排空;日星隐曜,山岳潜形;商旅不行,樯倾楫摧;薄暮冥冥,虎啸猿啼。登斯楼也,则有去国怀乡,忧谗畏讥,满目萧然,感极而悲者矣。

至若春和景明,波澜不惊,上下天光,一碧万顷;沙鸥翔集,锦鳞游泳,岸芷汀兰,郁郁青青。而或长烟一空,皓月千里,浮光跃金,静影沉璧;渔歌互答,此乐何极!登斯楼也,则有心旷神怡,宠辱偕忘,把酒临风,其喜洋洋者矣。

嗟夫!予尝求古仁人之心,或异二者之为,何哉?不以物喜,不以己悲;居庙堂之高则忧其民;处江湖之远则忧其君。是进亦忧,退亦忧。然则何时而乐耶?其必曰:"先天下之忧而忧,后天下之乐而乐"乎!噫!微斯人,吾谁与归?时六年九月十五日。

那一晚
林徽因

那一晚我的船推出了河心,
澄蓝的天上托着密密的星。
那一晚你的手牵着我的手,
迷惘的星夜封锁起重愁。
那一晚你和我分定了方向,
两人各认取个生活的模样。

到如今我的船仍然在海面飘,
细弱的桅杆常在风涛里摇。
到如今太阳只在我背后徘徊,
层层的阴影留守在我周围。

到如今我还记着那一晚的天,
星光、眼泪、白茫茫的江边!
到如今我还想念你岸上的耕种:
红花儿黄花儿朵朵的生动。

那一天我希望要走到了顶层,
蜜一般酿出那记忆的滋润。
那一天我要跨上带羽翼的箭,
望着你花园里射一个满弦。
那一天你要听到鸟般的歌唱,
那便是我静候着你的赞赏。

那一天你要看到零乱的花影，　　　　　　那便是我私闯入当年的边境！

训练提示：这是一些风格、题材、主题不同的古今诗歌名作。既是综合训练的上佳材料，也是前面分章节训练的有益补充，可以根据需要进行有针对性的训练。

五、贯口

八扇屏之莽撞人

2-10

　　后汉三国，有一位莽撞人。自从桃园三结义以来，大爷，姓刘名备字玄德，家住大树楼桑；二弟，姓关名羽字云长，家住山西蒲州解梁县；三弟姓张名飞字翼德，家住涿州范阳郡；后续四弟，姓赵名云字子龙，家住真定府常山县，百战百胜，后称为常胜将军。只皆因，长坂坡前，一场鏖战，那赵云，单枪匹马，闯入曹营，砍倒大纛两杆，夺槊三条，马落陷坑，堪堪废命。曹孟德在山头之上见一穿白小将，白盔白甲白旗号，坐骑白龙马，手使亮银枪，实乃一员勇将。心想：我若收服此将，何愁大事不成！心中就有爱将之意，暗中有徐庶保护赵云，徐庶进得曹营，一语未发。今日一见赵将军马落陷坑、堪堪废命，口尊："丞相莫非有爱将之意？"曹操言道："正是"。徐庶言道："何不收留此将！"曹操急忙传令："令出山摇动，三军听分明，我要活赵云，不要死子龙。倘有一兵一将伤损赵将军之性命！八十三万人马，五十一员战将，与他一人抵命。"众将闻听，不敢前进，只有后退。赵云，一仗怀揣幼主；二仗常胜将军之特勇，杀了个七进七出，这才闯出重围。曹操一见这样勇将，焉能放走？在后面紧紧追赶！追至在当阳桥前，张飞赶到，高叫："四弟不必惊慌，某家在此，料也无妨！"让过赵云的人马。曹操赶到，不见赵云，只见一黑脸大汉，立于桥上。曹操忙问夏侯惇："这黑脸大汉，他是何人"？夏侯惇言道："他乃张飞，一'莽撞人'。"曹操闻听，呀！大吃一惊，想当初关公在白马坡斩颜良之时，曾对某家言道：他有一结拜三弟，姓张名飞，字翼德，在百万军中，能取上将之首级，如探囊取物，反掌观纹一般。今日一见，果然英勇。撤去某家青罗伞盖，观一观那莽撞人的武艺如何？青罗伞盖撤下，只见张飞：豹头环眼、面如润铁、黑中透亮、亮中透黑、海下扎里扎煞一部黑钢髯，犹如钢针、恰似铁线。头戴镇铁盔、二龙斗宝，朱缨飘洒，上嵌八宝——云、罗、伞、盖、花、罐、鱼、长。身披锁子大叶连环甲，内衬皂罗袍，足登虎头战靴，跨下马——万里烟云兽，手使丈八蛇矛，站在桥头之上，咬牙切齿，捶胸愤恨，大骂："曹操听真，呔！今有你家张三爷在此，尔或攻或战、或进或退、或争或斗；不攻不战、不进不退、不争不斗，尔乃匹夫之辈！"大喊一声，曹兵吓退；大喊二声，顺水横流；大喊三声，把当阳桥喝断。后人有诗赞之曰："长坂坡前救赵云，吓退曹操百万军，姓张名飞字翼德，万古流芳莽撞人"！

训练提示：八扇屏是中国传统相声经典作品。练习时采用"贯口"的方式，一顺到底、一气呵成。"莽撞人"有很多演员表演过，这里推荐郭德纲演绎的版本供大家学习参考（B 站视频代码：BV18E411Q7xf）。

六、解说

《舌尖上的中国》第一季第二集《主食的故事》(节选)

在西北,主食和汤的完美融合,除了牛羊肉泡馍,还不能漏了兰州牛肉面。兰州人的早晨是从一碗牛肉面开始的。这个黄河穿城而过的城市,有着一千多家清真拉面馆,每天要消耗一百万碗以上的牛肉面。柔韧、滚烫的口感是兰州拉面令人赞不绝口的关键。

一百年前,回族人马保子把煮过牛羊肝的汤兑入锅中,清香扑鼻的热锅子面大受欢迎。牛肉汤的清与浊是检验牛肉面是否正宗的秘籍之一。一碗绝佳的牛肉拉面应该具有汤汁清爽、萝卜白净、辣油红艳、香菜翠绿、面条黄亮五个特点。马保子又在和面时创造性地加入了蓬灰水,这使得面团更加富于弹性。全部工序要靠手工操作。

马文斌是兰州牛肉拉面的第四代传人,他在拉面馆里工作了40年。要想拉出粗细不同的大宽、韭叶、毛细、荞麦棱子,不但要臂力过人,对力道的控制还要刚中带柔。同样的麦子,磨成同样的面粉,却可以做出不同的面条,表现出不同的精彩。

对于面条的口感,南方人和北方人的要求也有着天壤之别。广州人喜欢的这种细面,与兰州拉面口感完全不同,爽脆弹牙,韧性十足。华南地区的广东,尽管稻米一年能熟两到三季,也并不妨碍广东人爱吃面。

和这种面用的是鸭蛋,使用传统的方式和好面团之后,最关键在于压面时的力度。用毛竹碾压面团,用人体弹跳的重力让面团受力均匀。压薄的面皮便可以用来制作面条和云吞皮。这样压打出来的面具有独特的韧性,配上用猪骨、大地鱼、虾籽等材料熬制3个小时以上的汤头,一碗鲜美无比的云吞捞面就成了岭南人的最爱。

广东人把这种传统方法制作出来的面条叫作竹升面。这种古老的压面方式世世代代沿用至今。

同样是做面,广东人用毛竹,中原人则用的是擀面杖。擀面,是中原女孩子成长中必须要掌握的生活技艺。早面午席是丁村人做寿请客的习俗。为了老伴的七十大寿,卫大妈早早地就为宴席上要吃的面食做起了准备。中国人称这碗面叫长寿面。为什么中国人过生日要吃面?面条是怎么成为中国人贺寿的象征呢?有一个说法是,面的形状长而瘦,谐音长寿,面条于是当仁不让地成为讲究讨口彩的中国人最受欢迎的生日主食。

在丁村人的寿宴上,一项必须由全村人共同完成的仪式正在进行。吃面之前,挑出一根最长的放在寿星公的碗里,要等他吃下这碗带着全村人寓意长命百岁祝福的面条,一场寿宴才算圆满。

陕西岐山人过寿也吃面。每逢老人做寿,岐山人都会聚在一起,请来秦腔剧团搭台唱戏。这时候一碗热腾腾酸辣可口的岐山臊子面,作为台前台后的最佳配角是绝不可少的。

吃臊子面最讲究的要数流水席。早上天刚亮,吃面的流水席就开了。据当地的史志记载,岐山臊子面起源于3000年前,"只吃面、不喝汤"是当地人约定俗成的饮食规矩。

陕西人把肉丁炒制的配料叫臊子,岐山臊子的做法更为讲究。肉丁切得薄而匀,干煸至透明状,再配以醋和秦椒辣面,文火慢炒。上等的臊子应该是色泽鲜红纯正,口感酸辣突出。这样一勺色泽油亮、辣而不燥的红油臊子,正是岐山臊子面的精髓所在。

臊子面的配菜讲究五色:木耳豆腐寓意黑白分明,鸡蛋象征富贵,红萝卜寓意日子红火,蒜苗代表生机勃发,红黄绿白黑五种颜色代表了岐山人对生活的美好祝福。几千年来,臊子汤在岐山村村落落的面锅里翻滚着,岐山臊子面更成为一件精彩绝伦的艺术品。

《舌尖上的中国》第二季第一集《脚步》(节选)

千百年来,食物就这样随着人们的脚步,不停迁徙,不断流变,无论脚步走多远,在人的脑海中,只有故乡的味道熟悉而顽固,他就像一个味觉定位系统,一头锁定了千里之外的异地,一头则永远牵绊着记忆深处的故乡。离开40年后,华侨程世坤回到家乡,隆重的祭拜,完成了他对家族的回归,在这里,宴请乡邻被称作摆桌,任何事项,只有通过摆桌,才能顺理成章地宣告确立。一顿归乡宴,穷尽乡间名厨的全部手艺,中断几十年的相识和旧情,重新相通,瞬间让一切回到从前。过去几十年,程世坤在美国农场做工,这次老人准备回乡定居,召唤他的,不仅仅是亲情,更有熟悉的味道。

在泉州,在福建、台湾,甚至东南亚的华人中,这种味道被称作古早味,少年熬成白发,故乡变了模样,但各种老味道历久弥新。大厦村海边的沙土地,有一种著名的特产,他们貌不惊人,但几乎全部出口海外——沙土萝卜——含水量接近90%,入口润嫩幼滑,毫无纤维感。猪肉八分肥,两分瘦,带皮最好,切寸断,与香菇海蛎、虾干同煮,肉的丰腴、萝卜的清香、米粒的饱满,这就是让泉州人欲罢不能的萝卜饭,一种简朴而丰饶的主食。半生闯荡,带来家业丰厚,儿孙满堂。行走一生的脚步,起点,终点,归根到底都是家所在的地方,这是中国人秉持千年的信仰,朴素,但有力量。

甘肃山丹牧场,老谭夫妇准备向下一站出发,又是一次千里跋涉;宁夏固原,回乡的麦客们,开始收割自家的麦子;东海,夫妻船承载着对收获的盼望,再次起锚。这是巨变的中国,人和食物,比任何时候走得更快。无论他们的脚步怎样匆忙,不管聚散和悲欢,来得多么不由自主,总有一种味道,以其独有的方式,每天三次,在舌尖上提醒着我们,认清明天的去向,不忘昨日的来处。

圆明园(节选)

请您用大理石、汉白玉、青铜和瓷器建造一个梦,用雪松做屋架、披上绸缎、缀满宝石……这儿盖神殿、那儿建后宫,放上神像、放上异兽,饰以琉璃、饰以黄金、施以脂粉……请诗人出身的建筑师建造一个一千零一夜的一千零一个梦,添上一座座花园,一方方水池,一眼眼喷泉……请您想象一个人类幻想中的仙境,其外貌是宫殿、是神庙……维克多-雨果1861年11月25日。

公元1644年,一支来自北方的游牧民族开始南下,铁骑越过长城,直达北京,象征着皇权的紫禁城落入了满族人之手。中国历史上最后一个帝国——大清开始了。

半个多世纪之后，一个来自罗马的传教士到达广州，大清帝国南方的港口。他将从这北上，前往帝国的都城北京。18世纪初期，帝国的统治者严格禁止西方人进入中国冒险，只有上帝的使者传教士例外。耶稣会派往中国的传教士、28岁的意大利人郎世宁根本就没有想到，他将从此远离故土，在大清度过整整50年。半个世纪的时间，这个西方人以绝无仅有的机遇见证了一个帝国的辉煌，也目睹了一座旷世园林的诞生，这些保留至今的传教士书信记录了郎世宁在皇家宫廷的传奇生活。

《如果国宝会说话》第一季第三集《陶，醉了六千年》（节选）

陶，出于土，而练就生活。它需要摔，需要捏，需要烧。制陶如塑人，在经过这些磨难之后，陶土便成了器，完成涅槃，变成神态各异的样子。而它——陶鹰鼎，则是中国远古陶器中最特别的一个。它是六千年前新石器时代仰韶文化的陶塑。

仰韶文化以彩陶为最重要特色，器物多是生活用品。陶鹰鼎是唯一一件以鸟类为造型。它当初是做什么用的？是盛水，储粮，还是祭祀？又为什么把它做成是鸟的样子？正因为它的唯一性，缺乏参考，所以这些问题还在吸引着研究者去探究。但可以肯定的是，陶鹰鼎显示着六千年前，中国人的生活器具中，实用性与造型性已经可以达到非常美妙的融合。

这是一只有着胖胖腿的鹰。尾巴又和两只前爪巧妙地构成了鼎的三足，鹰的胸部和身体占鼎身的主要部分。内容即胸怀。陶鹰鼎的造型带着上古的气息，也带着中原质朴的民风。但更神奇的是，它除了上古的王者之气，又同时显示出另一种很现代的气质，用当下的话说就是"萌萌哒"。在这个层面，陶鹰鼎又可谓古典与现代的美妙融合。六千年前的造型艺术精湛至此，令人不禁赞叹。

捧着陶鹰鼎，就捧起一抔六千年的泥土，也捧起一抔中华民族起源的泉水。

陶，是时间的艺术，泥土太干则裂，太湿则塌。为了成就一件完美的陶器，匠人们需要等，等土干，等火旺，等陶凉。今天的我们，总感叹生活太快，时间不够用时，六千年前，古人就已经教给我们，如何与时间融合，如何与时间不较劲。

假如陶鹰鼎会说话，它也许会告诉我们六千年前，它在熔炉内外的日日夜夜吧。今天，它就珍藏在国家博物馆，展示着天工造化，展示着巧计神思，也展示着属于它自己的，肌肉萌。

七、短文

雪 夜

〔俄〕莫泊桑

黄昏时分，纷纷扬扬地下了一天的雪，终于渐下渐止。沉沉夜幕下的大千世界，仿佛凝固了,一切生命都悄悄进入了梦乡。或近或远的山谷、平川、树林、村落……在雪光映照下,银装素裹,分外妖娆。这雪后初霁的夜晚,万籁俱寂,了无生气。

蓦地,从远处传来一阵凄厉的叫声,冲破这寒夜的寂静。那叫声,如泣如诉,若怒若怨,听来令人毛骨悚然!喔,是那条被主人放逐的老狗,在前村的篱畔哀鸣:是在哀叹自己的身世,还是在倾诉人类的寡情?

漫无涯际的旷野平畴,在白雪的覆压下蜷缩起身子,好像连挣扎一下都不情愿的样子。那遍地的萋萋芳草,匆匆来去的游蜂浪蝶,如今都藏匿得无迹可寻,只有那几棵百年老树,依旧伸展着槎牙的秃枝,像是鬼影幢幢,又像那白骨森森,给雪后的夜色平添上几分悲凉、凄清。

茫茫太空,黯然无语地注视着下界,越发显出它的莫测高深。雪层背后,月亮露出了灰白色的脸庞,把冷冷的光洒向人间,使人更感到寒气袭人;和她做伴的,唯有寥寥的几点寒星,致使她也不免感叹这寒夜的落寞和凄冷。看,她的眼神是那样忧伤,她的步履又是那样迟缓!

渐渐地,月儿终于到达她行程的终点,悄然隐没在旷野的边缘,剩下的只是一片青灰色的回光在天际荡漾。少顷,又见那神秘的鱼白色开始从东方蔓延,像撒开一幅轻柔的纱幕笼罩住整个大地。寒意更浓了。枝头的积雪都已在不知不觉间凝成了水晶般的冰凌。

啊,美景如画的夜晚,却是小鸟们恐怖战栗、备受煎熬的时光!它们的羽毛沾湿了,小脚冻僵了;刺骨的寒风在林间往来驰突,肆虐逞威,把它们可怜的窝巢刮得左摇右晃;困倦的双眼刚刚合上,一阵阵寒冷又把它们惊醒;……只是瑟瑟缩缩地颤着身子,打着寒噤,忧郁地注视着漫天洁白的原野,期待那漫漫未央的长夜早到尽头,换来一个充满希望之光的黎明。

火 光

〔俄〕柯罗连科

很久以前,在一个漆黑的秋天的夜晚,我泛舟在西伯利亚一条阴森森的河上。船到一个转弯处,只见前面黑魆魆的山峰下面,一星火光蓦地一闪。

火光又明又亮,好像就在跟前……

"好啦,谢天谢地!"我高兴地说,"马上就到过夜的地方啦!"

船夫扭头朝身后的火光望了一眼,又不以为然地划起桨来。

"远着呢!"

我不相信他的话,因为火光冲破朦胧的夜色,明明在那儿闪烁。不过船夫是对的:事实上,火光的确还远着呢。

这些黑夜的火光的特点是:驱散黑暗,闪闪发亮,近在眼前,令人神往。乍一看,再划几下就到了……其实还远着呢!……

我们在漆黑如墨的河上又划了很久。一个个峡谷和悬崖迎面驶来,又向后移去,仿佛消失在茫茫的远方,而火光却依然停在前头,闪闪发亮,令人神往——依然是这么近,又依然是那么远……

现在,无论是这条被悬崖峭壁的阴影笼罩的漆黑的河流,还是那一星明亮的火光,都经常浮现在我的脑际。在这以前和在这以后,曾有许多火光,似乎近在咫尺,不只使我一人心驰神往。可是生活之河却依然在那阴森森的两岸之间流着,而火光也依然非常遥远。因此,必须加劲划桨……

然而,火光啊……毕竟……毕竟就在前头!……

为什么偏偏是你得病
邓 笛

1-9

2000年,英国著名网球运动员弗吉尼亚·韦德不幸患上了癌症。她的许多粉丝得知消息后纷纷写信给她表示关心。有一个粉丝,在信中伤心地说:"为什么偏偏是你(患上癌症)?"

弗吉尼亚·韦德这样回答道:"全世界喜欢看网球赛的孩子有5000万,但是能学会打网球的只有500万,而最终成为职业网球运动员的只有5万人,能参加国际巡回赛的只有5000人,能问鼎大满贯的只有500人,能参加温布尔登的只有50人,能进入半决赛的只有4人,能进入决赛的只有2人……当我在1977年获得温布尔登女子单打冠军时,我没有问自己'为什么偏偏是我';当在我之后的整整33年都没有任何英国人再拿到过大满贯单打头衔时,我也没有问自己'为什么偏偏是我'。所以,我现在患上了癌症,我也不会问自己'为什么偏偏是我'。"

(《青年博览》2013年第24期)

给我一个承诺

1-10

在美国得克萨斯州的一个风雪交加的夜晚,一位名叫克雷斯的年轻人因为汽车抛锚被困在郊外。就在他万分焦急的时候,有一位骑马的男子正巧经过这里。见此情景,这位男子二话没说便用马帮助克雷斯把汽车拉到了小镇上。事后,当感激不尽的克雷斯拿出不菲的美钞对他表示酬谢时,这位男子说:"这不需要回报,但我要你给我一个承诺,当别人有困难的时候,你也要尽力帮助他人。"于是,在后来的日子里,克雷斯主动帮助了许许多多的人,并且每次都没有忘记转述那句同样的话给所有被他帮助的人。

许多年后的一天,克雷斯被突然暴发的洪水困在了一个孤岛上,一位勇敢的少年冒着被洪水吞噬的危险救了他。当他感谢少年的时候,少年竟然也说出了那句克雷斯曾说过无数次的话:"这不需要回报,但我要你给我一个承诺……"克雷斯的胸中顿时涌起了一股暖暖的激流:"原来,我穿起的这根关于爱的链条,周转了无数的人,最后经过少年还给了我,我一生做的这些好事,全都是为我自己做的!"当您有幸看到此消息时,请转发给自己的朋友、亲人。我相信有更多的人需要我们的帮助,正义会传播,邪恶也是如此,为现在的别人做善事也是为了将来的自己。

车轮上的历史

潘 飞

想必每一个爱车的小男生都有过拆解车模或玩具车的经历吧,他们带着无穷的好奇心,将其化整为零,求的是将内里的奥妙一探究竟。这代表着全人类的某种集体好奇——汽车是如何由各种零件组合而成?这个伟大的发明究竟凝结着多少天才的智慧和刻苦?汽车的未来到底在哪里?它代表着怎样的力量?

我们不妨像他们肢解玩具汽车一样,打开《汽车百年》的书页,来将汽车的前世今生从头到脚地打量一番。从汽车的诞生到形态功能的不断发展,不难看出一种人类文明的演变史——通过数代人的不懈努力,各种发现和成果的叠加和相互作用,最终积土为山,积水为海,终于成就了这样一项伟大文明成果。因此,当我们为之赞叹时,不得不牢牢记住以下铺路石一样的人:发明蒸汽机的瓦特、发明内燃机的奥托、第一辆真正汽车的发明者戴姆勒和迈巴赫、发明橡胶轮胎的固特异、发明充气轮胎的邓禄普、发明方向盘和安全带的工程师、发明安全玻璃的别涅迪克……毫不夸张地说,缺少其中任何一人或者任何一项重大发现,你便不能获得如此畅快和独特的驾驶享受。因此,"汽车"作为一个完整的人类文明,凝结着无数发明家和工程师的心血,也像一个人文标志,代表着人类对于未知世界勇于探知的那份痴迷和冲动。

汽车给我们创造了丰富的物质文化和精神文化。若没有蓬勃发展的汽车工业,恐怕很多产业工人会流落街头。汽车成为财富之源,给诸多国家带来了强大的经济增长点,甚至成为国际竞争的焦点领域,并引发世界霸权的纷争和转移。它像一个行动的履带,传递着货物,也传递着财富,像美国这样的汽车大国也随之成为"在车轮上的国度"。如果剥离掉表层的物质属性,汽车还给人们带来精神上的满足,比如一部豪华车代表身份位次的高贵以及优质的审美情趣;丰田所创造的精益生产方式一度成为工业界的标杆之一,代表着企业管理领域的优雅境界;包豪斯的理念被巧妙植入到艺术车型的设计之中,这令奔驰汽车也变得像一个精致的艺术品,散发着迷人的光彩。人类几乎把所有能够发挥的创新的动力和能量最大限度地投入到对于汽车外观和性能的推进之中。因此,汽车不仅在消耗汽油,也在燃烧人们的热情和才华。

汽车还将人类带入一个既虚幻又真实的社会。高速公路让人们的时空得以最大限度地延伸,帮助人们实现了挣脱身体的束缚。若干大城市因为车水马龙而成为红尘之巅,汽车像入侵者,攻占了城市,和城里的人成为邻居和伙伴;因为流动的风景和心境,公路片成了最富色彩和特性的类型电影;赛车代表的是风驰电掣的速度之争……在汽车社会,人和车建立了一种最亲密、最纠结、最难分的关系。

当然,汽车也创造了异化的文明。车祸给人带来无比的伤痛,拥堵引发人的焦虑;汽车的尾气、污染,对于能源的过度消耗……然而,它始终代表着前进的力量,将来,也许我们可以如书中描述的那样,把汽车变成办公室和起居室,甚至让它插上翅膀,从地上奔腾至空中,或者让它具备更多智能,让它独立思考,让它更像一个"人",而不只是一部简单的"车"。

(《成都日报》2012年8月6日)

贝利戒烟

蒋光宇

巴西足球运动员贝利,是被人们称为"黑珍珠"的世界球王。他自幼酷爱足球运动,并且很早就显示出超常的才华。

有一次,小贝利参加了一场激烈的足球赛,累得他喘不过气来。

休息时,小贝利向小伙伴要了一支烟。他得意地吸起烟,嘴里吐出一缕缕淡淡的烟雾。小贝利有点儿陶醉了,似乎刚才极度的疲劳也全都烟消云散了。

这一切,全被贝利的父亲看到了。父亲的眉头皱起了一个大疙瘩。父亲深知,小事可能发展成习惯。习惯的力量是强大的。坏习惯初始如蛛丝,坏习惯形成如绳索。

晚上,父亲坐在椅子上问小贝利:"你今天抽烟了?"

"抽了。"小贝利意识到自己做了错事,红着脸,低下了头,准备接受父亲的训斥。

但是,父亲并没有发火。他从椅子上站起来,在屋里来来回回走了好半天,才平静地对小贝利说:"孩子,你有几分踢球的天资,也许将来会有出息。可惜,你现在要抽烟了,抽烟,会损坏身体,使你在比赛时发挥不出应有的水平。"

小贝利的头低得更低了。父亲又语重心长地接着说:"作为父亲,我有责任教育你向好的方向努力,也有责任制止你的不良行为。但是,是向好的方向努力,还是向坏的方向滑去,决定权在你自己。我只想问问你,你是愿意抽烟呢?还是愿意做个有出息的运动员呢?孩子,你该懂事了,自己选择吧!"说着,父亲还从口袋里掏出一沓钞票,递给贝利,并说道:"如果你不愿意做个有出息的运动员,执意要抽烟的话,这点钱就作为你抽烟的经费吧!"父亲说完便走了出去。

小贝利望着父亲远去的背影,仔细回味着父亲那深沉而又恳切的话语,不由地哭了。他哭得好难过,过了好一阵子,才止住哭声。小贝利猛然醒悟了,父亲就像星辰,虽然能够指出方向,但是选择方向还得靠自己。只有抵制诱惑,才能作出正确的选择。他拿起桌上的钞票还给了父亲,并坚决地说:"爸爸,我再也不抽烟了,我一定当个有出息的运动员。"

从此以后,贝利不但与抽烟绝缘,而且刻苦训练,球艺迅速提高,15岁就参加了桑托斯职业足球队,16岁就进入了巴西国家队,并为巴西队永久占有"女神杯"立下奇功。如今,贝利已成为拥有众多企业的富翁,但他仍然不抽烟。

(《家庭与家教》2001年第5期)

钱朝往事

张丽凤

一个人的乡愁是一种堆积，是一种发酵，也是一种封存，犹如佳酿愈久愈纯。那种留在历史时空里的情感，是安放灵魂最温暖的故乡，不需语言，已热泪盈眶。

我的乡愁在遥远的北方，那里有一望无际的土地，我记住了土地的丰盈，也记住了它的贫寒。每当秋风起时，就好像看到了渐渐萧瑟的乡村，感觉到《雪落在中国的土地上》那种刺骨寒冷与悲凉。虽然家乡现在早已是窗明几净的院落，是平坦好走的柏油路，但童年的记忆和感觉却固执地无视这一切，以不无灰暗的颜色描摹着曾经的故事。路的坑坑洼洼与田野里的一路繁花胶着在记忆里相互缠绕。

当生活完全以钱来衡量时，贫穷而欢乐的童年几乎找不到现实的路。儿时的往事就像淘气的孩子，咯咯笑着留在原地，自看你在尘世的挣扎。童年的那些与钱有关的往事，那些以几分钱计算的童年营生，是那么快乐，又变得那么遥远。

作为孩子，最早赚的钱是从捉知了猴开始。然而，那时候对钱是没有任何概念的，所以捉知了猴往往是孩子们最便捷的"生财之道"。在白天找到一个不按时令出来的知了猴往往是集体的乐趣。尤其是遇到缩在洞里不出来的，就会引起大家齐力"攻城"的乐趣。看守的、寻水源的、挖地道的，一起忙活着，直到它从洞里乖乖地爬出来。当然也有失算的时候，有时候"劳财劳力"地折腾一番，挖出来的是只青蛙，大家一哄而散，比挖到真的还高兴。

人们总爱谈论第一桶金，在我印象中，记忆较正式的一次赚钱确实和桶有关。北方的夏天晴得让人无处躲藏，纯净到刺眼的阳光可以穿透所有的树荫掉落在人身上，砸得人昏昏欲睡。有一天，正昏睡时父亲询问是否乐意和他一起打水。当时被父亲郑重其事地征询我的意见惊呆了，满口答应没问题。父亲每每嘱咐，不要打太满，慢慢来，我则完全沉浸在可以帮父亲做事的喜悦之中。千万个小水珠颤巍巍地从秸秆上滴落，在俯身打水举桶的瞬间，在千万个亮晶晶的水珠里可以看到无数灿烂的太阳。后来父亲拿到多少钱我也并没有问询，反而更回味那弯腰打水迎光递水的过程，喜欢那哗啦的泼洒声与麦秸喝水的滋滋声。

在考场上嗑两毛钱的瓜子是一种无所顾忌的童年趣事，那种难以磨灭的幸福，是太爷爷的宠爱，是破坏规矩的窃喜，也是满足口腹之欲的一种放逐。有次吃过早饭，照常将书包带子勒在眉头上晃晃荡荡地上学去，走到前街转身闪到太爷爷家。太爷爷很高兴，用长着长长指甲的手从小白袋里掏出两毛钱，那两毛钱绿得发亮，新得发光，太爷爷说去买东西吃吧。于是像得了圣旨一样转身就到供销店买了瓜子。走到学校，早已忘记那是一个让人紧张的考试日子。只记得考试结束书桌的抽屉里一大堆瓜子壳。

回到故乡回到童年的路有很多条，我的童年却总被贫困的记忆丰富着。钱朝往事，不禁有一种超越现实的惊喜与简单的快乐。

参考书目

吴弘毅.普通话语音和播音发声[M].北京:北京广播学院出版社,2002.
王峥.语音发声科学训练[M].北京:中国传媒大学出版社,2009.
张颂.中国播音学[M].北京:中国传媒大学出版社,2003.
徐恒.播音发声学[M].北京:中国传媒大学出版社,2006.
吴洁茹,王璐.播音员主持人语音发声教程[M].北京:中国传媒大学出版社,2006.
胡黎娜.播音主持艺术发声[M].北京:中国广播电视出版社,2011.

后 记

　　本书是我多年来一直想要完成的一部教材，原因是自己一直想把当年在北京广播学院播音系当学生和后来在高校当老师教授学生时的几点感受呈现于书中，具体而言有三点。一是，语音与发声学习相对枯燥，且需要长期大量的训练。因此，我想，如果能够提升训练材料的趣味性，必会在一定程度上降低这种训练的枯燥性，提高学习质量。二是，语音与发声训练应该紧跟时代。尤其是今天的 90 后、00 后，他们成长在一个信息非常发达的互联网时代，他们与 70、80 后成长的时代背景有着较为明显的不同。因此，我们需要注重练声材料的时代性，这会在某种程度上提升语音发声学习的时代感，同时也增进了练声材料的贴近性。三是，语音与发声训练应该能够扮演"一箭双雕"的角色。也就是说，如果我们将学生需要了解的专业知识巧妙编制成练声材料，就可以使学生达到"练声与阅读"并行。

　　但是，由于我前些年工作繁忙，迟迟没能将这些想法转化为现实，直到 2013 年才得以和我的同事钟妍老师、叔翼健老师共同完成这部教材。本书不仅是广东财经大学人文综合实验示范中心、全媒体实验教研示范中心的教学研究成果，还是播音与主持艺术专业学生的练声用书，同时也适用于其他专业学生进行语音与发声的学习。在本书撰写过程中，我得到了我的同事张琦老师的大力支持，在此表示衷心的感谢！责任编辑赵欣老师是为本书付出最多的人之一。与赵老师的每次合作中，总能被赵老师认真严谨，耐心细致，尽职尽责的工作态度所感动，在此，向赵欣老师的辛苦付出表示感谢。同时，我要感谢摄影师陈思佚、图片示例陈诗骐、吴冠霖、潘蓝雨的辛苦付出！

　　语音与发声是语言传播工作者专业学习最基础的内容，也是最重要的部分，如果没有标准的语音和科学的发声，任何语言创作都会失色许多，或者总有创作设想与实际表达无法完全统一的感觉。希望此书能助大家一臂之力！

贾毅
2015 年于广州

图书在版编目(CIP)数据

普通话语音与科学发声训练教程／贾毅，钟妍，叔翼健编著. -- 2版. -- 北京：中国传媒大学出版社，2021.8(2022.10重印)
普通高等教育"十四五"规划教材·播音与主持艺术专业训练教材
ISBN 978-7-5657-2828-0

Ⅰ.①普… Ⅱ.①贾… ②钟… ③叔… Ⅲ.①普通话—语音—高等学校—教材 ②普通话—发声法—高等学校—教材 Ⅳ.①H116

中国版本图书馆CIP数据核字(2020)第228023号

普通话语音与科学发声训练教程(第二版)
PUTONGHUA YUYIN YU KEXUE FASHENG XUNLIAN JIAOCHENG (DI-ER BAN)

编　　著	贾　毅　钟　妍　叔翼健
策划编辑	赵　欣
责任编辑	赵　欣
特约编辑	钱泊均
责任印制	阳金洲
封面设计	拓美设计
出版发行	中国传媒大学出版社
社　　址	北京市朝阳区定福庄东街1号　　邮　编　100024
电　　话	86-10-65450528　65450532　　传　真　65779405
网　　址	http://cucp.cuc.edu.cn
经　　销	全国新华书店
印　　刷	北京中科印刷有限公司
开　　本	787mm×1092mm　1/16
印　　张	18.25
字　　数	422千字
版　　次	2021年8月第2版
印　　次	2022年10月第3次印刷
书　　号	ISBN 978-7-5657-2828-0/H·2828　　定　价　58.00元

本社法律顾问：北京嘉润律师事务所　郭建平
版权所有　翻印必究　印装错误　负责调换